제주 콘서트

정광중 교수의

제주
콘서트

한그루

책을 내면서

정말 시간이 빠르게 흐른다. 주변에서
는 내 나이가 벌써 이순(耳順)과 환갑(還甲)을 지나 진갑(進甲)이라
한다. 스스로는 나이를 빨리 먹는다고 생각해본 적이 별로 없지만,
가끔 고교 동창생을 만나거나 같은 학과 교수끼리 식사 자리가 있
을 때면, 단골 메뉴처럼 나이 얘기가 등장한다. 그리곤 저절로 정
년 얘기까지 이어지기도 한다. 하지만 나이 얘기는 매번 허무하게
마무리되는 것이 보통이다.

이미 지나간 시간은 탓할 수 없으니, 자신에게 남겨진 과제를 하
나씩 해결하는 것만이 그나마 현재를 의미 있게 보내는 소확행(小
確幸)이 아닐까 억지 생각을 하게 한다. 더 이상 무의미한 시간이
흘러가기 전에 애써 못다 한 일을 찾다 보니, 내게는 오랫동안 써
왔던 원고들이 먼지를 뒤집어쓰고 있다는 사실을 새삼 깨닫게 되
었다. 사실은 몇 년 전에도 한번 정리한다고 부산을 떨던 때가 있
었으나, 다른 과업이 끼어드는 바람에 무산된 적이 있다. 당시 현

명한 선택을 제대로 하지 못했던 자신이 지금도 후회스럽다.

이제는 더는 미룰 수 없는 시점까지 이르렀다. 그동안 써왔던 칼럼을 한곳에 모으는 일조차도 이렇게 어려운 일인가를 실감하면서, 어느 날 무조건 출판사로 전화를 하고는 속된 말로 판을 벌였다. 그리하여 이 책은 빛을 보게 된 것이다.

보통 다른 명사(名士)들이 펴낸 칼럼집을 보면, 개별 칼럼들이 발표된 날짜가 서로 다르지만, 상당히 일목요연하게 잘 정리된 느낌을 받는다. 따라서 이미 간행된 모범적 사례를 활용하여 이 책에서도 나름대로 '잘 정리된' 틀을 잡아보고자 노력하였다. 그런데 훌륭한 칼럼집의 근간은 개별 칼럼의 발표 시기와 내용이 서로 잘 어우러져 있다는 평범한 사실에 가위눌리면서 큰 진전을 볼 수 없었다. 아쉽다는 생각과 함께 내 능력의 부족함에서 오는 한계이기도 하여 마음 한구석에는 끝내 개운치 못한 여운이 남는다.

이 칼럼집은 오랫동안 '제주일보'(또는 '제주신보')에 기고했던 글을 모은 것이다. 기록을 찾아 확인해 보니, 첫 칼럼은 2001년 3월 8일 자로 실린 '제주해녀의 상징성과 존재의 필요성'이었고, 마지막 칼럼은 2016년 2월 21일 자로 실린 '스리랑카 고대 왕궁 터와 탐라국의 왕궁 터'였다. 얼핏 계산해보니 약 15년에 걸쳐 115편의 칼럼을 기고했던 것으로 확인된다. 나의 고집일 수도 있으나, 어느 시점에서 깊은 의미도 울림도 없는 칼럼으로 독자들을 현혹하는 것은 아닐까 싶어 칼럼 쓰기를 그만두었다. 게다가 전공이 지리학이었기에, 매번 시의적절한 주제를 찾기 어려운 점도 그만 쓰기를 재촉했다. 되돌아보면, 제주일보사에는 오랜 시간 지면을 할애해준 고마움과 함께 시답잖은 글로 지면을 어지럽히지 않았나 하는 죄송스러운 마음이 앞선다.

이 책에서는 115편의 칼럼 중 10여 편을 제외하고 대부분을 활용하였다. 그런데 워낙 졸필이었던 탓으로, 활용한 칼럼 자체도 의미가 크게 바뀌지 않는 범위 안에서 여러 곳을 수정하였다. 그리고 극히 일부이지만, '제주도정뉴스'에 기고했던 몇 편도 포함했다. 지역사회의 면모나 변화를 전달하는 데 적절할 것으로 생각했기 때문이다.

그럼에도 불구하고 책의 전체적인 구성이나 내용을 살펴보면, 어느 하나 흡족한 것이 없다. 그 근본적인 이유는 개별 칼럼들이 신문 지상에 오른 지 10년은 보통이고 20년에 가까운 것들도 많아서 시의성(時宜性)이 크게 떨어지기 때문이라 생각된다. 그렇지만 아무리 생각해봐도, 초고가 나온 시점에서 바로잡을 수 있는 것은 그리 많지 않았다. 독자 여러분께는 그래서 더욱더 미안한 마음뿐이다. 이후에 혹시라도 이 책을 손에 든 독자분께서는 저자의 오래된 푸념 거리라 여겨주시길 바라며 넓은 이해를 구하고자 한다.

이 책을 만드는 과정에서는 한그루 출판사의 도움을 받았다. 특히 김영훈 대표와 김지희 편집장께는 특별히 감사의 말을 전한다. 귀찮은 주문은 기꺼이 수용하면서도, 언제나 최고의 선택은 필자에게 양보하는 품격을 보여주었다. 끝으로 사랑하는 우리 가족, 아내와 아들 진철 그리고 딸 다혜에게도 고마운 말을 전하고 싶다. 항상 집안일을 하기 싫을 때면 책상으로 다가간다며 모두가 의심의 눈초리로 대하곤 했다. 보잘것없는 책으로나마 나의 마음을 이해해 주길 바랄 뿐이다.

2021년 11월 별도봉이 보이는 사라캠퍼스에서

정광중

차례

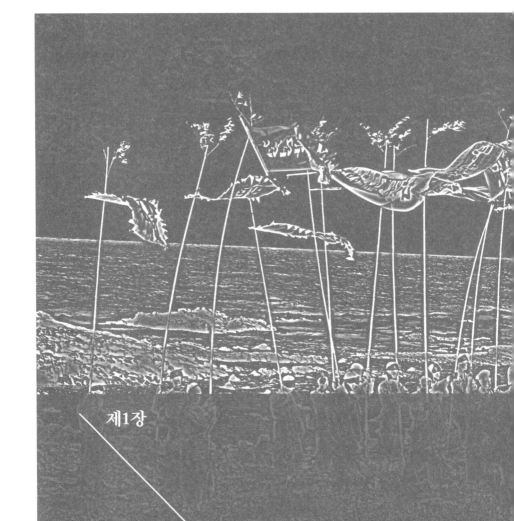

제1장

역사·문화

과거로부터 연면히 이어져 오던 제주도 목축문화의 근간인 말 사육 문화를 새로
운 시각에서 재조명하고 동시에 말 사육과 관련된 다양한 문화의 터전을 마련하
기 위한 자원발굴 및 육성방안을 설계하는 일은, 제주도 목축문화의 전통을 잇고
새로운 문화발전을 이뤄 나가는 데 소중한 열쇠가 될 것으로 여겨진다.
- 제주도 목축문화의 부흥을 위하여

마을 정자목
이야기

　　　　　　제주도의 여러 마을에는 두 갈래나 세 갈래 길이 연결되는 한 모퉁이에 어김없이 정자목(亭子木)이 자리 잡고 있다. 이들 정자목 중에는 비교적 수령이 오래되었거나 혹은 특별히 보존이 필요한 수종을 중심으로 보호수(nurse-tree)로 지정·보호하는 것들이 많다.

　마을 정자목의 특징은 설촌 유래는 물론이고 마을의 특별한 전설이나 과거사(過去事)를 간직하고 있는 경우가 많다는 사실이다. 따라서 마을주민들의 과거지사를 이야기하는 과정에서 매우 중요한 존재로 등장한다. 이처럼 정자목은 마을의 상징물로서 마을주민들 사이에서는 서로의 마음을 달래고 지혜를 구하는 구심점 역할을 해왔다.

　최근 지역 매스컴에 따르면, 제주도의 마을 정자목이나 보호수들이 보호·관리가 미흡한 채 수난을 겪고 있다는 소식이다. 이와 관련되는 내용을 대략 정리해 보면, 정자목의 병충해 방지가 미흡하여 병에 걸려 있거나 도로 확·포장으로 인해 밑동의 일부가 손상되었다거나 또는 뿌리가 시멘트와 아스팔트로 덮여있어 수세(樹勢)가 약화되고 있다는 내용들이다. 나아가 태풍이나 폭우 등 자연재해로 인한 생육 상태의 불량을 지적하거나 고사 위기에 처해 있다는 내용도 전해진다.

제주도 내의 여러 마을을 조사하다 보면, 어느 마을에서나 매번 마을 정자목을 만나게 된다. 그만큼 마을 정자목은 집들이 모여 있는 곳에는 반드시 한자리를 차지하여 모든 사람들을 맞이하는 존재로 인식된다. 마을 정자목 아래에서 사람들을 만나 이런저런 얘기를 주고받노라면, 해당 마을의 역사와 변화상을 자연스럽게 이해할 수 있게 된다. 따라서 필자에게는 마을 정자목이 또 다른 차원의 의미를 제공하는 소중한 존재로 다가온다.

몇 주 전 한 방송 프로그램에서 안동의 김삿갓 소나무를 소개한 적이 있다. 김삿갓 소나무는 수령이 약 400년인데 높이가 10여m이고 둘레가 4m 정도로, 사방으로 뻗어 내린 나뭇가지가 거의 삿갓 모양을 취하고 있다. 더욱이 조선 후기 방랑 시인인 김삿갓(김병연)이 잠깐 쉬고 간 이후 소나무가 삿갓 모양으로 뻗기 시작했다는 그럴싸한 전설도 곁들어 전해져 온다. 이 정도면 김삿갓 소나무는 전국적으로 알려질 만한 요소를 두루 갖추고 있다.

그리고 보면, 정자목 중에는 우리에게 가장 친숙한 정이품송(正二品松)도 있다. 조선조 세조가 법주사로 행차하는데 스스로 가지를 들어 올려 길을 텄다는 전설이 전해지는 소나무이다. 후에 세조

노형동 정존마을 정자목.

가 소나무에게 정이품 벼슬을 하사했을 정도라니, 그 유명세가 하늘을 찌르고 있음은 우연이 아니다.

김삿갓 소나무든 정이품송이든 이들 모두는 오랜 세월 동안 마을주민들과 함께 동고동락해온 정자목에서 시작된 것이다. 보호수로 관리하고 보존해야 할 만한 이유나 근거가 충분한 셈이다.

그렇다면, 제주도의 마을 정자목을 관리하고 보존해야 할 이유는 과연 무엇일까. 해답은 아주 간단하다. 마을 정자목은 마을주민들이 손수 심고 가꾸며 돌봐온 배경과 함께 정자목 그늘 아래에서 마을의 발전을 의논해온 주민 중심의 마을사가 저변에 깔려 있기 때문이다.

마을 정자목 이야기는 여기서 끝나지 않는다. 충청북도에서는 조만간 마을 정자목(노거수)과 보호수를 대상으로 나무의 정확한 위치와 생육 상태, 마을의 유래와 전설 등을 담은 책자를 발간할 예정이라 한다. 상당히 의미 있는 작업이라 생각된다.

끝으로, 제주특별자치도에서도 마을 단위로 정자목에 대한 상세한 정보를 담은 책자를 제작하여 널리 활용할 것을 제안한다. 정자목은 마을 내부를 장식하는 미적 요소이기도 하지만, 우리들에게 수많은 마을 정보를 알려주는 내비게이터(navigator)이기 때문이다.

- 2009년 12월 29일 〈제주시론〉

신당에서 만난
어머니

따스한 늦은 봄날, 애월읍 지역의 여러 신당을 탐방할 수 있는 기회가 있었다. 신당을 탐방하는 일은 실로 오랜만이었다. 신당에 대해서는 문외한이지만, 전문가의 안내로 설명을 들으니 한순간 무지가 깨우쳐지는 듯했다.

어렸을 적 신당(어머니의 표현으로는 당집)의 이미지는 한마디로 귀신이 사는 집이라는 것뿐이었다. 전해 들은 얘기로는 당집 근처에는 얼씬도 하지 말라, 당집에 돌을 던지거나 그 앞을 지날 때 시끄럽게 하면 나중에 크게 벌을 받는다는 것이었다. 어린 마음에는 분명히 저 집에 귀신이 살긴 사는가 보다 여기며, 평소 당집 근처에는 얼씬도 하지 않았다. 간혹 여름철에 해수욕을 하러 바다로 향할 때면, 당집 앞을 지나기가 무서워서 또래 친구들하고 한데 뭉쳐 지날 때가 많았다. 그것도 보통은 걸음아 나 살려라는 식으로 뒤도 안 돌아보며 도망치는 행태였다.

중학생이 되었을 때, 한번은 어머니가 새벽 4시에 나를 깨우더

20

니 당집에 가자는 것이었다. 갑자기 왜 새벽녘에 거길 가자는 것인지, 꼭 나를 데리고 가야 할 이유가 무엇인지도 모른 채 졸린 눈을 비비며 따라 나섰다. 집에서 당집까지는 10여 분 정도의 거리에 불과하지만, 어린 자식은 당집까지 가는 동안 내내 깜깜한 밤중에 그 무서운 곳을 대체 무얼 하러 가느냐고 투덜대고 있었다.

당집에 도착하여 챙겨온 제물들을 올리더니 어머니는 절을 재촉하는 것이었다. 그리고 한마디 던지시기를, 얼마 없으면 고등학교 입학시험을 치르게 될 테니 정성스레 하라는 것이었다. 그때의 효험이 제대로 먹혀들었는지 입학시험은 무사히 통과했다. 당시 당집을 방문한 것은 아마도 1974년 11월이었던 듯하다.

어머니는 1년 중 두세 번은 마을 당집에 가시곤 했다. 일찍 서울로 떠난 큰누이의 건강을 빌기 위한 것인지, 일본으로 나가 계시는 아버지의 안녕을 기원하러 가셨는지는 알 수 없었다. 단지 어머니가 당집에 다녀온 사실은 아침에 눈을 떠보면 쉽게 알 수 있었다. 평소의 아침이라면 맛보지 못할 쌀밥과 생선이 기다리고 있었기 때문이다.

필자가 생각하는 신당의 이미지는 그렇게 각인되어 있다. 어머니가 종종 가시는 곳이고, 갔다 오고 나면 쌀밥과 생선을 먹을 수 있고, 또 입학시험을 앞두고 할 수 없이 한번은 다녀온, 희미하지만 효험은 있었던 듯한 기억으로 남아 있는 것이다.

나의 어머니가 그랬듯이, 제주의 모든 어머니와 마을 내 신당과의 관계는 아주 자연스러운 것이었다고 생각한다. 일상생활에서

신엄리 송씨할망당.

근심거리가 있으면, 크게 고민할 필요 없이 마을 내 신당을 찾아 당신에게 의지하곤 했다. 가까운 곳에 교회가 없었고 절이 없었던 시절에는 더더욱 그랬다.

최근 제주전통문화연구소가 조사한 《제주신당조사》 보고서에 따르면, 2008~2009년에 걸쳐 확인된 제주도 내의 신당은 총 392개 소에 이른다고 한다. 제주의 마을 수 234개보다도 훨씬 많은 수이 다. 이 보고서가 대변하듯, 최근 제주도 내 신당에 대한 이미지가 많이 격상돼 가는 듯한 인상을 받는다. 한때 많은 제주여성들이 즐겨 찾던, 명소 아닌 명소에 대한 관심이 커지고 있다는 증거이고 더 좋게 표현하면 제주도 마을문화의 한 축을 이루는 소중한 요소로 인식하고 있다는 것이다.

끝으로 이 세상 모든 자식들이 어머니를 소중히 여기듯, 이제 제주의 신당에 대한 마음가짐도 따스한 애정으로 이어졌으면 하는 바람이다.

- 2011년 6월 16일 〈제주시론〉

제주문화상징,
어떻게 활용할 것인가

　　　　　　　　　　무자년 새해 초에 제주문화상징의 의미
와 활용방안에 대한 세미나가 있었다. 이미 잘 알려져 있는 것처
럼, 문화관광부는 2006년부터 한국 100대 민족문화상징을 발굴·
선정하여 다양한 활용을 시도하고 있다. 이에 제주특별자치도는
문화관광부에 이어 16개 광역자치단체 중 가장 먼저 문화상징을
발굴해 활용하고자 시도하고 있는 것이다.

　이번 세미나에서는 제주문화상징의 발굴·선정기준, 배경, 필요
성은 물론이고 선정 이후의 활용방안에 대해서도 다양한 의견들이
제시되었다. 이와 함께 발굴위원과 자문위원들의 의견을 포함해
제주도민들의 여론조사 결과에서 일차적으로 선정된 제주문화상
징 10선과 99선이 궁극적으로 제주문화를 대표하고 상징성을 띠
는 데 충분한 가치와 의미가 있는지에 대해서도 심도 있는 토론이
있었다.

　세미나 주제를 토대로 많은 의견과 제안이 쏟아져 나왔지만, 제

주문화상징 대상에 어떤 것들을 포함시킬 것인가 하는 문제가 가장 근본적이고 중요한 화두였다. 제주문화상징을 발굴·선정하는 과정에서 전문가는 전문가대로, 도민들은 도민들대로 모두가 다양한 의견을 제시할 수 있기 때문이다.

이번 세미나에서 제시한 제주문화상징 대상(10선 및 99선)은 약 10개월에 걸쳐 발굴·선정한 것으로서 크게 4개의 분야, 즉 자연 분야(23개), 역사 분야(24개), 사회 및 생활 분야(28개), 신앙·언어·예술

김녕리 진술지구 밭담.

하도리 별방진성.

분야(24개)로 나뉘었다. 일차적으로 선정한 항목들을 모두 다 나열할 수는 없지만 분야별로 3개씩만 소개하면, 자연 분야에는 한라산, 오름, 용암동굴, 역사 분야에는 삼성혈, 고산리 신석기 유적, 제주 목관아, 사회 및 생활 분야에는 해녀, 테우, 갈옷, 신앙·언어·예술 분야에는 제주굿, 제주어, 탐라순력도 등이 포함되었다.

이뿐만 아니라 우리 주변에는 제주문화상징의 대상이 될 만한 소재가 너무나 무궁무진하다. 그리고 어떤 소재들이 제주문화상징으로 선정되더라도, 나름대로 제주의 역사와 문화를 소개하고 전파하는 데 활용할 수는 있다. 그러나 제주문화상징으로 무엇보다도 중요한 것은 제주도민들의 역사와 문화의 바탕을 이루는 데 근간이 되었거나 제주도민의 정체성을 유지하는 데 중요한 배경적 요소이어야 한다는 점이다. 더불어 제주문화상징으로 선정된 대상은 어떠한 형태로든 제주문화를 국내외로 홍보할 수 있고, 부가가치를 창출하여 제주문화산업의 성장동력으로 활용할 수 있어야 한다.

당일 세미나에서 한 발표자가 제시한 제주문화상징의 활용방안은 상당히 가치 있는 것들이었다고 생각한다. 가령 제주문화상징을 우표나 그림엽서로 제작하거나 홈페이지 개발과 함께 홍보 코너를 제작하여 활용하는 방안, 어린이 교육용 에듀테인먼트를 제작하거나 문화상징과 관련된 상품을 개발하여 활용하는 방안, 그리고 방송 프로그램이나 동영상으로 제작하여 널리 활용하는 방안 등은 아주 현실적이고 적극적인 활용방안이었다.

이뿐만 아니라 제주문화상징을 활용하는 방안은 얼마든지 개발할 수 있을 것으로 본다. 도민이든 도내의 기업체든 간에 제주문화상징을 각종 상표개발이나 상품광고에 활용하거나 간판과 도로표지판, 가로등, 맨홀, 문구류 등에도 다양한 디자인이나 이미지로 활용하는 방안들도 있다. 무엇보다도 중요한 사실은 제주문화상징을 누가, 어떤 목적으로 활용할 것인가라는 점에 있을 것이다.

제주문화상징의 최종 선정작업은 이제 거의 마지막 단계에 이르렀다. 끝으로, 제주문화상징이 선정된 이후에 도민과 도내의 기업체들이 적극적으로 활용해 주기를 기대해 본다.

- 2008년 1월 21일 〈제주시론〉

탐라개벽신화
재현 축제의 가능성

　　2011년 탐라문화제에 새로운 축제 하나가 더해졌다. 다름 아닌 탐라개벽신화 재현 축제다. 올해의 탐라문화제에 대해서는 다소 부정적인 비판도 없지 않지만, 또 다른 시각에서는 그 어느 때보다도 풍요롭고 다채로운 프로그램을 선보여, 보는 이들로 하여금 즐거운 신명 소리가 터져 나오게 했다. 올해에는 그 신명 소리에다 탐라국을 건국한 삼을나(三乙那)의 호령 소리가 더해진 것이다.

　　이번에 새로 추가된 탐라개벽신화 재현 축제는, 제주도민들이 너무나 잘 알고 있는 삼을나의 탄생과 함께 탐라를 개국한다는 삼성 신화에 바탕을 두고 각색된 것이다. 제주인들에게는 친숙한 러브 스토리이자 개국 신화이다.

　　탐라개벽신화 재현 축제는 앞으로의 가능성을 염두에 두고 시범적으로 진행된 것이지만, 시작이 꽤 괜찮다는 반응이었다. 사실, 하나의 프로그램을 가지고 장소를 이동하며 특색 있는 축제를 연출하기엔 걸림돌이 너무도 많다. 더불어 몰려든 관람객들의 눈길을 사로잡는 데도 한계가 있을 수밖에 없다. 탐라개벽신화 재현 축제가 바로 그랬다.

그러나 처음으로 출품하는 탐라개벽신화 재현 축제가 갖가지 어려움과 제약을 뛰어넘고, 다섯 마당의 프로그램을 무난히 소화하며 관람객들의 이목을 사로잡았다. 이를 감상한 관람객들은 즐거운 환호를 보냈다.

탐라개벽신화 재현 축제는 다섯 마당으로 구성되어 온평리(황루알, 혼인지)와 제주시(삼성혈, 한짓골과 칠성로, 산지천, 탑동광장)로 장소를 옮겨가며 진행됐다. 첫째 마당에서는 삼을나가 황루알에서 벽랑국의 세 공주를 만나 혼인지에서 혼례를 치르고, 둘째 마당에서는 삼을나가 각자 살 곳을 정하여 오곡의 씨앗을 뿌리며, 셋째 마당에서는 삼을나가 서로 거처를 찾아가는 과정에서 칠성대촌(제주시)으로 이동하게 된다. 제주시로 이동한 후에는 삼을나가 삼성혈을 둘러보고 한짓골과 칠성로를 거닐면서 각자의 터전에서 관람객들을 향해 평화와 번영을 이룰 것이라는 퍼포먼스를 행한다.

넷째 마당에서는 산지천에서 벽랑국과 용왕신에게 감사드리고 탐라 개국을 다짐하는 의례를 행하며, 다섯째 마당에서는 탑동광장으로 이동하여 탐라 개국 정신을 제주발전의 원동력으로 계승·발전할 것을 당부하는 축원문을 낭독한 후 도지사에게 전달하는 것으로 막을 내린다.

이처럼 시나리오의 구성으로는 아주 간단해 보이지만, 다섯 마

2011년 온평리 탐라개벽신화 재현 축제 모습.

당에 필요한 사람과 말[馬], 여러 도구나 장비 등을 치밀하게 준비해야 하고, 또 무엇보다도 연출하는 장소마다 필요한 관람객을 동원하는 문제가 큰 부담으로 다가온다.

축제를 성공적으로 이끌기 위해서는 인적 자원(기획·연출자, 출연진과 관람객)을 비롯한 예산, 장소, 프로그램 등 여러 조건들이 충족돼야 한다. 이번에 첫선을 보인 탐라개벽신화 재현 축제는 탐라의 개국 신화를 모티브로 한 프로그램 외에는 모든 조건들이 그리 만족할 만한 수준이 아니었다.

그럼에도 탐라개벽신화 재현 축제는 짧은 시간에 프로그램을 엮어내고 출연진을 섭외하고, 또 다양한 도구와 장비를 마련하여 나름대로 관람객들을 매료시킬 수 있었다. 앞으로도 탐라개벽신화 재현 축제가 지속될 수 있는 가능성을 충분히 보여준 것이다. 앞으로 부족한 점을 보완하여 더 완성도 높은 탐라개벽신화 재현 축제를 기대해 본다.

- 2011년 10월 19일 〈제주시론〉

600년 전 매장
인골人骨의 가치

2011년 5월 제주도 북서 지역의 어느 한 마을에서 다수의 인골과 부장유물이 발굴되어 제주사회에 큰 화제가 됐다. 이후 9~10월 동안 지정 발굴기관(제주고고학연구소)에 의해 본격적인 발굴조사가 진행되었는데, 필자는 발굴기관의 도움으로 현장에서 다수의 인골과 다양한 유물의 일부를 확인할 수 있었다.

현장에서 살펴본 인골은 몇 구가 하수관거 정비공사로 인해 파손된 상태였지만, 허리 밑으로 잘린 하반신의 인골이나 새롭게 발굴된 전신 인골들은 놀라울 정도로 부식된 곳 없이 온전한 상태였다. 발굴 과정에서 마주한 인골들을 보고 있자니, 세월을 이겨낸 인골의 온전함에 감탄사가 나오지 않을 수 없었다. 한편으론 몇백 년 전에 묻힌 사람의 유해가 어떻게 이처럼 곱게 잘 남아 있을 수 있을까 하는 의구심마저 들었다.

발굴된 인골은 모두 11구였다. 일단 전문가의 판단에 따르면,

고려시대 말부터 조선시대 초기의 것으로 파악된다. 제주도 내에서도 온전한 인골이 이처럼 많이 발굴된 사례는 제주4·3사건으로 인한 집단 피해지 외에는 없었다. 말하자면, 이번 발굴지는 여말선초에 형성된 집단 매장지나 가족 공동묘지 등 일종의 집단묘역일 것이라는 사실에서 한층 더 의미와 가치가 부각된다.

11구의 인골 중에는 성인으로 추정되는 인골 3구를 비롯하여 12~15세 정도로 판단되는 인골 1구, 유아나 10세 이하의 어린이로 추정되는 인골 6구, 그리고 파손으로 추정 불가능한 인골 1구 등이

금성리 인골 발굴 현장.

33

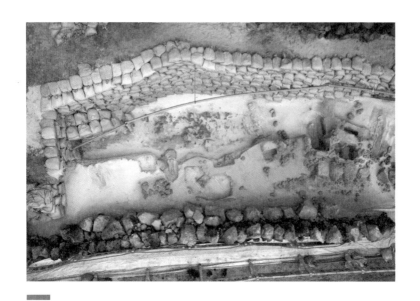

금성리에서 발굴된 인골들-제주고고학연구소 제공.

포함돼 있다. 또 이 중에는 여성 인골도 여러 구가 있다. 나아가 개별 무덤에는 청동 그릇을 비롯하여 청자 접시, 분청사기 접시, 백자 대접, 유리구슬, 청동 숟가락 등 여러 부장품이 들어 있었다.

그러나 끝까지 필자의 머리를 자극시킨 것은 좁은 지구 안에 많은 인골이 묻혀 있는 장소의 특성과 더불어 발굴된 인골의 상태가 생생히 보전될 수 있었던 유적지 환경이었다. 인골이 발굴된 마을 내의 한 지구가 여말선초에 어떤 성격을 지닌 곳이었을지, 발굴된 인골들은 모두가 세대 단위를 같이하는 가족이었을지, 특히 유아나 어린이들의 인골이 많은 이유가 무엇 때문인지, 앞으로 이들 과제가 차례로 해결돼야만 할 것이다. 아울러 다양한 부장품들이 들어있었던 것으로 보아, 일반 서민들의 무덤이 아니었을 가능성도 충분히 생각해 볼 수 있다.

필자의 호기심이 가장 고조되는 부분은 바로 장소이다. 많은 인골이 묻혀 있는 장소는 순수한 모래로만 이루어진 모래 퇴적층이었다. 현재는 모래층이 평탄화되어 택지와 경지, 도로 등으로 이용되고 있지만, 과거로 거슬러 올라가면 주변 지구가 모래 둔덕을 이루었던 사구(砂丘) 지형이었을 것으로 생각된다. 인골들이 발굴된 모래 퇴적층은 적어도 1.5m 이상의 층을 이루고 있었다. 퇴적된 모래의 기원지는 바로 근처에 위치하는 해수욕장이라고 판단된다. 다시 말해, 오랜 세월 동안 해수욕장에서 모래가 날려 와 인골들이 발굴된 지구 주변에 퇴적된 것이다.

전문가의 말을 빌리면, 패각(貝殼) 속에 매장된 인골은 알칼리 성분의 토양 환경으로 인해 뼈가 썩지 않고 오랜 세월 보존될 수 있다고 한다. 그렇다면 당시 묘역으로 사용한 주인공들은 과연 그런 사실을 인지하고 있었을까. 궁금증은 더욱더 부풀어 오른다.

아무쪼록 이번에 발굴된 인골과 부장품 등의 고고학적 자료가 여말선초 시기의 집단묘제의 특성은 물론이고, 또 다른 관점의 제주역사나 문화사를 규명할 수 있는 바탕이 되기를 기대해 본다.

- 2011년 12월 7일 〈제주시론〉

삼별초와 항몽 유적지를
다시 생각한다

항파두성으로 대표되는 항몽 유적지가 다시 새로운 모습으로 우리 앞에 다가오고 있다. 최근 (재)제주고고학연구소가 내성지의 일부를 발굴한 결과, 건물지를 비롯하여 다양한 무기류, 기와류, 생활용품 및 놀이 용구 등이 출토되었기 때문이다.

이미 잘 알려진 것처럼, 항파두성은 고려시대 후기 삼별초가 여몽 연합군에 대항하여 항몽 의지를 불사르던 최후의 거점지이다. 지금까지 항파두성을 비롯한 항몽 관련 유적지의 발굴은 몇 차례 시도된 적이 있지만, 많은 건물지와 다양한 유물들이 발굴되기는 이번이 처음이다. 이번에 발굴된 건물지나 유물들은 모두 내성지에서 확인된 것들이어서 학계는 물론이고 지역사회의 관심을 끌기에 충분하다.

올해의 발굴조사에서는 특히 세 가지가 주목을 끌게 한다. 먼저, 12동의 건물지가 확인된 사실이다. 건물지로 추정되는 골격은 주춧돌이다. 건물지의 근간인 주춧돌은 현무암을 다듬어 판석 형태로 설치하거나 큰 돌을 한군데 모아 설치했던 것으로 보인다. 그리고 여러 건물들은 구조상으로 볼 때 동서나 남북으로 긴 장방형의 건물을 많이 지었던 것으로 추정된다. 이들 건물은 말하자면, 중심 수뇌부들의 거처를 비롯한 회의실, 무기고 혹은 물자 보관용 창고로 사용되었을 것이다. 한 가지 흥미를 끄는 것은 건물지 내부에 설치된 아궁이가 세 군데나 발굴되었다는 점이다. 이들 아궁이는 취사를 위한 용도이거나 보온(온돌)을 위한 용도였을 것으로 짐작된다.

두 번째는 무기류에 속하는 찰갑(철제 갑옷), 철모(철창), 철촉 등이 출토된 사실이다. 이들 무기류는 제주도에서는 거의 발굴된 사례가 없는 유물들이며, 특히 고려시대의 찰갑은 반도부에서조차도 거의 발굴된 사례가 없을 정도로 희귀하고 값진 유물이다. 더욱이 삼별초 대몽항쟁의 역사를 같이하는 진도 용장(산)성에서도 발굴된 적이 없는 것으로 알려진다. 따라서 삼별초 관련 전쟁사나 고려시대의 무기류를 연구하는 데 소중한 자료가 될 것으로 보인다.

세 번째는 윷놀이판 및 고누판과 같은 민속놀이용 유물이 발견된 사실이다. 이들은 모두 현무암 판석에 홈을 내거나 선을 그어 만든 것으로 아주 정교하지는 않지만, 당시 누군가가 분명히 놀이용으로 만든 것이다. 언제 또다시 여몽 연합군이 들이닥칠지 모르는 전시 상황 속에서도 당시 사람들이 윷이나 고누와 같은 민속놀이를 즐길 수 있었다는 사실이 지금으로서는 쉽게 상상이 가지 않

항파두성 내 항몽순의비.

는다. 그렇지만 발굴된 유물로만 생각한다면 삼별초의 군인이든 일반 사람이든 힘들고 지친 전쟁의 회오리 속에서도, 어디서든 놀이를 즐길 수 있다는 민족 정서가 고스란히 담겨있는 듯한 여운을 준다.

항파두성 내성지의 많은 건물지와 유물들은 우리에게 아직 풀지 못한 수수께끼를 안겨주고 있다. 동시에 새로운 역사를 찾아야 하는 과제도 던져준다. 잃어버린 과거 혹은 풀지 못한 과거를 어느 한 시점에 이르러 명쾌하게 풀어내기란 결코 쉬운 일이 아니다. 그래서 유적지의 발굴은 우리에게 풀지 못한 역사, 또 새롭게 써야 하는 역사를 이어가는 데 절대적으로 필요한 작업이다.

지금으로부터 약 740여 년 전, 삼별초가 항파두성에 웅거하면서 제주사회는 한마디로 격변과 격동의 시기를 맞고 있었다. 그리고 삼별초 군인과 그 가족, 제주 섬사람들은 절체절명의 위기감과 초조함에 빠져들면서 시대의 무정함을 한탄하고 있었을지도 모른다.

흘러가 버린 한 시대의 역사를 바로잡고 새롭게 정립하는 것은 현세대의 몫이다. 앞으로 추가발굴이 더 기대되는 이유다.

- 2013년 11월 25일 〈제주시론〉

제주도 목축문화의
부흥을 위하여

고려시대 말부터 본격적으로 시작된 제주도의 말 사육은 조선시대를 걸치면서 최고의 전성기를 맞이하는 동시에, 다른 지역과는 차별된 제주도의 고유한 목축문화의 기반을 다지게 했다. 아울러 일제강점기를 거쳐 중앙정부의 경제개발정책이 실행되기 이전인 1960년대까지도 제주도의 경제활동은 주로 인력이나 우마(牛馬)의 힘에 의존하고 있었기 때문에, 제주도의 목축문화도 시대적인 배경을 반영하면서 어느 정도 명맥을 유지할 수 있었다.

그러나 1970년대로 돌입한 이후 중앙정부의 강력한 경제개발정책이 본격화되면서부터 제주도의 목축문화는 서서히 역사의 뒤안길로 접어드는 상황을 맞게 되었다. 특히 말 사육은 한때 거의 사라질 듯한 위기에 처할 정도로 매우 위태로웠던 게 사실이다.

나아가 1970년대 이후 소 사육이 소고기를 즐기는 한국인의 식생활 영향으로 비교적 꾸준히 이어져 온 데 반해, 말 사육은 어느 한 시점부터 급감하기 시작하였다. 그 결과 말 사육 문화도 더 이상 제주도의 전통적인 목축문화의 근간이라 할 수 없을 정도로 크게 위축돼 버렸다.

우리는 소와 말 사육을 근간으로 하는 제주도의 목축문화를 한 시대의 흐름으로 간주하여 성쇠의 정도를 가늠해 버릴 수도 있다. 그렇지만 제주도의 말 사육 문화는 단순히 시대의 변화로만 치부해버릴 수 없는, 너무나도 장구한 역사적 배경을 가지고 있다. 그렇기에 말 사육과 관련된 새롭고 다양한 목축문화의 기틀을 마련하여 전승해 가는 일이야말로 또 하나의 제주도의 역사를 엮어 가는 중요한 과정이라 할 수 있다. 나아가 이러한 과제는 문화의 시대를 부르짖는 현세대가 반드시 해결해야 하는 과제임을 강조해 두고자 한다.

과거로부터 연면히 이어져 오던 제주도 목축문화의 근간인 말 사육 문화를 새로운 시각에서 재조명하고 동시에 말 사육과 관련된 다양한 문화의 터전을 마련하기 위한 자원발굴 및 육성방안을 설계하는 일은, 제주도 목축문화의 전통을 잇고 새로운 문화발전을 이뤄 나가는 데 소중한 열쇠가 될 것으로 여겨진다.

최근에 제주문화예술재단에서 발간한《탐라문화권 정비 기본 계획 수립 보고서》(2006년)와《제주마 학술조사 보고서》(2007년)에는 제주도의 전통적인 목축문화의 부흥을 위한 기본계획과 함께 구체적인 발전 방안이 명시돼 있어 주목된다. 이들 두 보고서의 핵심내용을 바탕으로, 앞으로 제주도의 목축문화를 새롭게 재편하고

제주마 방목지의 방목.

전통을 이어가기 위한 구체적인 활동들을 전개한다면 제주도의 전통적인 목축문화는 한 단계 업그레이드되어 더욱 발전할 수 있을 것으로 믿어 의심치 않는다.

두 보고서의 핵심내용을 간략히 인용하여 정리해 보면, 목축문화 관련 테마단지 조성, '테우리' 박물관 건립, 헌마공신(獻馬功臣) 김만일 공 유적(생가, 가묘터, 분묘, 산마장 등) 발굴 및 정비(문화재 지정 포함), 목축문화의 이해를 위한 답사코스의 개발, 목축문화 관련 민속신앙과 전설의 정리, 목축 관련 축제의 내실화 그리고 목축 지명의 발굴과 보존 등이다.

두 보고서의 내용을 들여다보면, 앞으로 해결해야 할 과제들이 상당히 많다는 사실을 알 수 있다. 이외에도 말고기를 활용한 다양한 요리 개발에도 한층 더 박차를 가할 필요가 있다고 여겨진다. 더불어 도내의 한 젊은 연구자가 몇 년을 꾸준히 연구하며 추적해 낸 소산임을 전제할 때, 그 동안의 노력이 헛되지 않았으면 하는 마음도 간절하다.

끝으로, 제주특별자치도가 새롭게 성장·발전하는 과정에서도 제주도의 전통문화는 반드시 보존되어 차세대로 이어져야 한다는 사실을 강조하면서, 제주도의 목축문화가 새롭게 부흥하는 그날을 기대해 본다.

- 2007년 3월 24일 〈제주시론〉

말[馬]띠 해에
마차 관광은 가능할까?

말[馬]띠 해가 밝았다. 말은 매우 활달한 성격의 소유자이면서 무리를 지어 다니는 습성을 가지고 있다. 이런 말의 성격에 빗대어 말띠 해에 태어난 사람은 성격이 활달하고 주변 사람들과 잘 어울려 직장이나 모임에서 인기가 많다고들 얘기한다.

과거로부터 제주도는 말과는 떼려야 뗄 수 없는 불가분의 관계를 맺어왔다. 제주 섬이 말 사육지로는 최적의 환경을 가지고 있었기 때문이다. 제주역사의 변화 과정에서 말 사육의 최적지라는 지역적 조건은 오히려 엄청난 굴레가 되어 제주인들을 괴롭히기도 했다.

급변하는 시대의 흐름 속에서 제주에서도 한동안 말은 별 필요성을 못 느끼는 가축으로 전락하기에 이르렀다. 그도 그럴 것이 조랑말 타고 신부 집으로 향하는 결혼식 풍속도 사라진 지 오래고, 조랑말로 밭을 갈거나 달구지를 끄는 풍경도 더 이상 기대할 수 없

퀘벡의 칼레슈-마차.

는 상황으로 바뀌었기 때문이다.

그런데 세월은 또다시 제주에 말을 되돌려 놓았다. 경마장에서 긴 다리를 힘차게 구르며 달리는 말들의 모습에서 스트레스를 풀고, 기마경찰의 늠름한 모습에서 대리 만족을 느끼게 된 것이다. 게다가 말을 타고 곡예와 기예를 선보이는 관광지나 승마체험을 할 수 있는 승마장의 덕택으로, 제주는 역시 말의 고장이라는 수식어를 되찾게 된 것이다. 이처럼 시간의 흐름은 말을 귀하디 귀한 신분으로 변신시키기에 충분했다.

하지만 무언가 빠진 느낌이다. 무엇보다도 우리는 일상의 거리에서 말을 거의 볼 수 없다. 조랑말의 고장, 물테우리가 사는 동네에서 말을 제대로 볼 수 없다는 사실을 이해할 수 있겠는가. 제주는 국내에서도 유일하게 1,000만 명이 넘는 관광객들이 몰려오는 곳이 아니던가.

일본 도쿄의 아사쿠사에서는 인력거로 관광객들을 실어 나르고, 태국이나 캄보디아의 여러 관광지에서는 일명 툭툭이(오토바이+수레)로 관광객들을 실어 나른다. 그렇다면 제주에서는 관광마차로 여행의 진미를 한층 더 느끼게 할 수 있지 않을까.

사실 관광마차로 관광객들을 유인하는 국가와 지역은 의외로 많다. 이집트를 비롯하여 폴란드, 오스트리아, 체코, 캐나다 등의 일부 도시에서는 이미 오래전부터 관광마차가 도시 관광의 명물로 자리 잡고 있다.

필자에게는 몇 년 전 캐나다 퀘벡에서 경험했던 마차 관광이 아직도 인상 깊게 남아 있다. 1985년 세계문화유산으로 지정된 퀘벡 역사지구에서는 '칼레슈(calèche)'라 부르는 관광마차가 자유롭게 왕래할 수 있는 구간을 설정하여 관광객들의 욕구를 충족시키고 있었다. 긴 턱수염을 기른 노년의 신사가 운행하는 관광마차는 그 자체가 소중한 관광상품이었다. 관광마차가 운행되는 기종점 그리고 중간 지점에는 마차용 간이역이 마련돼 있었는데, 말과 마차 주인이 함께 휴식을 취하며 관광객을 기다리는 풍경조차도 도시 관광의 이미지를 높이는 배경이 되고 있었다. 강조하자면 퀘벡역 사지구에서는 마차 관광을 즐기는 관광객이나 관광마차를 바라보며 카메라 셔터를 눌러대는 관광객이 모두 주인공이었다.

필자의 단순한 푸념일지는 모르나, 퀘벡에서의 체험은 제주에서도 시내 마차 관광이 절실하다는 생각으로 이어졌다. 제도적으로 마차 관광이 불가능한 것인지 굳이 마차 관광의 상품화가 불필요한 것인지는 가늠하기 힘들지만, 가능하다면 올해 말띠 해에는 제주시와 서귀포 시내의 중심부에서도 관광마차가 달리는 풍경을 보고 싶다. 제주는 이제 말 산업 특구로도 지정되지 않았던가.

- 2014년 1월 7일 〈제주시론〉

5월에는
제주목관아지로 가자

봄이 한창 무르익고 있다. 그리고 가정의 달 5월이 찾아왔다. 때가 때인 만큼 가족과 함께 실외에서의 활동이 매우 필요하다는 생각이 절로 든다. 그런 의미에서 자녀들과 함께 제주목관아지(濟州牧官衙址)로 나들이를 나가 보는 것은 어떨까.

옛 향기가 묻어 나오고 역사와 문화의 숨소리가 들리는 아늑한 공간이 우리 모두를 기다리고 있다. 관아의 외대문인 진해루(鎭海樓)에 들어서면, 왠지 모르게 우리의 마음이 따뜻하고 편안해짐을 느끼게 될 것이다.

복원된 관아터(官衙址) 안을 전부 둘러보고 나올 때까지도 머릿속에는 복원 사업이 정말 다행스럽고 우리의 후세를 위해서도 진정으로 바람직한 선택이라는 생각뿐이었다.

이미 항간에 나돌았던 이야기처럼 제주시가 기존의 계획을 강행하여 그대로 주차장 용지로 사용했더라면, 우리는 후세들에게 제주목관아.

어떠한 평가를 받게 되었을지 궁금해진다. 과연 우리의 후세들은 시내에 위치한 넓은 주차장을 이용하면서 '조상의 슬기와 지혜가 담긴 작품'으로 평가해 줄 것이겠는가.

제주목관아지의 복원 사업은 제주시와 제주시민, 관련 분야의 전문가와 학자, 그리고 지역신문사와 방송국 모두가 함께 일궈 낸 대역사(大役事)임에 틀림없다. 그러기에 제주도의 문화유산이라는 범주를 떠나 대한민국의 문화유산이라 칭송해도 좋을 것이다.

앞으로 우리에게 주어진 중요한 과제는 복원된 제주목관아지를 어떻게 활용할 것인가에 있다. 기본적인 시각은 제주도민뿐만 아니라 내도한 사람들이 같이 명상하고 산책하며, 나아가 제주의 역사와 문화에 대해 공부하며 즐길 수 있는 공간이어야 한다는 것이다.

그러나 무엇보다도 제주목관아지를 청소년들의 학습공간인 동시에 휴식공간으로 더 많이 활용했으면 하는 바람이다. 현재 제주목관아가 위치하는 곳은 탐라국이 탄생된 이후 조선시대에 이르기까지 오랜 세월 동안 제주의 정치, 행정 및 문화의 중심지이기 때문이다. 다시 말해, 제주목관아지는 여러 가지 면에서 제주의 상징적인 의미를 지닌 공간인 것이다.

그러기에 제주목관아지는 자라나는 청소년들에게 사회나 국사 교과서에서 배우지 못한 제주의 역사와 문화를 학습할 수 있는 적극적인 활용공간이 되어야 한다. 그리고 학교 공부로 심신이 지쳐 있을 때는 조용히 산책하며 명상에 잠기거나 '역사스페셜'의 주인공이 되어 활보해 보는 휴식공간으로 활용해도 좋을 것이다.

그렇게 함으로써, 젊은 세대들은 제주도에도 아직까지 따스한 온기가 남아 있는 역사적 공간이 존재하고 있음을 깨닫게 될 것이고, 더불어 제주의 전통문화도 피부로 느낄 수 있는 기회가 주어질 것으로 굳게 믿는다.

제주시가 제주목관아지를 약 8년 동안 4회에 걸쳐 발굴, 조사한 사실이나 국가가 사적지로 지정한 배경은 바로 자라나는 젊은 세대들에게 역사적 진실과 교훈을 전달하고자 함은 물론, 소중한 문화자원으로서의 활용을 기대하고 있기 때문이다. 따라서 청소년들이 적극적으로 활용하지 않는다면 복원의 의미는 크게 퇴색할 수도 있다. 결국 제주목관아지가 제주의 전통성과 역사성을 동시에 추구할 수 있는 장소임을 거듭 상기할 필요가 있겠다.

오늘은 바로 어린이날이다. 필자도 오늘만큼은 어린아이들과 함께 탑동 광장에서 신나게 뛰어 놀고, 목관아지로 가서는 제주역사의 향기에 다시 한번 흠뻑 취해 보려고 한다.

- 2003년 5월 5일 〈제주시론〉

대정읍성大靜邑城의
교육적 의미와 자원적 가치

　　최근 지역뉴스에 의하면, 대정성지(大靜城址)와 추사 적거지(秋史 謫居地)를 국가지정 문화재로 지정받기 위한 추진사업이 전개되고 있다고 한다. 대정읍성이 조속한 시일 내에 국가지정 문화재로 인정받을 수 있기를 희망하면서, 현시점에서 대정읍성의 교육적 의미와 자원적 가치를 몇 자 적어보고자 한다.

　　첫째로, 대정읍성은 시간적 의미와 배경을 반영한 경관적 요소이기 때문에 제주도 남서부 지역의 소중한 역사·문화자원으로서 존재적 가치가 매우 높다는 것이다. 대정읍성은 읍성을 중심으로 도시 형성이 이루어지지 않고 농촌형 읍성으로 남아 있는 사례 중 하나이다. 이러한 농촌형 읍성은 그 지역의 오랜 역사와 문화가 결부되어 남아 있는 귀중한 역사자원이자 문화자원이라는 점에서 후세로 계속 이어져야만 할 존재적 가치를 지니고 있다.

　　둘째로, 대정읍성은 장소적 중요성에서 오는 의미체(meaningful

대정읍성 북문.

object)로서 중요한 교육적 대상이 된다고 말할 수 있다. 즉 대정읍성은 오늘날에 이르기까지 오랜 세월의 역사적 단면을 철저하게 반영해 온 의미체이기 때문에, 교육적 대상이 될 수밖에 없다는 역설적 표현이 가능하다. 궁극적으로, 대정읍성은 현장에서 역사적 체험을 느낄 수 있는 학습대상으로서 학교 교육과 사회 교육을 위한 중요한 가치를 가지고 있다고 하겠다.

셋째로, 대정읍성은 과거 대정현(大靜縣) 지역의 지역 특성과 그 이후의 지역적 변화를 관찰할 수 있는 상징적이고 가시적인 학습대상이라는 것이다. 대정읍성이 위치하는 지역은 반도부의 중앙(조정)이라는 관점에서 보면, 중범죄자들의 유배지로서 매우 특수한 지역이었다. 이 점은 현재 대정읍성 안에 복원된 김정희 선생의 추사 적거지만 살펴보더라도 충분히 이해할 수 있다. 이러한 지역 특성을 지닌 과거의 대정현 지역이 오늘날 제주도의 서부 청정지역으로 탈바꿈해 가는 과정에서는 시대를 뛰어넘는 지역적 변화과정을 파악할 수 있어야 하는데, 바로 이런 상황에서 대정읍성은 모든 의문의 출발점이 될 수 있다는 것이다.

넷째로, 특히 인문지리학적 관점에서 볼 때 대정읍성은 과거 대정현 주민들의 공동체 정신을 느낄 수 있고, 마을 단위의 생활문화를 접할 수 있는 학습대상이 된다. 대정읍성은 과거 대정현에 거주하던 많은 주민들의 공동 협력으로 축성된 읍성으로, 당시 주민들의 땀과 고통이 스며들어 있는 지역의 혼(魂)과도 같은 존재이다. 대정읍성을 토대로 학습할 수 있는 내용적 요소는 많지만, 무엇보다도 소중히 여겨야 할 것은 당시 대정현 주민들의 공동체 정신을 본받고 생활문화의 계승과 함께 생활문화의 근간을 이루는 다양한 요소들이 어떤 과정을 거치며 변화해 왔는지를 파악하는 일이라 할 수 있다.

다섯째로, 대정읍성은 제주도 남서부 지역에 위치하는 선상(線狀)문화유산이자, 면상(面狀)문화유산으로서 학술적·관광적 가치 또한 매우 높은 지역자원이라는 점이다. 그렇기 때문에, 대정읍성은 대정읍 또는 제주도 남서부 지역의 장소판촉(place-marketing)을 위한 중요한 요소로도 활용이 가능하다. 다시 말하면, 대정읍성은 제주지역의 역사와 문화연구에의 활용은 물론이고 대정읍을 전국적으로 널리 알릴 수 있는 상품적·관광적 가치를 지닌 지역자원으로도 활용이 가능하다는 것이다.

이상과 같이 대정읍성은 제주도에 있어 또 하나의 중요한 문화유산으로 자리매김할 수 있는 존재로 평가할 수 있다. 하루빨리 대정읍성이 국가지정 문화재로 격상되어 우리 곁으로 돌아오길 기대해 본다.

- 2006년 4월 1일 〈제주시론〉

한라산 관음사를
탐방하고 나서

봄 햇살이 내리쬐던 4월 마지막 주에 학생들과 한라산 관음사를 탐방했다. 예전에도 관음사는 몇 번인가 방문한 적이 있지만, 막상 경내로 발을 들여놓으며 당시의 기억을 더듬어 보아도 그저 막연하게 오랜만이라는 생각이 떠오를 뿐이었다.

관음사는 제주도의 전통사찰 중 하나로, 평소 부처님의 큰 뜻과 가르침에 귀의(歸依)하고자 하는 불자(佛子)들뿐만 아니라, 한라산과 그 주변의 관광지를 찾는 도민들이나 관광객들도 한 번쯤은 방문하는 장소로 인식되고 있다. 학생들과 관음사를 탐방한 날에도 그리 많은 수는 아니었지만, 삼삼오오 발을 들여놓는 이들이 있었다.

오랜만에 찾은 관음사는 정말 완전히 달라진 모습이었다. 너무 오랫동안 찾지 않았던 탓일까, 그동안 많이 바뀐 모습에 고개를 갸우뚱거리며 여기저기를 살피느라 한참의 시간이 걸렸다.

관음사.

모처럼 학생들과 관음사를 답사한 이유는 강의에서 학습했던 사찰의 입지와 경관 구조적 특성에 대해 좀 더 확실하게 뇌리에 담아두기 위해서였다. 텍스트를 통해 학습한 사찰은 한국 내에서도 3대 사찰로 통하는 통도사, 해인사 및 송광사였지만, 한라산 관음사를 사례로 하더라도 얼마든지 사찰의 입지와 경관 구조적 특성에 대해 학습할 수 있다고 믿었기 때문이다.

그런데 막상 관음사에 발을 내딛고 생각해보니, 제주도에는 오랜 역사를 두고 이어져 내려온 대형 사찰이 전무하다는 사실에 마음 한구석이 다소 허전했다. 사실, 필자는 가끔 역사가 오랜 육지부의 큰 사찰을 찾을 때마다 불만을 느끼곤 했었다. 아무리 육지부와 동떨어진 유배의 섬, 제주도라 하더라도 불교가 전래된 것은 적어도 고려시대의 어느 한 시기까지 거슬러 올라갈 수 있음을 여러 사료를 통해서 알 수 있다. 그리고 조선시대의 이형상 목사 시절에는 민간신앙을 타파하기 위해 많은 신당(神堂)을 불태우고 사찰을 훼손했다고 하는 역사적 사실도 분명히 알고 있다.

그렇다고는 하나, 역사적 전통의 맥을 이어온 한두 개의 사찰 정도는 온전하게 남을 수 없었을까 하는 의문점은 사라지질 않는다. 어쩌면 제주도 불교 문화의 성쇠는 원래부터 강한 뿌리를 내리고 있었던 신당 문화와 연관하여 설명할 수 있을지도 모른다.

아무튼, 한라산 관음사는 제주도의 전통사찰로 조계종 제23교구의 본사로서 30개의 말사(末寺)를 관장할 정도로 중요한 지위에 있다. 이런 의미에서, 사찰의 규모나 입지적인 측면에서도 제주도

내의 다른 사찰과는 많이 비교되는 지위에 있음은 물론이다. 그렇다고 해서 관음사의 창건 당시나 지금의 모습을 토대로, 육지부의 전통적인 대형사찰과 견줄 수 있는 상황은 결코 아닐 것이다.

필자는 사찰 내의 다양한 전각이나 부속시설(탑, 연수시설 및 요사체 등) 등은 특별한 필요성에 의해서 만들어지고, 또한 많은 스님들과 불자들이 도량을 닦으며 세월의 연륜을 쌓는 역사적 과정 속에서 탄생한다고 믿고 있다. 그러므로 최근 관음사의 경내에 이전에 없었던 많은 전각과 다양한 연수시설, 탑과 요사체 등이 들어서는 배경은 관음사가 새로운 역사를 만들어 가는 과정이라 생각한다.

몇백 년이 지난 후, 관음사가 지금보다 훨씬 더 넓고 다양한 용도의 전각과 시설들을 갖춘 대형 전통사찰로 성장하게 된다면, 필자처럼 육지부의 큰 사찰을 방문하는 과정에서 옹졸한 마음을 갖게 되지는 않을 것이라 자위해 본다.

- 2005년 5월 23일 〈제주시론〉

제주 숯가마를
아십니까?

우리 제주에도 숯을 굽던 숯가마가 있었다. 제주의 숯가마는 대부분 중산간지역 숲속에 자리하고 있는데, 대개 주변에 서식하는 굴참나무, 졸참나무, 가시나무 등을 재료로 숯을 만들었다. 특히 숯가마는 재료나 연료 취득의 특성상 곶자왈 지역 내에 터를 잡는 것이 중요했다. 숯의 원료가 되는 참나뭇과의 수종들이 많은 곶자왈 지역은 숯가마를 만드는 데 최적지였기 때문이다. 이런 관점에서 선흘, 교래, 함덕, 대흘, 신평, 저지, 청수, 상창, 서광, 상도, 세화리 등 곶자왈을 끼고 있는 마을이나 그 주변 마을은 숯 굽기의 흔적을 고이 간직하고 있는 대표적인 마을들이다.

그런데 언제부터인가 제주의 숯가마가 사람들의 뇌리에서 사라지는가 싶더니, 최근에는 중산간지역의 이곳저곳에서 발견되면서 탐방객들의 이목을 집중시키고 있다. 숯가마는 제주인들의 생활경제와 관련하여 더없이 소중한 문화유산이라는 점 때문이다.

1960년대 이전 제주도민들의 일상생활에서는 숯이 절대적으로 필요한 존재일 수밖에 없었다. 숯은 중산간 마을은 물론이고 해안마을의 일부 가정에서도 가정경제를 떠받치는 주요 수입원으로 작용했으며, 연탄과 석유가 제대로 공급되지 않던 시대에는 많은 가정에서 없어서는 안 될 귀중한 연료였다.

이처럼 과거 제주도에서의 연료 취득은 육지부보다도 훨씬 더 어려웠고 따라서 모든 가정에서는 1년을 통틀어 주기적으로 일정량의 연료를 확보해 두지 않으면 안 되는 상황이었다. 대개 남자

구억곶자왈 내 숯가마.

어른들은 곶자왈 지역에 들어가 큰 나무들을 베어 장작을 마련했고, 여성들은 솔잎과 나뭇잎 또는 마른 나뭇가지를 한데 모아 집안 한구석에 땔감으로 마련하는 일이 다반사였다. 숯은 집안의 대소사나 특별한 날에만 활용하는 고급 연료에 속하였다.

제주의 숯가마 규모는 다소 작은 편이다. 외부 형태는 지면에서 현무암으로 둥글게 쌓아 올린 아치형을 취하며 나무 재료를 넣고 숯을 꺼내는 출입구와 천장 혹은 출입구 반대편 하단에 배연 시설을 갖추고 있다. 그리고 가마 내부는 고운 진흙으로 매끈하게 발라 열기가 밖으로 빠져나가지 못하도록 고안하고 있다. 설명으로는 아주 간단해 보이지만, 숯가마를 축조하는 데는 나름대로 주변의 지형을 이용해야 하고 또 돌과 고운 흙이 있어야 하기 때문에 축조 자체가 결코 쉬운 일은 아니었다. 때에 따라서는 가마 내부에 바를 고운 흙을 특정 장소에서 구한 후 가마를 축조하는 곳까지 손수 날라야 하는 번거로움도 뒤따랐다.

이런 점을 고려한다면, 제주의 숯가마는 제주도민들의 과거 생활상을 살피고 경제활동의 한 단면을 이해하는 데 매우 소중한 문화유산적 가치를 지니고 있다. 궁극적으로 숯가마는 제주의 미래를 짊어질 청소년들이 제주의 환경을 이해하고, 선조들의 삶의 편린을 더듬어 볼 수 있는 훌륭한 교육적 자원으로서의 의미와 가치를 지닌다고 말할 수 있다.

며칠 전 필자는 (재)제주고고학연구소로부터 《제주 서광리 숯가마》라는 보고서를 한 권 건네받았다. 서광리 숯가마는 제주국제자유도시개발센터가 추진하는 신화·역사공원 조성 사업구역 내에 위치하는 것으로, 보고서는 구제발굴을 통해 얻은 결과물이었다. 보고서를 읽고 난 후, 필자는 하나둘씩 사라지는 제주의 숯가마를 가능한 빠른 시점에서 전수 조사하여 그 실체를 파악할 필요가 있음을 느꼈다.

이미 보존을 결정한 숯가마도 몇 곳 있는 듯하다. 그러나 아직 제주에 남아 있는 숯가마의 실수 파악이나 규모, 특징 등을 전체적으로 조사한 실적은 없는 것으로 여겨진다. 시간이 더 흐르기 전에, 또 하나의 문화유산을 발굴하고 후세 교육을 위한 차원에서 제주의 숯가마를 본격적으로 조사해 볼 필요가 있지 않을까 생각해 본다.

- 2010년 9월 16일 〈제주시론〉

숯 굽기 재현을 통한
제주선조들의 지혜 찾기

　　　　　　　　초여름으로 접어드는 6월 초, 제주 서부
지역의 한 마을에서 숯 굽기 재현 행사가 있었다. 과거 제주의 여
러 중산간 마을에서는 숯을 구워 끼니를 해결하던 시절이 있었다.
그런데 오늘날 그러한 흔적을 찾아보기란 매우 어렵다.

　이번에 국립산림과학원의 도움을 받아 과거에 행하던 방식 그
대로 숯 굽기 재현을 시도할 수 있었다. 70대 두 장인(匠人)의 기억
과 경험이 제대로 되살아나지 않았다면, 숯 굽기 재현은 불가능했
다. 두 장인은 숯 재료를 보기 좋게 아치형으로 쌓은 후 짚을 두르
고 돌과 흙을 쌓아올림으로써 과거 방식의 숯가마를 축조하는 데
성공했다.

　필자는 숯가마가 단계별로 축조되는 과정을 지켜보면서 과거에
우리 선조들이 얼마나 치열한 시대를 살아왔는지를 다시 한번 실
감할 수 있었다. 이번에 재현한 숯가마는 비교적 간단하고 쉬운 공
정으로 축조할 수 있는 것이었다. 그렇지만 숯가마를 축조하는 과

정 그 자체는 두 장인의 정성과 열정을 쏟아붓는 순간의 연속이었다. 두 장인에게 축적된 경험과 기억이 오래되어서 그랬을지, 아니면 숯 굽기가 연출된 상황이라는 것을 의식해서인지는 모르나 두 장인의 손놀림은 매우 조심스러우면서도 섬세한 움직임으로 이어졌다.

숯 재료를 쌓고 숯가마가 완성되기까지는 약 1시간 20분이 걸렸다. 아궁이에서 불을 지피고 숯가마 내부가 타기 시작할 무렵, 아궁이를 무너뜨리고 차단한 후에는 숯가마 주변에서 새어 나오는 연기를 막기 위해 계속해서 흙을 덧씌우며 숯가마의 측면과 상부를 두들기는 작업이 뒤따랐다. 이어서 숯가마 내부가 본격적으로 타들어 가기 시작한 이후부터는 숯가마 자체가 조금씩 내려앉는 관계로, 두 장인은 흙을 채워놓으며 두들기는 보수작업을 이어갔다. 이처럼 숯 재료가 안정적으로 타들어 갈 때까지 두 장인은 좀처럼 쉴 틈이 없어 보였다.

숯가마 내부에 불길이 퍼지기 시작한 정오부터 오후 7시까지는 특별한 작업 없이 숯 재료가 온전하게 타들어 가기만을 기다리는 시간이었다. 더불어 숯이 타들어 가는 시간은 가족들의 생계를 걱정하며 온갖 세상사의 시름을 곱씹어보는 시간이기도 했다.

숯이 완성된 시간은 이튿날 오후 3시경이었다. 아궁이에 불을 지피고 나서 무려 27시간 동안 숯 재료를 태운 것이다. 숯이 타들어 가는 야간 시간대에는 일단 두 장인도 자택으로 귀가하여 휴식을 취했지만, 숯가마를 허물고 완성된 숯을 꺼내려는 순간만큼은

청수리에서의 숯 굽기 재현 모습.

긴장감과 초조감이 극도로 달해 보였다. 숯 굽기의 성공과 실패의 갈림길에 선 두 장인의 심정이 어떠했을지, 단지 옆에서 지켜보는 입장에서는 감히 상상할 수도 없었다.

숯 굽기 재현 자체는 매우 성공적이었으나 숯의 완성도는 절반의 성공으로 끝났다. 숯의 탄화도는 그런대로 괜찮았지만, 상품용 숯과 같은 온전한 형태를 띠지 못하고 상대적으로 조각난 것들이 많았다.

이번에 행해진 숯 굽기 재현을 통해 몇 가지 중요한 사실을 확인할 수 있었다. 하나는 숯 굽기에 대한 단계별 공정을 일목요연하게 파악할 수 있었다는 점이다. 또 하나는 숯을 굽는 과정에서 공정의 까다로움이나 소요된 시간에 못지않게 집요할 정도의 정성이 필요하다는 사실이었다. 마지막으로, 어려운 환경에서도 숯을 구워 가족들의 생계를 유지하고자 했던 우리 선조들의 지혜가 돋보였다는 것이다.

과거의 시간을 살다 간 제주선조들은 어려운 환경에 처할수록 지혜의 빛이 강렬했다. 그래서 제주선조들의 지혜 찾기 작업이 더욱 필요한 것이라 생각된다.

- 2015년 7월 8일 〈제주시론〉

소금과
소금밭

　　　　　　　최근 일본 동북지방의 대형 쓰나미로 인한 원자력발전소의 파괴와 그에 따른 방사능 오염 문제가 일본 국내를 넘어 전 세계 속으로 번져나가고 있다. 대형 쓰나미가 발생한 이후 50여 일 이상이나 계속 보도되고 있는 일본발 뉴스에서 원자력발전소의 폐해가 인간 생활에 얼마나 위험하고 심각한지를 깨닫게 된다.

　요즘 국내의 여러 매스컴에서는 일본에서 시작된 방사능 오염과 관련하여 소금 품귀 현상을 대대적으로 보도하고 있다. 소금에 포함된 요오드화칼륨 성분이 방사능 오염을 막아준다는 설 때문이다. 그러나 필자에게는 방사능 오염과 소금의 상관성은 별다른 감흥으로 다가오지 않는다.

　소금이 화제에 오르면 으레 맨 먼저 떠오르는 것은 과거 제주도에서의 소금 품귀 현상이랄까, 소금 공급이 제대로 이루어지지 않던 시절에 우리 선조들은 어떻게 일상생활을 영위해 나갈 수 있었

구엄리 돌염전-소금빌레.

을까 하는 생각뿐이다. 그만큼 근현대로 이어지는 길목에서 제주 서민들에게는 소금 공급이 불충분했고, 그때마다 조리용 소금은 물론이고 된장과 간장을 만드는 데 필요한 최소한의 소금이라도 얻기 위해 무진 애를 썼을 것으로 여겨진다.

물론 현재의 이야기가 아니라 100여 년 전의 이야기라 생각하면 식상할 수도 있다. 그러나 지금 이 순간도 방사능 오염 때문에 시중에서 소금(천일염)을 쉽게 구입할 수 없다는 상황을 고려한다면, 평소에 우리는 소금의 소중함을 잊고 있는 것이 아닌가 하는 생각마저 든다.

제주도의 선조들은 전통사회가 유지되던 시기에 무엇이든 자급자족하려는 지혜를 가지고 있었다. 육지부로부터 소금이 들어오지 않으면, 아니 들어오더라도 일반 서민들에게까지 돌아갈 몫이 없으면 바닷물을 이용하여 직접 소금을 만드는 지혜를 발휘했다. 그리고 잉여분은 주변 마을주민들에게 팔거나 물물교환을 통해 필요한 물품과 바꾸기도 했다. 그런 지혜의 소산으로 소금을 제조하던 곳을 흔히 소금밭, 소금빌레 또는 돌염전 등이라 부른다. 물론 소금밭의 규모나 생산량에서는 육지부의 그것과 비교할 수준이 아니었다.

생각하건대, 제주도에서의 소금 생산은 궁여지책의 산물이 아니었나 싶다. 오죽했으면 그토록 어려운 환경 속에서 또 그렇게 힘든 과정을 거치면서도 소금을 직접 만들어 쓰지 않으면 안 되었을까 하는 생각이 마음 한구석에 깊게 자리하기 때문이다.

근본적으로 제주도는 화산섬의 지형적 특징 때문에 대규모로 소금을 생산할 수 있는 조건을 갖추고 있지 못하다. 다시 말하면, 조석간만의 차가 작아 소금 생산을 위한 간석지가 형성되기 어려운 점, 만입부(灣入部)가 적고 소금 모래를 구하기 어려운 점, 여름철 집중강우로 인해 강수량이 많고 더불어 여름과 가을에 태풍이 많이 불어온다는 점, 해안가 주변에서 용천수가 많이 흘러나오기 때문에 바닷물의 염도가 아주 낮다는 점, 나아가 과거 제주도에서는 철(鐵)이 생산되지 않아 일찍부터 가마솥을 제작할 수 없었던 점, 그리고 육지부의 여러 지역에 비해 제염기술이 늦게 전파된 점 등을 들 수 있다.

이처럼 소금 생산에 불리한 환경이었지만, 1950년을 전후한 시기까지도 여러 어촌마을에서는 모든 어려움을 극복하며 소금을 생산하고 있었다. 다소 과장한다면, 제주선민들은 자연으로부터 결코 얻을 수 없는 것은 없다는 지혜를 발휘해 온 것이다.

혹여나 제주도에서도 천일염을 얻기가 어려워진다면, 과거 선조들이 천일염을 만들었던 장소를 방문해 보는 것은 어떨까. 어쩌면 번뜩이는 삶의 지혜가 솟아날 수도 있지 않을까 생각해 본다.

- 2011년 5월 2일 〈제주시론〉

돌염전의 제염기술,
문화재로 지정되어야 한다

　　　　　　　애월읍 구엄마을 포구 근처에는 소금빌
레라는 곳이 있다. 이곳은 암반 위의 제염터, 즉 돌염전이다. 이 소
금빌레는 대략 조선시대 중·후기로부터 일제강점기를 거쳐 1950
년대 초반까지 마을주민들이 소금을 만들었던 장소이다. 돌염전
위에서 제조한 소금은, 소금을 직접 만들었던 마을주민들이나 소
금을 구매하던 주변 마을사람들이 모두 돌소금이라 불렀다.

　구엄마을의 돌염전은 화산활동의 결과, 해안과 근접한 곳까지
용암이 두껍게 흐른 뒤 파도의 침식이 가해져 평탄화된 암반지대
로, 지리학적 용어로는 파식대(波蝕臺)라 한다. 구엄마을주민들은
평탄한 암반인 소금빌레에서 바닷물을 떠다가 졸이고 또 졸이면서
천일염인 돌소금을 만들었던 것이다.

　과거 제주도 내의 소금 제조는 크게 두 가지 방식으로 나뉜다.
하나는 구엄마을처럼 암반 위인 소금빌레에서 만드는 천일염이고,
다른 하나는 구좌읍 종달리나 성산읍 시흥리 등과 같이 간석지에

서 만드는 전오염(煎熬鹽) 방식이다. 이 중에서 간석지를 이용하여 소금을 만드는 전오염의 형태는 소금 제조의 현대화가 이루어지기 전까지 육지부에서는 보편적으로 행해지던 방식이다.

강조해서 말하면, 구엄마을처럼 암반 위에서 천일염을 제조하던 방식은 소금을 대량으로 제조하던 육지부에서조차 찾아보기 어려운 독창성과 특이성을 지니고 있다는 것이다. 제주도 내에서 소금빌레라 부르는 암반 위에서 소금을 제조하던 곳은 구엄마을 외에도 외도2동의 연대마을 또는 하귀마을 등 몇몇 마을에서 확인된다. 그렇지만 연대마을이나 하귀마을의 경우에는 소금을 제조하

제염과정을 점검하는 구엄리 어촌계장.

구엄리 소금빌레와 소금 장인.

는 면적이나 생산량에서 구엄마을을 따라가지는 못하였다. 그만큼 구엄마을의 소금빌레는 천일염을 제조하는 마을들 중에서도 가장 넓고, 많은 양의 소금을 생산하였을 뿐만 아니라 소금 제조에 참여하는 농가도 많았다.

　구엄마을의 소금빌레에서는 일제강점기까지만 해도 40호 이상의 농가에서 돌소금 제조를 부업으로 삼으며 생계를 이어왔다. 이처럼 해안가에 드넓게 덮인 소금빌레는 오랜 세월 동안 구엄마을 주민들의 소중한 일터이자 삶의 버팀목이었다.

　그러나 지금은 그 흔적조차 상상하기 힘들 정도로 퇴색되고 사람들의 뇌리에서 사라질 운명에 놓여 있다. 그나마도 다행인 것은 최근에 마을에서 돌염전을 복원하고 소금 제조의 전통을 이어가려는 노력을 시작했다는 사실이다. 하지만 현장을 방문해본 결과, 현 시점에서 돌소금을 제조하는 데는 여러 가지 상황이 만만치 않아 보였다. 우선 마을주민들 중에서도 크게 관심을 갖고 있는 사람이 적을 뿐만 아니라 특별한 재정적 지원이 뒷받침되는 것도 아니기 때문이다.

그보다도 더 중요한 것은 과거 소금 제조에 참여했던 사람들의 고령화로 인해 돌소금 제염법을 제대로 터득하고 있는 이가 불과 몇 명 남아 있지 않다는 사실이다. 이대로 몇 년이 지나가 버린다면, 제주도의 소금빌레에서 소금을 제조하는 기술은 영원히 우리 곁에서 사라질지도 모른다는 생각이 앞선다.

앞서 말한 것처럼, 용암 암반 위에서 소금을 제조하는 기술은 제주도만이 가지고 있는 독특하면서도 특이한 무형자산이다. 이 무형자산은 과거 제주도민들의 생활사를 이해하는 데 없어서는 안 될 소중한 가치를 지니고 있다. 따라서 조속히 제염기술 소유자를 기능 보유자로 지정함으로써 제주도민들의 생활사 보전과 함께 제주도 해양문화의 특이성을 지속적으로 이어나갈 필요가 있다고 여겨진다.

끝으로 행정당국과 문화재 위원들이 큰 관심을 가져 주었으면 하는 마음 간절하다.

- 2011년 9월 9일 〈제주시론〉

용천수 보전,
결코 이대로는 안 된다

이미 잘 알려진 것처럼, 제주도에서는 용천수가 귀중한 생명수였다. 제주의 용천수는 용출하는 방식에 따라 해안 용천수, 중산간 용천수 및 산간 용천수로 구별할 수 있는데, 특히 해안지역에 집중돼 있는 용천수는 오늘날과 같이 제주도의 전 해안지역에 마을의 터를 닦는 구심적 역할을 하기도 했다.

그런데 최근에 주민들의 무관심과 행정당국의 관리 소홀로 인해 많은 용천수들이 하나둘씩 사라지고 있다는 것이다. 앞으로 많은 용천수가 훼손되며 사라지는 것을 막기 위해서는 우리 모두가 용천수의 가치를 새롭게 인식해야 할 필요성이 있을 것이라 생각된다.

1999년에 발표된 제주도의 한 조사에 따르면, 제주도 내의 용천수는 총 911개소로서 이를 시·군 지역별로 보면 제주시가 142개소, 서귀포시가 168개소, 북제주군이 398개소 그리고 남제주군이 203개소로 나타난다.

중엄리 새물.

여기서 중요한 사실은 전체 911개소의 용천수 중 이미 156개소는 흔적도 없이 자취를 감추고 말았다는 사실이다. 어찌 보면 자연스러운 세월의 흐름으로 간주해 버릴 수도 있으나, 과거에 소중했던 생활 역사의 한 부분을 우리 스스로가 매장하는 듯하여 답답한 마음이다.

이러한 사실은 단순한 감상에 의한 것이 아니라, 필자가 최근에 몇 개의 마을을 지속적으로 답사하면서 느낀 나름대로의 결론이다.

최근에 확인된 용천수는 크게 두 가지 형태로 훼손 또는 파괴되는 것으로 나타난다. 하나는 중산간지역의 지하수 개발로 인해 수량이 급속히 감소함은 물론이거니와 그나마 현재 용출하고 있는 물도 주변의 오염원으로부터 완전히 노출되어 음용수로는 적합치 않을 정도로 수질이 악화돼 있는 것들이다. 여기에는 과거 사용상의 편리를 위해 설치했던 보호시설이나 구조물이 완전히 파괴돼 버려 용천수의 위치조차 판단하기 어려운 것도 포함된다.

다른 하나는 용천수가 위치하는 주변에서 대규모의 공사를 진행함으로써 용천수가 매립되거나 혹은 원래의 크기와 형태에서보다 축소되고 변형된 채 한쪽 구석에 방치된 것들이다.

이처럼 해안을 중심으로 한 여러 지역에서 공사로 인해 이미 사라진 것은 어찌할 수 없겠지만, 현시점에서 남아 있는 것들에 대해서는 어떠한 방법을 동원해서라도 반드시 지켜 나가야만 할 것이다.

제주인의 생명수였던 용천수. 지난 시절, 돈이나 식량에 못지않게 귀중했던 용천수를 그냥 이대로 방치하며 흔적도 없이 사라지게 한다면 결코 우리의 삶도 편치 않을 것이다.

과거의 어려운 시절은 항상 우리의 미래를 예견하는 데 반성의 거울 역할을 한다. 그렇게 많던 용천수가 거의 모두 사라진 뒤에, 겨우 몇 개 남은 용천수를 반드시 지켜내야 한다며 아우성을 떠는 우리의 모습을 한번 상상해 보자.

용천수의 보전 행위를 결코 행정당국에만 의존해서는 안 된다. 우리 모두가 지켜야 할 의무가 있기 때문이다. 용천수는 우리 모두가 긴요하게 사용하던 자연자원인 동시에 가장 아끼던 자산이었다. 그렇기에 용천수가 제주인의 소중한 삶의 일부분을 차지하고 있었던 사실에 대해서도 모두가 공감하고 있다.

바로 지금, 그러한 용천수가 우리의 눈앞에서 사라지려는 운명에 처해 있는 것이다. 행정당국의 책임도 중요하다고 하겠지만, 달면 삼키고 쓰면 뱉는 우리의 생활 태도도 깊게 반성해 봐야 되지 않겠는가.

- 2002년 4월 21일 〈제주시론〉

우리 주변에서
사라지는 것들[1]

　　　　　　　　　천고마비의 계절, 가을이다. 청명한 가을 하늘을 쳐다보고 있노라면, 왠지 모르게 센티멘털해지면서도 또 한편으론 왜 이리 시간이 빨리 흐르는지 고민하게 된다. 그것은 아마 올해도 얼마 남지 않았다는 지나간 시간에 대한 아쉬움과 그리움이 밀려오기 때문이 아닌가 싶다.

　가을 하늘을 벗 삼아 농어촌 들녘을 이리저리 헤매고 돌아다니다 우연히 발길이 머문 곳은 몇 년 전까지만 해도 잘 보존돼 있던 봉천수(물통) 자리였다. 처음에 만났던 이 봉천수는 제주도의 어느 마을에서나 있을 법한, 그렇지만 제법 모양새를 잘 갖춘 상태로 보존되고 있었다. 그런데 마을에 자동차 통행이 많아지자 봉천수 자리를 통째로 메우고 도로로 만드는 친절(?)을 베푼 듯했다. 필자는 안타까운 마음과 함께 왜 봉천수가 사라지지 않으면 안 되었을까에 대한 고민 때문에 한동안 발걸음이 떨어지지 않았다.

　중산간 마을에 자리 잡고 있는 봉천수는 물론이고 해안마을에

용흥리 억새미물.

서 샘솟는 용천수는, 일찍부터 제주 섬사람들의 생명의 근원으로 마을사람들 모두의 소중한 자산이었다. 그러나 우리 모두는 처음부터 수도가 집 안 내부에 설치돼 있었던 것처럼 착각하고 있는 것은 아닌지 라는 생각에 마음이 무겁고 착잡했다. 생각해 보면 내 고향에도 마을 내에 봉천수가 몇 군데 있었지만, 어느 날 거의 다 사라지고 이제는 몇 평 되지 않은 일그러진 모양의 봉천수만이 도로 한쪽에 달랑 붙어 있다.

요즘 들어 봉천수처럼 어느 날 갑자기 우리 주변에서 사라지는 것들에 대해 애정이 많이 간다. 그 이면에는 과거 우리의 소중한 생활문화유산을 어떻게든 지켜야 한다는 나름의 생각이 깔려 있기 때문이다. 봉천수나 용천수를 둘러싼 우리 제주선조들의 삶은 어떠했을까. 잠시 들여다보기로 하자.

제주선조들은 평소 봉천수나 용천수를 마을의 소중한 공동재산이라는 관념을 가지고 생활해 왔다. 따라서 봉천수나 용천수를 관리하고 보호하는 데는 마을 내에 특별한 규약이 없었지만, 서로가 지켜야 할 기본적인 사항들은 이미 몸에 배어 있었다. 다시 말해, 마을주민들이 물통 주변을 항상 공동으로 관리하고 청결을 유지하는 것은 당연한 의무이자 책무였던 것이다.

가령 식수로 사용하는 물통에서는 결코 손발을 씻거나 빨래를 하지 않았고, 심지어는 소나 말이 마시는 물통(봉천수)에서조차도 함부로 비누나 양잿물을 사용하는 일은 없었다. 빨래를 하는 경우에는 별도의 물통을 정하여 사용하도록 엄격하게 구분하고 있었음은 물론이다. 말하자면, 과거 제주의 선조들은 식수용 물통이든 우마용 물통이든 그 주변을 항상 정기적으로 청소하고 또 무너져 내린 돌담 등을 보수하면서, 여러 가지 이물질이나 오물들이 들어가지 못하도록 조심하는 일이 습관화돼 있었던 것이다.

이렇듯, 봉천수나 용천수는 제주의 선조들에게는 생명줄과도 같은 존재였다. 제주섬은 화산지대라는 지형적 특성상 아무 곳에서나 물을 손쉽게 확보할 수 없었기에, 중산간지역에서는 인위적으로 식수용이나 우마용 물통을 만들었고, 해안지역에서는 솟아나는 샘물인 용천수를 잘 활용하지 않으면 안 되었다. 결국 봉천수나 용천수의 존재는 제주선조들이 물을 얻기 위한 엄청난 고뇌와 땀이 스며들어 있는 '화석(化石)'에 비유해도 좋을 것이다.

이쯤 되면, 우리가 봉천수나 용천수를 온전하게 보전해야 하는 배경도 분명해진다. 그것은 다름 아닌 앞 시대를 살다간, 그리고 지금도 살고 있는 제주선조들의 삶을 반추(反芻)해 보는 데 유용하며, 또한 오늘날과 같이 풍요로운 물질문명의 시대에 자기절제와 절약의 필요성을 깨닫게 하는 데 중요한 기능을 하기 때문이다.

- 2008년 11월 1일 〈제주시론〉

우리 주변에서
사라지는 것들[2]

8년 전 애월리에 있는 소금 제조터(소금밭)를 찾은 적이 있다. 그때만 하더라도 조선시대 때부터 소금을 제조했던 생활문화유적이 그런대로 잘 남아 있었다. 소금을 만들기 위해 돌로 구획한 돌담이나 바다로부터 물을 끌어들이기 위한 수로(水路), 그리고 마무리 단계에서 소금기를 잘 머금은 함수(鹹水)를 뽑아내는 데 사용했을 것으로 추정되는 솥 모양의 돌판도 일부 받침돌이 무너져 내린 것이 있었지만, 그래도 제자리에 틀을 유지한 채 잘 남아 있었다.

필자가 애월리에 소금 제조 터가 있다는 사실을 알게 된 것은 종달리와 일과리, 구엄리 등 제주도의 소금 생산 마을과 관련된 논문을 집필하던 1997년경이었다. 소설가 오성찬 선생이 애월리에서 소금 제조 터를 발견했다는 내용의 신문기사를 모 중앙지에서 접했던 것이다. 당시의 논문 집필에서는 애월리 소금 생산의 특이성을 다루지 않았기 때문에, 구태여 소금 제조 터의 현장을 찾지는 않았다. 그 후 애월리 소금 제조 터의 현장을 처음 찾은 것은 2000년경 학생들과 함께 현장학습을 하기 위해서였다.

2008년 11월 중순에 애월리 소금 제조 터를 다시 찾았다. 그런데 소금 제조 터는 한눈으로 봐도 예전의 모습과는 사뭇 다르게 보였다. 8년 전에 처음 접했던 상황을 떠올리며 현장의 이곳저곳을 돌아보았다. 전체적으로는 분명 옛날 그 모습을 유지하고 있었지만, 이곳저곳에 소금밭을 구획했던 돌담은 많이 무너져 있었고 흩어진 돌멩이는 아무렇게나 나뒹굴고 있었다. 그리고 마무리 단계에서 소금물을 흘려 내리게 하는 넓적한 돌판은 받침돌이 빠져나와 한쪽으로 기운 것이 많았고, 돌판 앞쪽에 보조로 설치됐던 세움돌도 눕혀진 것들이 태반이었다. 특히 솥 모양의 돌판은 한쪽으로 기울어진 탓인지, 용도를 전혀 가늠할 수 없을 정도였다.

겨우 8년이란 시간이 흘렀을 뿐인데도 애월리 소금 제조 터는 예전과는 상황이 많이 달라진 것이 분명했다. 소금 제조 터가 있는 곳은 비교적 인적이 드문 곳이어서, 누군가가 일부러 파괴했다고는 생각하지 않는다. 아마도 여름철의 강풍이나 태풍 등에 의해 돌담이 무너져 내렸거나 간혹 지나다니는 낚시꾼들의 발부리에 의해 조금씩 무너져 내렸을 것으로 추정된다.

애월리 소금 제조 터도 제주도민들의 삶을 떠받쳐오던 소중한 생활문화유적이다. 따라서 남겨진 문화유적을 제대로 보전해야 하는 것은 우리 모두의 의무이자 책무라 할 수 있다. 그것도 더 이상 훼손되거나 사라지기 전에 최대한 원형을 토대로 보전해 가는 애월리 배무숭이 소금밭.

것이 중요하다. 유적의 형태가 망가지고 난 후에 복원하는 문화유적도 일견 중요한 의미와 가치를 지닐 수 있지만, 그것은 당시로서는 어쩔 수 없었던 상황이 전제되어야 한다. 다시 말하면, 모든 것이 다 사라지고 나서 거창하게 복원 운운하는 것보다는 조금이라도 형태를 유지하고 있을 때에 보전해 가는 노력이 절실하다는 것이다.

이런 관점에서 보면, 애월리 소금 제조 터는 아직도 부분적이나마 형태를 유지하고 있다고 판단된다. 마을주민들로부터 과거의 상황을 수집하고 기록하여 기초적인 단계의 복원만 이루어진다면, 제주선민들이 남긴 훌륭한 생활문화유적으로 전승할 만한 가치가 충분하다고 본다.

오늘날 제주도 내에 소금을 만들었던 현장이 제대로 보존되고 있는 곳은 거의 없다. 애월리 소금 제조 터는 일단 터가 잘 남아 있고, 또한 돌담이나 보조 시설로 사용했던 돌들이 주변에 그대로 남아 있는 사례로 특기할 만하다. 따라서 기초적인 복원과 함께 역사적인 배경이 좀 더 세밀히 밝혀진다면 지방문화재로의 지정도 고려해 볼 만하다. 만약 그렇게 된다면, 제주도의 미래를 짊어질 학생들에게도 학습의 장으로 소중하게 활용될 수 있을 것이다.

- 2008년 12월 6일 〈제주시론〉

우리 주변에서
사라지는 것들[3]

　　　　　　　　　제주도의 포구 주변에는 도대불(등명대)
이라 불리는 옛날식 등대가 있다. 물론 지금은 대부분 사라지고 몇
기의 도대불만이 과거의 추억을 끌어안은 채 외로움을 이겨내고
있다. 이들 도대불은 해안마을에 거주하는 주민들이 바다에서 고
기잡이를 마치고 돌아오는 데 중요한 랜드마크 역할을 했던 소중
한 해양문화유산 중 하나이다.

　강조해서 말하면, 도대불은 해당 마을주민들이 손수 각진 돌을
다듬으며 지혜를 발휘하여 쌓아 올린 소중한 생활작품이다. 따라
서 마을주민들은 오늘날의 현대식 등대를 이용하면서도, 도대불에
대한 과거의 모진 향수를 느낄 것으로 여겨진다.

　최근에 몇몇 해안마을을 답사했다. 그 과정에서 일부 마을의 도
대불이 다시 생겨나거나 새롭게 복원된 사실을 알 수 있었다. 물론
기존의 도대불이 이미 사라진 마을도 있었다. 20~30년 전에 이미
사라진 도대불을 후세에 알리기 위해 다시 복원한 것은 그나마 이

해할 수 있었다. 그런데 최근에 이르러서 불필요하다고 과거의 원형을 없애고, 다시 이상한 형태의 도대불을 만들어 놓은 것을 보자, 너무도 기가 막혀 말문이 막혔다.

최근까지도 과거의 원형을 잘 유지하고 있던 도대불을 왜 갑자기 없앴다가 다시 복원해야만 했을까. 다시 같은 위치에 도대불을 복원했다는 사실로 미루어 보면, 과거 도대불의 면적이나 위치가 지금에 와서도 그리 걸림돌이 아니었다는 말이 아닌가. 그렇지 않으면, 포구 주변을 정비하는 과정에서 도대불이 너무도 불필요한 눈엣가시였던가.

현재 과거의 모습대로 남아 있는 제주의 도대불은 고산1리(자구내 포구) 도대불을 비롯하여 김녕리, 북촌리, 대포동 등 10여 기 안팎에 불과하다. 최근 10여 년 사이에 7~8기가 완전히 역사 속으로 사라지거나 다시 새롭게 변신한 모습으로 일그러진 새 역사를 이어가고 있다.

도대불은 일견 크고 복잡한 구조물이 아니기 때문에, 얼마든지 쉽게 없앴다가 필요하면 금세 복원이 가능한 것처럼 착각할 수 있다. 과연 그럴까. 어떤 문화유산이든지 복원하려고 마음만 먹으면 불가능한 것은 없다. 그런데 특정 지역의 문화유산은 오랜 세월 동안 모진 풍파를 이겨내며 해당 지역 주민들의 삶과 궤도를 같이해왔다는 데 큰 의미가 있는 것이다. 따라서 새롭게 복원한 문화유산은 해당 지역의 역사와 문화의 맥이 일단 끊기고, 복원한 시점부터 다시 시작된다는 의미를 지닌다. 결국 복원한 문화유산은 나름대

다끄내포구의 복원된 도대불.

로 새로운 출발의 의미를 지닐 수는 있지만, 해당 마을의 오랜 역사와 문화를 근간으로 정체성을 담아내는 데는 턱없이 부족할 수밖에 없다.

제주 도대불의 실제적인 역할은 1970년대에 이르러 막을 내렸다. 그렇지만, 무엇보다도 중요한 사실은 원형을 잘 유지하고 있는 도대불에는 그 당시까지 사용했던 마을주민들의 삶의 역사와 해양문화의 흔적이 그대로 투영되어 있다는 것이다. 새로 복원한 도대불에서 마을주민들이 엮어온 삶의 역사와 문화의 편린을 간직하고 있다고 말할 수 있을 것인가. 구태여 말하자면, 문화유산의 복원이란 구조적으로 도저히 어쩔 수 없는 상황에서만 이루어져야 하는 것이다.

현재 원형을 잘 간직하고 있는 몇몇 도대불조차도 지방문화재로 등록돼 있는 것은 없다.* 그렇기 때문에, 이후에도 원래의 모습은 온데간데없이 새로운 탈을 쓴 기형적인 모습으로 우리들 앞에 나타날 조짐이 매우 크다. 이제 우리는 새로 복원된 도대불이 마을주민들이 쌓아온 삶의 역사와 문화를 제대로 망가뜨린 사실을 기억하며 쓰디쓴 웃음을 짓고 있음을 알아야 한다.

- 2009년 1월 6일 〈제주시론〉

* 2021년 7월에 제주시 김녕리·북촌리·고산리·우도 영일동의 4기와 서귀포시 대포동과 보목동 2기의 도대불이 '제주 등명대(燈明臺)'라는 명칭으로 제주특별자치도 등록문화재가 되었다.

제2장

돌문화·해녀

제주해녀의 문화 지키기에는 반드시 우리의 애정과 관심이 뒤따라야 한다. 제주해녀가 역사의 뒤안길로 사라지기 전에, 그녀들에게 당당히 이 시대를 헤쳐나갈 수 있도록 기(氣)를 불어넣어 주어야만 한다. 모든 것이 박제화되어 우리의 곁을 떠나기 전에!
- 제주해녀의 문화, 다시 한번 생각하자

제주 돌담의
존재적 가치

제주도에는 화산활동에 의해 생겨난 현무암이 지천(至賤)으로 널려 있다. 제주도민들은 일상생활 속에서 단 한시도 이 검은 돌을 마주하지 않고서는 살아갈 수 없다. 집과 마을 주변에서는 물론이고 산(오름)과 들, 바다 등 그 어디를 가더라도 새까만 현무암을 마주할 수밖에 없다.

제주도 내에서 현무암을 효율적으로 잘 활용한 사례 중 하나는 밭과 밭 사이를 가로지르는 경계용 밭담이라 할 수 있다. 이 경계용 돌담은 직선과 곡선을 이루며 제주도 전체를 장식하는 자연물의 일부이지만, 또 어떤 의미에서는 있는 그대로의 자연을 잘 활용하라고 후손들에게 보여주는 제주선민들의 유언장(遺言狀)과도 같은 것이다.

좁고 좁은 밭들 사이에 돌담은 없고 경작하는 밭들만 그저 밋밋하게 이어지고 있다고 한번 상상해 보라. 돌로 가득한 제주의 아름다움을 과연 발견할 수 있을 것인가. 또한 그 많은 돌들을 어디에

협재리 밭담.

다 쌓아두고 번거로움을 피할 것인가.

  제주도에는 발길 닿는 곳마다 길게 이어진 돌담이 있어야 제주다움을 제대로 느낄 수 있다고 말한다. 특히 제주를 찾은 관광객들에게 인상적인 모습으로 각인되고 있음을 감안할 때, 앞으로 제주 돌담에 대한 각별한 애정을 쏟아야 하지 않을까 생각된다. 그리고 학문적인 차원의 연구도 반드시 이루어져야만 할 것이다.

  여기서 제주 돌담의 존재적 가치에 대해 두 가지만 정리해 두고자 한다. 먼저 제주 서민의 애환을 담은 의미체(意味體)로서의 존재

가치를 생각해 볼 수 있다. 제주도에서 최초로 경작지에 돌담을 쌓기 시작한 것은 고려시대의 김구(金坵) 판관 시절부터라는 역사적인 기록이 보이나, 일부 학자는 사람의 거주 역사와 때를 같이한다는 지적도 있다. 따라서 제주 돌담의 역사성을 정확하게 규명하지는 못한다고 하더라도, 제주도에 선민들이 거주하면서 쌓았다고 하는 사실만큼은 변함이 없다. 제주선민들은 평소에 밭을 일구는 과정에서 나온 돌들을 멀리 운반하지 않고 경작지의 가장자리에 쌓아 두었다. 그리고 자신이 개간한 밭과 인접하는 타인의 밭과 경계를 쉽게 구별하기 위해 근처에 있는 돌들을 활용했다. 어떤 과정

가파도 상동 마을길 돌담.

을 거쳐 쌓았던 지 간에 제주선민들의 땀과 노력이 처절하게 스며 있는 작품임에는 틀림없다.

두 번째로, 제주 돌담의 존재 가치는 앞에서 언급한 것처럼 제주도를 상징하는 미학적 요소로 크게 작용하고 있다는 사실이다. 제주도를 상징하고 장식하는 요소들은 많다. 한라산, 오름들, 푸른 바다 그리고 강인한 여성들의 모습이 그러하다. 나아가 노랗게 익은 밀감과 둥그렇게 엮은 초가지붕은 제주도를 상징적으로 잘 나타내는 동시에 제주도를 장식하는 요소로서 손색이 없다. 그러나 만약에 제주도에 돌담이 존재하지 않는다면, 얼마나 황량한 모습으로 내비칠 것인가.

제주도에는 검은 돌담이 줄기차게 얽혀서 이어지는 가운데 직선과 곡선이 교묘하게 어우러지면서 자아내는 아름다움이 있다. 그렇기에 제주도가 전국적으로 아니 세계적으로 제주다움을 한없이 드러낼 수 있는 것이 아니겠는가. 검은 돌담은 제주도만이 나타낼 수 있는 색깔이자 음색이다.

이상과 같이 제주 돌담의 존재 가치를 신중히 검토해보면, 이제 제주 돌담은 단순히 존재하는 것이 아닌 중요한 의미를 지닌 의미체로 존재하는 것으로 이해할 수 있다. 이러한 제주 돌담을 앞으로 가능한 한 넓은 지역에서 온전하게 보전해 나가야 할 것이다.

- 2005년 4월 19일 〈제주시론〉

제주 밭담을
사수하라

올해 들어 제주 밭담이 크게 주목받고 있다. 밭담이 '돌담 밭'이라는 다소 생소한 이름으로 변신하기는 했지만, 올 1월 국가중요농업유산으로 지정되면서 관심이 집중되고 있는 것이다. 국가중요농업유산으로 지정하는 과정에서 농경지 개념에 무게 중심을 두기는 했지만, 제주 밭담의 가치와 중요성을 알리는 데는 큰 문제가 되지 않을 것으로 보인다.

대한민국을 통틀어, 아니 전 세계로 눈을 돌려보더라도 제주만큼 넓은 지역에 걸쳐 밭담이 분포하는 곳이 있을까. 정확하지는 않지만, 그리 흔치 않을 것이라는 예상은 충분히 해 볼 수 있다. 역사서에 등장하는 제주 밭담의 역사는 1234년 고려시대 김구(金坵) 판관이 제주도민들의 토지 분쟁을 막기 위한 수단으로 쌓았다고 전해지고 있으나, 일부 연구자들은 그 시기를 훨씬 뛰어넘을 것이라는 주장을 한다. 이들 연구자들의 주장은 제주의 척박한 자연환경과 그러한 환경을 이겨내려는 제주도민들의 심성을 생각할 때 어

김녕리 진술지구 밭담.

하도리 일주도로 변 밭담.

쩌면 당연한 주장일 수도 있다.

밭담의 역사적 기록과는 별도로, 그것이 제주선조들이 일궈놓은 소중한 문화유산임을 제대로 인식하는 제주도민은 드문 듯하다. 이유는 단순하다. 제주에서는 너무나도 흔하기 때문이다. 흔하다고 생각하기 때문에 밭담의 귀한 존재적 가치를 모른 채 날이 갈수록 훼손되며 제자리를 이탈하고 있다.

그렇다면 제주 밭담은 과연 이대로 훼손돼도 좋을 것인가. 제주 밭담의 가치와 중요성을 새삼 강조할 당위성이 필요해진다. 밭담은 제주 농업의 근간을 떠받쳐온 중요한 기능체이다. 농경지 안과 밖에 수없이 널려 있는 돌 하나하나가 제주 농민들이 부지런한 손놀림으로 대를 이어가며 한곳에 모아지거나 경계선을 따라 한 줄이나 두 줄로 쌓이며 섬 전역을 모자이크 하는 풍경화의 모태가 되었다.

밭담은 분명히 자연이 가져다 준 선물의 흔적이지만, 제주도민들은 너나 할 것 없이 농업생산 활동에 적극적으로 활용함으로써 흩어진 돌들을 이농(利農)의 산물(産物)로 변신시킨 것이다. 제주선조들의 지혜의 소산이란 말이 잘 어울리는 대목이다. 따라서 밭담은 바람으로부터 농작물을 보호하고, 흙의 날림을 막고, 소와 말의 드나듦을 방지하는 귀한 존재로 등장하게 되었다.

이처럼 밭담은 제주 밭농사의 끈을 이어온 역사적 산물이자 과거 세대와 현세대를 이어주는 농업 유산의 증거물이다. 이러한 밭담이 오늘날에 이르러 이곳저곳에서 망가지며 밭을 에워싼 직선과 곡선의 풍경화가 심하게 일그러지고 있다.

밭담을 보전하고 후대로 이어지도록 하는 것은 현세대의 중요한 역할 중 하나다. 몽땅 사라지고 나서 후회하며 복원하려 한다면 그 원풍경은 되찾기 어렵다. 현시점에서 우리가 밭담을 사수해야 하는 이유가 여기에 있다.

이제 제주 밭담은 대한민국을 넘어 세계의 유산으로 거듭나려 하고 있다. 다가오는 5월, 일본 도쿄의 세계중요농업유산 심의에서 최종 인증을 위해 관련 기관이 노력하고 있기 때문이다. 우리가 하찮게 여기던 밭담이 이제는 세계를 대표하는 농업유산으로 탈바꿈하려는 것이다. 제주도민들이 밭담을 사수해야 하는 또 하나의 이유가 늘어난 셈이다.

제주 밭담은 탄생의 역사나 제주문화의 특수성 또는 제주 경관의 가치를 논할 때 결코 빠질 수 없는 귀한 존재이다. 따라서 우리 모두가 기어코 사수해야 할 이유 있는 대상이다.

- 2013년 4월 3일 〈제주시론〉

마을 상징석이 제자리를
지켜야 하는 이유

제주도의 여러 마을에는 해당 마을을 지키는 돌탑(답, 또는 거욱대)이나 마을을 알리는 상징석이 있다. 또 해안마을의 경우에는 해안을 장식하는 조약돌과 왕돌도 있다. 여기서 전자인 돌탑이 마을사람들이 인위적으로 조성한 것이라면, 후자인 상징석과 조약돌 및 왕돌 등은 자연의 힘으로 만들어졌다고 말할 수 있다.

이처럼 돌탑이나 상징석을 가지고 있는 마을은 그것과 관련된 자연과 역사와 문화의 한 단면을 소중히 간직하고 있다. 따라서 인위적인 돌탑이든 자연적인 상징석이든, 해당 마을의 입장에서는 그것들이 마을을 대표하는 얼굴이자 그 무엇과도 바꿀 수 없는 소중한 자산이라 할 수 있다.

최근 도내에는 마을 상징석을 훔치거나 파괴하여 마을의 상징성을 훼손하는 무리들이 활개 치고 있다. 이유는 단 한 가지, 돈이 되기 때문이다. 즉 마을의 상징석을 훔쳐다가 팔아먹고 있는 것이다. 해당 마을의 입장에서 보면, 너무나도 기가 막혀 말문이 막히는 일이다.

마을사람들이 소중히 여기는 상징석을 몰래 훔쳐다 파는 행위는 궁극적으로 혼자만의 이익을 얻기 위해 특정 마을사람들의 정체성을 파괴하는 행위와도 같은 것이다. 이와 같이 일부 몰지각한 사람들에 의해 마을 상징석이 도난 또는 파괴당하고 있다는 사실을 전제할 때, 앞으로 심각하게 고민하고 대응책을 모색해야 할 것이다.

한동안 제주사회에서는 무덤 앞에 놓여있는 동자석이 무더기로

———

신엄리 답단이답.

대림리 선돌.

도난당하는 수난을 겪었다. 그리고 지금 이 순간까지도 어느 유명한 선인의 무덤 앞 동자석은 원래의 장소로 돌아가지 못하는 어처구니없는 경험을 하고 있다. 동자석을 훔쳐 간 장본인이야 반드시 징벌해야 할 대상이지만, 내 것이든 남의 것이든 제대로 지키지 못한 우리 모두의 책임도 없지 않다고 하겠다.

지역 매스컴은 최근에 이어진 마을 상징석 도난과 관련하여 제주시가 대책 마련에 나섰다고 보도했다. 제주시의 대응책은 늦은 감이 있지만, 상당히 의미 있는 시정이라 평가된다. 제주시에 보존

대상으로 신청한 마을 상징석은 10개 마을 12개였다고 한다. 물론 더 많이 있을 것으로 보나, 아직 도난 경험이 없거나 마을마다 특수한 상황으로 신청을 하지 않은 일부 마을도 있다. 또한 이미 지방문화재로 지정·보호되는 것들도 있다.

아무튼 제주시에 소속된 10개 마을이 신청한 마을 상징석은 그 어느 것을 봐도 해당 마을의 귀중한 자산으로 손색이 없다. 이들의 면면을 살펴보면 한경면 두모리 고냉이돌을 비롯하여 한경면 한원리 숫탑·암탑, 한림읍 대림리 선돌, 한림읍 수원리 구룡석, 한림읍 비양리 애기업은돌, 애월읍 납읍리 도치돌, 애월읍 신엄리 왕돌해안, 애월읍 유수암리 오방석, 애월읍 곽지리 문필봉, 오라동 족감석, 구좌읍 종달리 고망난돌 등이다. 이들은 잘 생각해 보면, 기회가 있을 때마다 지역 매스컴에도 종종 오르내리는 존재들이다.

마을 상징석뿐만 아니라 모든 자연물은 항상 원래의 자리를 지키고 있을 때 제대로 빛을 발하는 것이다. 따라서 마을 한구석을 차지하고 있는 돌 하나, 나무 한 그루가 마을의 존재와 가치를 드높이고 있음을 처절히 깨달아야만 한다. 그것들은 여러 마을의 정체성을 밝히는 소중한 얼굴이기 때문이다.

- 2007년 5월 31일 〈제주시론〉

제주의 원垣도
문화재로 지정하자

　　　　　　　　며칠 전 한 중앙지에 따르면, 충청남도
태안군 남면 몽산리에 위치한 '몽산리 독살'이 국가지정문화재(중
요민속자료)로 지정될 예정이라고 한다. 반도부에서 일컫는 독살(돌
살)을 제주도에서는 흔히 '원(垣)', '원담' 또는 '개'라 하며, 도내 전문
가나 연구자들은 간혹 '돌그물'이나 '갯담어로시설'이라 표현하기
도 한다.

　독살이나 원의 설치 목적은 자연의 섭리를 이용하여 손쉽게 물
고기를 잡으려는 데 있다. 즉, 바닷가 연안의 일정 구역에 자연석
으로 원형이나 타원형으로 돌담(원담)을 쌓아올림으로써, 밀물 때
조류를 따라 들어온 고기들이 썰물이 되면서 돌담 안에 갇히도록
하는 전통적 어로 시설이다.

　반도부의 독살이나 제주도의 원은 아직까지는 그런대로 많이
남아 있는 것으로 보고되고 있다. 그리고 일본의 큐슈 지방이나 오
키나와현 주변의 도서 지방에도 일부가 남아 있는 것으로 파악되

신촌리 조배물원.

고 있는데, 원을 일본어로는 '이시히미(石干見)'라 한다.

원에 대해 오랫동안 연구해 온 한 연구자에 의하면, 제주도의 원은 마을주민들의 공동 소유인 동시에 공동 관리를 통해 지속적으로 이용돼 온 것이 특징이며, 바로 이 점은 반도부의 독살과 이용 형태를 구분 짓는 중요한 단서가 될 수 있음을 지적하고 있다.

반도부의 독살은 대부분이 개인 소유여서 오로지 한 사람이 관리·운영하고 이용하는 게 특징이다. 앞서 얘기한 신문기사 내용에 따르면, 태안군 몽산리 독살도 인근에 사는 한 할아버지가 200여 년 동안 5대째에 걸쳐 관리하며 이용해 왔다고 한다. 그리고 그 규모는 길이 211m, 높이 1.7m, 폭 3.3m로 상당히 큰 편이며 비교적 원형이 잘 보전돼 있는 것으로 전해진다.

제주도의 원은 규모에서는 반도부의 것에 비해 작을지는 모르나, 아주 서민적이면서도 독특한 형태들이 많은 것으로 알려진다. 그러나 이들 원도 지역 개발의 여파를 피해 갈 수 없는 절박한 상황에 놓여 있으며, 지금까지 파괴돼 버린 것만 해도 상당수에 이를 것으로 추산된다.

내 고향에 있었던 원(남두리원)도 1년여 전 방파제 확장공사 때문에 완전히 매립되어 흔적 없이 사라져 버렸다. 지금도 여러 해안마을에서는 항·포구의 기능 확대나 각종 개발 명목으로 원형을 간직하던 포구와 원들이 졸지에 사라지고 있다.

문화유적이 국가지정문화재나 지방문화재로 지정되는 조건에는 여러 가지가 있을 수 있겠지만, 기본적으로 세 가지가 전제돼야 한다. 그것은 바로 역사성, 희귀성 그리고 원형성이다. 다시 말해, 시간의 누적과 함께 분명한 역사적 배경을 가지고 있어야 하며 분포 상황도 희귀할 정도로 그 수가 한정돼 있어야 한다. 여기에다 가능하면 원래의 모습과 형태를 제대로 지니고 있어야 한다는 점이다. 이와 같은 세 가지 조건이 두루 갖춰진다면, 문화재로서의 보존 가치나 학술적·예술적 가치도 저절로 뒤따르게 마련이다.

이런 시각과 관련지어 볼 때, 제주도의 원을 지방문화재로 지정하는 것에 대해 논란이 있을 수는 있다. 그러나 원리 원칙에만 얽매이기보다는 온전한 형태가 남아 있을 때, 더불어 역사적 배경이나 상황을 확실히 파악할 수 있을 때 대표성을 띠는 것에 한해 미리 문화재로 지정해 두는 것도 한편으로는 바람직한 일이라 할 수 있다.

문화재로 지정해야 하는 이유나 배경이 무엇인지를 제대로 납득할 수만 있다면, 어려울 일은 하나도 없다. 이러한 사실을 입증하고 있는 사례가 바로 태안반도의 몽산리 독살이다.

- 2002년 5월 31일 〈제주시론〉

원담,
존재의 가치를 묻는다

　　　　　　　　　　최근 제주 북서 지역의 여러 해안마을
로 발품을 팔며 돌아다녔다. 한경면 고산1리에서 시작하여 애월
읍 하귀1리까지 3개 읍면 지역 24개 해안마을을 탐방했다. 그 배
경은 해안마을에 남아 있는 해양문화유산의 실태를 알아보기 위
함이었다.

　제주에 남아 있는 주요 해양문화유산은 지금도 뱃사람들이 많
이 사용하는 포구를 비롯하여 신당, 원담, 방사탑, 도대불(옛 등대),
불턱, 소금밭 등을 들 수 있다. 이들 중 포구와 신당, 원담과 방사
탑은 현재도 마을주민들이 사용하는 해양문화유산으로 존재적 가
치를 띠고 있지만, 도대불과 불턱, 소금밭 등 일부는 이미 생명력
이 끊겨 역사 속 산물로만 남아 있다.

　그런데 여러 마을을 조사하는 과정에서 중요한 사실을 또 하나
확인할 수 있었다. 그것은 다름 아닌 원담의 활용과 관련된 것이었
다. 마을마다 원담의 위치나 형태 그리고 원담의 수는 다르지만,

하귀1리 궤앞원.

지금도 일부나마 활용하는 마을이 있는가 하면 활용은커녕 마을주
민조차도 거의 모른 채 방치되거나 잊혀가는 마을도 있었다.

특히 어떤 마을에서는 70대 노년층조차도 원담의 정확한 위치
와 이름을 기억하지 못할 정도로 뇌리에서 사라질 운명에 처한 것
들이 많았다. 결국 활용도 측면에서 본다면, 과거 대부분의 해안마
을에서 사용했던 원담은 이제 생명력이 거의 끊겨가는 듯한 이미
지가 강했다.

도대체 원담이 얼마나 소중하기에 활용도와 생명력을 운운하는

가 할지도 모르겠다. 먼저 원담이 어떤 시설인지부터 정리해보자. 원담은 조간대에 돌을 일정한 높이로 쌓은 후, 밀물 때 조류를 따라 흘러 들어온 고기떼들이 썰물이 되면서 돌담 안에 갇히도록 고안한 전통 어로 시설이다. 육지부의 해안지역에도 돌살이라 하여 일부가 분포한다.

제주의 원담은 대개 포구에서 가까운 곳이나 용천수가 흘러나오는 부근, 또 자연 암반이 길게 연결된 곳 등에 만드는 것이 일반적이다. 이러한 원담의 위치적 특징은 때를 놓치지 않고 빠르고 쉽게 고기를 잡으며, 동시에 재빨리 운반할 수 있도록 하기 위한 지혜에서 비롯된 것이다.

우도 천진리의 복원된 원담.

원담의 역사는 해안지역에 사람들이 모여 살기 시작한 이른 역사시대까지 거슬러 올라갈 수 있다. 따라서 제주 원담은 주민들의 오랜 공동체 정신을 엿볼 수 있는 전통 어로 시설인 동시에 해양문화의 특성을 살필 수 있는 해양문화자산이다.

더불어 원담 자체는 제주도민들이 어려운 자연환경 속에서도 서로 더불어 사는 데 필요했던 해안마을의 상징적 존재였으며, 오늘날에는 생태 어법 또는 자연 친화적인 어로 활동과 연관된 특성을 간직하고 있기도 하다.

한 민속학자의 연구에 따르면, 원담은 지구 최북단인 북아메리카의 북극해 주변 지역을 비롯하여 캐나다의 밴쿠버, 북태평양의 하와이제도, 남태평양의 피지제도 그리고 일본의 오키나와와 아마미제도, 큐슈 지방에도 존재하는 것으로 확인되었다.

이처럼 원담이 제주만이 가진 특유한 전통 어로 시설은 아닐지라도, 세계의 여러 해안지역에 나타나는 원담과 함께 나란히 견줄 수 있는 제주의 해양문화유산임에는 틀림없다. 그러기에 여기서 제주 원담의 존재적 가치를 묻는 것이다.

최근 제주의 여러 마을에서는 항·포구의 확장과 개축 또는 새로운 방파제의 축조 등으로 많은 원담이 사라지고 있다. 소중한 원담이 사라진다는 것은 우리 선조들의 전통적인 어로 기술의 소멸 또는 공동체 정신의 상실이라는 측면과도 맞물린다. 따라서 앞으로 제주의 원담을 지켜나가는 일도 현세대인 우리가 해야 할 몫이다.

- 2013년 6월 27일 〈제주시론〉

제주문화의 연결고리,
갯담과 불턱

　　　　　　　　　　　며칠 전 지역 인터넷신문을 통해 새로
나온 책 한 권을 알게 되었다. 《구좌읍의 갯담과 불턱》이란 책이
다. 한 가지 흥미를 끌게 하는 것은 문화관광해설사들이 짬짬이 시
간을 내서 책을 만들었다는 사실이다. 제주도의 문화를 열정적으
로 사랑하는 문화관광해설사들이 아닌가 싶었다.

　아직 책의 구체적인 내용은 잘 모르지만 갯담(원담)과 불턱의 실
체에 대해선 어렸을 때의 추억과 함께 너무도 잘 알고 있다. 갯담
과 불턱은 제주도 어촌문화의 특성을 전해주는 구체적인 증거이
다. 이들 갯담과 불턱의 공통점은 해안가 주변에 있는 돌들을 이용
하여 지면 위로 쌓아 올려 활용한다는 점이고, 상이점이라면 갯담
은 주로 남성이 활용하는 공간인 반면에 불턱은 오로지 여성들이
활용하는 공간이라는 점이다. 또한 갯담과 불턱 모두가 해안지역
돌 문화의 근간을 이루는 요소로서, 최근 제주도민들의 뇌리에서
점점 희미해져가는 생활문화자원이라는 점도 공통점이 될 수 있지

하도리 무두망개.

않을까 생각한다.

갯담은 1970~80년대까지도 제주도 내에서는 두루 활용되던 전통 어로 시설 중 하나이다. 제주도 동부 지역에서는 주로 '갯담'이라 부르고 서부 지역에서는 주로 '원담'이라 부르고 있다. 갯담은 밀물과 썰물의 차를 이용하여 주로 멸치와 같은 집단성 어류를 잡는 어로 시설이다. 따라서 밀물 때에는 바닷물이 가득 차고 썰물에는 무릎 정도의 수심을 보이는 조간대에 주로 돌담을 쌓는다. 필자가 어린 시절에는 갯담에 멸치뿐만 아니라 갈치가 대거 들어왔다하도리 보시코지 불턱.

가 갇혀서 몇 마리를 잡았던 기억이 선명하다.

고향 마을에서는 일단 갯담에 고기가 갇히게 되면 마을회관 옆에 걸려있는 종을 여러 번 타종하여 마을사람들에게 알리곤 했다. 물론 종을 치는 사람은 갯담에 갇힌 고기를 가장 먼저 발견한 사람일 수도 있고, 이장에게 먼저 사실을 알린 후 이장이 직접 종을 치는 경우도 있었다. 그리고 한 가지 훈훈한 정을 느끼게 하는 것은 연로하거나 거동이 불편한 어르신들한테는 직접 잡은 고기를 조금씩 나누어 주었다는 사실이다. 그래서 1년에 적어도 몇 번은 배를 갖고 있지 않은 가정에서도 반드시 바닷고기를 먹을 수 있었다.

이런 점을 감안하면, 갯담은 더불어 사는 삶의 전형을 보여 주는 생활문화자원이라 할 수 있다. 지난 연말에 청산도를 방문했을 때 어느 한 해안마을에서 제주도의 갯담에 해당하는 돌살을 볼 수 있었다. 생활환경이 어려운 섬 지역의 생활 모습이 그리 다르지 않다는 사실을 새삼 확인할 수 있었다.

불턱은 어떤가. 불턱은 해녀들의 쉼터이자 대화의 공간이다. 불턱은 잠수를 준비하고 물질 도중에 얼어붙은 몸을 녹이며 온갖 세상사 이야기를 봇물처럼 풀어놓는 공간이다. 능히 제주 여인들의 소통의 근간을 보여 주는 공동체의 원형이라 할 만하다. 어느 해안마을에는 해녀들의 물질 실력에 따라 상군용, 중군용, 하군용 불턱을 따로 만들어 사용하는 경우도 있다.

고향 마을의 불턱은 지금 대부분 헐리고 파괴되어 흔적을 찾아보기 어려운 실정이다. 아마 다른 마을의 경우도 대동소이하지 않을까 생각된다. 우리네 할머니와 어머니와 누이들의 소통과 교류의 장이 아무런 제지 없이, 단지 쓸모가 없어졌다는 이유 하나만으로 헐려 나가고 있다. 이 점에서는 갯담의 상황도 별반 다르지 않을 것으로 보인다.

다시 위에서 언급한 책 이야기로 돌아가보자면, 《구좌읍의 갯담과 불턱》의 발행은 사라져가는 소중한 생활문화유산을 정리했다는 측면에서 매우 의미 있고 가치 있는 작업임에 분명하다. 제주문화의 연결고리를 후대로 잇는 작업은 누군가는 반드시 해야 할 일이기 때문이다. 바쁜 시간을 쪼개며 끝까지 공들인 저자들에게 기꺼이 찬사를 보내고 싶다.

- 2010년 1월 30일 〈제주시론〉

잣성의 문화재적 가치와
보전의 필요성

잣성은 600여 년이란 긴 세월 속에서 제주 목마장의 역사를 대변해 온 실체적 존재로써 제주도의 돌 문화를 상징하는 비장(秘藏)의 보물이다. 이러한 잣성은 1960년대 이후부터 전개되는 중산간지역의 개발과 맞물리면서 여러 곳에서 점진적으로 파괴가 진행돼 왔다.

더 이상 심각해지기 전에 잣성의 파괴를 막아야 하며, 동시에 우리의 소중한 문화유산으로 자리매김해야 할 때가 왔다고 생각된다. 여기서, 잣성의 문화재적 가치를 진단해 보자.

첫째로, 잣성은 조선시대 초기부터 국가산업인 목마장(牧馬場)을 경영하는 데 필요했던 중요한 산업 시설물이라는 점이다. 제주도의 목마장은 고려 말 몽골(원)에 의해 처음 시작되기는 했지만, 그 이후 조선 정부에서는 국가 간의 교역을 비롯한 군용과 사역 등 중대한 국가사(國家事)를 해결하기 위해 우마를 대량생산해야 할 필요성을 깨닫고, 제주도를 본격적인 목마장으로 육성하게 된다.

가시리 하잣성.

　이 과정에서 우마(牛馬)의 효율적인 관리와 통제를 위해 잣성의
축조는 불가피하게 되었다. 따라서 잣성은 도내에 존재하는 단순
한 돌담의 의미를 넘어 국가 주도의 철저한 계획 아래 탄생된 산업
시설물이라는 데 큰 의미를 부여할 수 있다.

　둘째로, 잣성은 그 자체의 규모나 위치상에 있어 다른 문화재들
과는 성격과 속성이 매우 다르다. 규모 면에서 볼 때는 전국적으로
남아 있는 문화유산 중에서도 가장 길게 축성된 것이라는 점이며,
위치상으로 볼 때는 제주도의 중산간지역을 2중 혹은 3중으로 휘
감으며 이어져 있다는 점이다.

　이런 점에서 볼 때, 잣성은 중국의 만리장성이나 국내의 북한산

성과 남한산성 혹은 도내의 환해장성과 같이 지도상에 '선(線)'으로 표현되는 선상문화유산(線狀文化遺産)이라 할 수 있다. 그렇기에 고인돌과 돌하르방, 혹은 관덕정이나 제주향교와 같이 '점(點)'으로 표현되는 점상문화유산(點狀文化遺産)과는 그 성격이 다르다. 더욱이, 앞서 지적한 국내외의 선상문화유산은 주로 방어에 목적을 두고 있지만, 잣성은 한 국가의 목축 경제를 상징한다는 점에서 그 속성이 다르다.

셋째로, 잣성은 순수하게 제주도민들의 손으로 축성된 문화유산이다. 당시의 제주도민들은 길고 긴 잣성을 쌓기 위해 거의 모

노꼬메오름 근처의 상잣성.

든 마을에서 노동력을 제공했을 것임에 틀림없다. 그러므로 잣성 그 자체가 제주선조들의 피와 땀의 역사를 웅변하는 실체라 할 수 있다.

우리가 잣성을 지키고 문화유산으로서 전승·보전해야 하는 까닭은 이상과 같은 역사적 배경과 함께 제주도라고 하는 지리적 환경 때문에 운명적으로 받아들여야만 했던 우리 선조들 삶의 애환과 고통을 그대로 담고 있기 때문이다. 결론적으로, 문화유산으로서의 잣성에 대한 평가가 더 이상 무시돼서는 곤란하다.

얼마 전부터 지역 신문에서 잣성을 기획 연재기사로 다루면서 그 존재적 가치와 보전의 필요성을 부각시키는 작업에 열정을 쏟고 있다. 제주도가 국제자유도시로 비상하려는 시점에서, 지역 주민들에게 잣성의 실체를 새롭게 인식시키고 아울러 잊히는 우리의 문화유산임을 한층 부각시키고 있다는 점은 참으로 뜻깊다고 평가할 수 있다.

임오년(壬午年)인 올해에는 잣성이 문화유산으로서의 당당한 위치와 지위를 확보하는 계기가 되었으면 하는 바람이다.* 그리고 언젠가는 학생들이 사용하는 교과서에도 잣성이 등장하는 날이 오기를 기대해 본다.

- 2002년 1월 22일 〈제주시론〉

---

* 2021년 11월에 잣성의 일부인 '수망리 산마장 잣성'이 제주특별자치도 지방문화재(향토유형유산)로 지정되었다.

올레와
올렛담

　　어느 중산간 마을의 올레와 올렛담을 조사할 기회가 있었다. 이 중산간 마을은 대략 560여 년 전에 사람들이 거주하며 설촌된 역사를 지니고 있는데, 해당 마을의 소중한 인문자원을 찾기 위한 나름의 고민을 안고 올레와 올렛담에 주목하게 된 것이다.

　이미 잘 알려진 것처럼, 마을의 오랜 역사를 간직하고 있는 자원 중 하나가 마을 길에서 택지로 이어지는 올레와 올레를 장식하는 올렛담이다. 분명히 올레를 끼고 있는 택지는 기본적으로 세대를 거듭하며 이용해 온 세월의 흔적을 간직하고 있다.

　물론 시대에 따라 택지를 이용하는 주인공이 바뀌기도 하고 혹은 택지 이용에 변화가 있다면 올레와 올렛담은 그저 의미 없이 사라질 수도 있다. 그러나 오늘날까지도 올레와 올렛담이 제대로 남아 있다면, 이들은 상당한 시간의 흐름을 반영하고 있는 것만큼은 분명하다.

조사한 중산간 마을에도 여느 마을과 마찬가지로 일부 택지에 올레와 올렛담이 남아 있었다. 수적으로 따져본다면, 이미 원형이 훼손되거나 변형된 사례가 압도적으로 많은 게 사실이다. 시대의 흐름을 생각해 볼 때 충분히 이해는 간다. 1980년대로 들어서면서 제주의 농업환경이 변하고, 더불어 자동차가 일상적으로 사용되면서 상당수의 택지에서는 올레와 올렛담이 훼손 또는 변형의 운명을 맞게 된 것이다.

　실제로 조사한 마을의 올레와 올렛담은 택지가 비교적 오래전에 조성된 것이어서, 올레와 올렛담도 택지가 조성되던 당시의 형태로 잔존하고 있거나 부분적으로 변형되었더라도 이미 한 세대 이상이 지난 시점의 올레인 것으로 추정할 수 있었다. 현지를 답사한 결과 일부의 올레와 올렛담은 농가 주인에 의해 일부 구간이 변형되었거나 어느 한쪽 방향의 올렛담을 뒤로 물려 쌓아 올레의 폭을 넓힌 사례가 많았다. 이것은 기존에 축조한 올레의 너비로는 농작물을 운반하거나 자동차의 출입 등이 어렵는 이유로 변형된 것이다.

　이유는 그렇다 치더라도, 과거로부터 전승돼온 올레의 형태나 올렛담이 부분적으로 잘 남아 있다면, 앞으로 그것들을 지켜야 하는 이유도 분명히 있어야 할 것이다. 여기서 지적해 두고 싶은 것은 그나마 남아 있는 올레와 올렛담을 누가, 어떻게 관리하며 지켜야 하는지에 대한 해답이다. 마을 내에 남아 있는 올레와 올렛담도 소중한 우리의 생활문화 자원이기 때문이다.

수망리 어느 농가의 올렛담.

한 가지 방법을 제안하자면, 마을 단위로 비교적 원형을 잘 간직한 올레와 올렛담을 먼저 조사·정리하여 목록을 만들고 마을 내부에서 지킴이 활동을 전개하는 방법이다. 이 경우에 설령 택지 자체를 타인에게 매도하더라도 올레와 올렛담만큼은 가능한 한 원형을 훼손하지 않는 범위 내에서 농가 주택의 신축이나 증축을 유도하는 것이 바람직하다. 또한 택지 주인에게는 올레와 올렛담의 가치와 중요성을 설파하여 되도록이면 형태가 바뀌거나 훼손되지 않도록 당부하는 것이 필요하다.

결과적으로 올레와 올렛담을 지켜내기 위해서는 농가 주택을 소유한 주인의 목적의식이 무엇보다도 우선돼야 한다. 자신의 택지에 딸려 있는 올레와 올렛담을 소중한 부속시설로 여기고, 또 과거 제주도민들의 전통과 생활문화를 지키려는 의지를 갖지 않는다면, 올레와 올렛담의 형태 유지나 보전은 요원할 수밖에 없다.

앞으로는 제주의 올레와 올렛담도 마을주민들 스스로가 제주 전통의 가치 재발견과 활용이라는 측면을 고민하며 보전해야 할 자원임을 자각할 필요가 있다.

- 2015년 4월 20일 〈제주시론〉

제주도의 돌담과
청산도의 돌담

우연한 기회에 청산도를 방문하게 되었
다. 그렇잖아도 간혹 매스컴을 통해 청산도의 다양한 모습이 소개
될 때면 꼭 한번 가보고 싶은 충동이 일고는 하였다. 청산도를 방
문하고 싶었던 까닭은 제주도처럼 전통적인 돌담문화가 잘 남아
있어서 현장에서 직접 확인해보고 싶은 욕심 때문이었다. TV에서
보던 것처럼, 청산도에는 여러 형태의 돌담문화가 잘 간직되고 있
었다.

청산도의 돌담은 제주도의 현무암 돌담과는 색깔부터 다르다.
청산도의 돌담은 주로 회색이나 황토색에 가깝다. 그 이유는 청산
도의 암석이 주로 안산암과 섬록암 또는 화강암으로 이루어져 있
기 때문이다. 돌담으로 사용되는 돌의 태생은 다르지만, 생활에서
중요한 재료로써 돌의 쓰임새는 비슷한 점이 많았다. 그리고 청산
도의 돌담으로 쓰이는 돌의 크기는 다양하면서도 모양새는 판석과
같이 얇은 형태를 띠는 것들이 대부분이었다. 이 점은 제주도 현무

청산도 밭담.

암이 부정형의 모양으로 두툼한 두께를 지니는 것과는 대조적이었다. 이러한 배경은 돌의 성질이 서로 다름을 의미하는 것이라 할 수 있다.

먼저 제주도 돌담과 청산도 돌담 중 집담의 사례부터 비교해 보자. 청산도의 집담은 높이에서부터 큰 차이를 보였다. 청산도의 집담은 거의 처마 끝까지 높게 쌓아 올린 곳이 많았고, 따라서 보통 길가에서는 집 안 내부를 전혀 들여다볼 수 없는 상황이었다. 제주도의 경우도 집담을 높게 쌓아 올린 곳이 없지는 않으나, 그래도 처마 끝까지 높게 쌓아 올린 곳은 항상 바람이 세차게 부는 해안 가까운 곳의 가옥에 한정된 경우가 많다. 그리고 제주도의 집담은 겹담으로 쌓아 올린 사례를 거의 찾아볼 수 없지만, 청산도의 집담은 대부분 겹담으로 쌓아 올려졌다.

마을 길의 돌담은 제주도든 청산도든 일단 길가 양쪽으로 들어선 가옥들의 담장에 의해 자연적으로 구획되어 나타나는 경우가 대부분이다. 따라서 청산도의 경우는 집담의 특징과 별반 다르지 않은 것이 사실이나, 마을 내에서도 가옥의 담장으로 이어지지 않고 가옥과 경작지 혹은 경작지와 경작지가 연결되는 일부 구간에서는 집담과 마찬가지로 2m가 넘을 정도로 높게 쌓아 올린 것이 큰 특징이다. 그리고 돌담의 축조 방식도 제주도처럼 돌과 돌 사이에 구멍을 내지 않고 아주 촘촘하게 맞붙여 쌓아 올리고 있다. 물론 돌담의 구조도 겹담이다. 그만큼 청산도에서는 강한 바람이 마을 내부로 들어와 마을 길가나 집 안 내부에 많은 피해를 가져오

청산도 민가 벽지 돌담 및 마을길 돌담.

는 요인을 근본적으로 차단하려는 의지가 높게 반영된 것으로 보였다.

밭담은 어떻게 비교할 수 있을까. 청산도의 주요 경작지는 논과 밭이다. 제주도의 경작지는 대부분 밭과 과수원으로 구성되어 있어서 경작지를 보호하는 시설도 일차적으로는 외담으로 쌓아올린 돌담이다. 그래서 일반적인 밭담은 보통 어른들의 허리 높이 이상이고, 과수원의 경우는 그보다 훨씬 높아서 적어도 어른들의 눈높이 이상으로 쌓아올린 사례가 허다하다. 청산도의 경우는 제주도와는 사뭇 달랐다. 밭담의 높이는 제주도의 사례와 유사한 경우도 더러 있었지만, 대부분은 아주 낮게 쌓아져 있어서 멀리서 보면 밭담의 존재 자체도 제대로 느끼지 못하는 경우가 많았다. 그럼에도 불구하고 제주도 밭담의 구조는 대부분 외담인 데 반해 청산도의 밭담은 겹담이 압도적으로 많다는 사실에 놀랐다.

제주도와 청산도의 돌담문화를 단순히 몇 가지 사실로만 비교하여 정리할 수는 없다. 그러나 제주도와 청산도의 돌담문화는 그 지역이 가지고 있는 지역적 특성을 바탕으로 해당 지역 주민들의 오랜 경험을 통해 밖으로 표출된 것임에는 틀림없다. 끝으로, 필자는 제주도만큼 돌이 많은 지역은 세상 어디에도 없을 것이라는 짧은 생각을 가지고 있었다. 그런 의미에서 우연찮게 방문한 청산도는 필자에게 많은 것을 일깨워 주었다.

- 2010년 3월 2일 〈제주시론〉

삼지천 마을의
돌담길

　　　　　　　전남 담양군 창평면에는 작고 아담한 삼
지천(내) 마을이 있다. 삼지천 마을의 이름은 이 마을 북쪽에 위치
한 삼지천(三支川)으로 더 작은 물줄기인 월봉천, 운암천 및 유천이
흘러 들어온다고 하여 붙여진 이름이다. 마을 주변의 들판에는 사
방으로 논이 펼쳐져 있어, 예로부터 삼지천 마을주민들은 논농사
에 의존하며 삶을 이어오고 있다.

　삼지천 마을을 화두로 내세울 때는 당연히 이 마을에 대대손손
전해지는 돌담길에 주목하지 않을 수 없다. 최근에는 삼지천 마을
의 돌담길이 등록문화재로 지정되면서 주민들의 자긍심이 한층 고
조되고 있음은 물론 마을을 찾는 손님들에게 정성을 다하는 모습
도 외부인의 눈에는 역력했다.

　삼지천 마을의 돌담길은 아마도 조선시대 후기에 이르러 온전
하게 정비되면서 오늘날까지 이어진 것으로 보인다. 이 마을에는
과거로부터 덕망 있는 가문의 세 고택이 대들보 역할을 하면서 터

마을 돌담길.

잡고 있기 때문이다.

　삼지천 마을의 돌담길은 화강암과 논흙을 교대로 쌓아 올린 후 담장 위에는 기와로 지붕을 얹은 형태이다. 그리고 담장은 주로 겹담으로 쌓아올렸다. 결국 삼지천 마을의 돌담길은 제주도의 돌담과는 달리 빈틈없이 돌과 흙으로 높이를 맞추고 담장의 품격과 함께 무너짐을 방지하기 위해 기와지붕을 얹은 형태를 취하고 있다. 어찌 보면 반도부의 양촌(兩村)에서 쉽게 볼 수 있는 담장의 형태이다. 결국 이 마을 돌담길에서 풍겨 오는 이미지는 서민들의 생활공간에서 느낄 수 있는 수수함과 소박함보다는 사대부들의 생활공간에서 느끼게 되는 위엄과 도도함이었다.

삼지천 마을의 돌담길을 산책하면서 한 가지 크게 눈에 띈 것은 담장의 높이였다. 삼지천 마을의 담장은 낮은 곳이 1.7m 전후, 높은 곳은 어림잡아 2m를 훌쩍 넘기는 곳도 많았다. 양반들의 가옥이 많았던 당시에는 집안 여성들의 활동을 고려하여 담장을 비교적 높게 쌓았다는 게 안내자의 설명이었다. 충분히 납득할 만했다. 담장 하나를 쌓는 데도 생활상의 편리를 충분히 고려했다는 배경은 우리 선조들이 전해주는 생활의 지혜임에 분명하다.

돌담장 모습.

삼지천 마을의 돌담길은 보통 택지를 둘러싼 담장과 담장이 서로 이어지면서 결과적으로는 마을 돌담길이 만들어지는 형국이다. 따라서 개별 택지를 둘러싼 담장의 높이는 일정하지 않다. 일정하지 않은 담장의 높이는 줄무늬 파도를 연상시키듯이 마을을 휘돌아 뻗어 나간다. 한정된 마을 공간 안에서 이어지는 담장의 줄무늬 파도는 현장을 찾은 사람들만이 느낄 수 있는 매력이라 할 수 있다.

　삼지천 마을의 돌담길은 분명히 제주도의 여러 마을에서 만나는 돌담길과는 사뭇 다른 분위기를 연출한다. 그래서 제주도의 돌담길에서는 투박하고 서민적인 이미지를, 그리고 삼지천 마을의 돌담길에서는 고급스럽고 귀족적인 이미지를 느낄지도 모른다. 감상하는 사람에 따라 돌담길의 평가는 아무래도 좋을 것이다. 가장 중요한 것은 내 것이든 남의 것이든 소중한 전통문화 자산이 항상 우리 주변에 있다는 사실을 인지하는 것이다.

　며칠 전 여러 지역신문은 어느 마을의 돌담길을 마을 자산으로 삼아 발전 동력으로 활용한다는 보도를 전했다. 무관심 속에 방치되던 마을 돌담길이 새로운 색깔을 입을 수 있게 된 것은 정말 다행스러운 일이 아닐 수 없다.

　제주의 돌담길은 몇백 년을 마을주민들과 함께 동고동락해 온 전통문화 자산이다. 따라서 이제는 제주의 마을 돌담길의 보전과 활용에 대해서도 모두가 적극 고민해야 할 때라 생각한다.

- 2014년 9월 24일 〈제주시론〉

돌담 마을
탐방기[1]

        경남 함양에 있는 은행마을을 찾았다. 인터넷을 통해 반도부의 돌담 마을을 찾던 중 은연히 눈에 들어와 탐방 계획을 세우게 되었다. 은행마을은 지리산과 덕유산 산줄기가 교차하는 계곡에 위치한 작은 마을이었다. 마을에는 50여 가구의 농촌주택이 계곡을 따라 남북 방향으로 옹기종기 모여 있고 80여 명의 주민들이 쌀농사와 사과, 곶감 등을 생산하며 활기차게 생활하고 있었다.

    마을 안에는 마을 이름의 유래를 알려주는 800년생 은행나무가 도도하게 자태를 뽐내고 있었다. 거대한 은행나무를 본 순간, 왜 마을 이름을 '은행'이라 했는지 쉽게 수긍할 수 있었다. 그렇지만 탐방 목적은 은행나무가 아니라 은행마을의 집과 마을 길을 감싸는 돌담에 있었다.

    은행마을의 울담과 마을 길을 엮는 돌담의 재료는 반도부에서는 흔하게 접할 수 있는 화강암이었다. 역시 주변에서 손쉽게 얻을 수 있는 재료를 사용하고 있었다. 은행마을도 주변의 다른 마을과 마찬가지로 지리산과 덕유산의 산줄기에서 뻗어 나온 작은 야산으로부터 석재를 공급받은 것이 분명해 보였다. 동서고금을 막론하고, 예나 지금이나 돌은 있으면 있는 만큼 활용도가 높은 소중한 자원임에 틀림없다.

은행마을에서는 기본적으로 택지 주변과 마을 길에만 돌담을 쌓았고 농경지인 논과 밭에는 경계용 돌담이나 밭담이 없었다. 물론 예상한 바였다. 마을 안에서는 돌담의 존재로 분명히 제주의 이미지와 동질성을 느낄 수 있었는데, 농경지가 펼쳐진 들녘에서는 사방이 확 트인 분위기로 제주와는 다른 풍경을 연출하고 있었다. 따라서 밭담으로 조밀하게 구획된 제주의 농경지와 주변이 시원스레 뚫려있는 은행마을의 농경지는 대조적일 수밖에 없었다.

은행마을 내부를 구석구석 돌아보는데 곳곳에서 빈집들이 눈에 들어왔다. 빈집의 마당을 에워싼 돌담은 주인의 발소리를 듣지 못해서인지 중간중간 허물어져 있었다. 은행마을도 산속의 마을인지라, 젊은 사람들은 불편한 생활에서 벗어나기 위해 혹은 자식들의 교육을 위해 도시로 떠나가고 나이든 부모 세대만이 집을 지키는 가구가 많아졌다.

상황적 논리는 어느 농촌과도 다를 바 없었다. 그래도 이방인에게 안타까운 것은 시간의 흐름과 함께 허물어지는 담장용 돌담이었다. 주인이 없는 집안의 담장은 한번 허물어지면 두 번 다시 원상으로 회복되기 어렵다.

은행마을 마을 길 돌담.

길게 이어지는 마을 길 돌담에서도 물질만능주의의 상흔을 찾아볼 수 있었다. 길 양쪽에서 전통 돌담이 쭉 이어지다가 곳곳에서 시멘트 담장이 교대로 나타난다. 이런 상황은 제주의 농촌이라 해도 크게 다를 바는 없다. 모든 마을 길이 전통 돌담으로만 줄기차게 이어진다면, 그 이상 좋을 일은 없다. 그렇지만 제주의 마을이건 은행마을이건 시대의 흐름을 비껴갈 수 없는 게 현실인 듯싶기도 하다.

은행마을은 마치 제주의 축소판과도 같은 느낌이 들었다. 그래서일까, 은행마을의 돌담이 앞으로 얼마나 더 오래갈 것인지 문득 걱정과 아쉬움이 밀려왔다. 동시에 제주의 돌담이 언제까지 옛 모습을 간직할 것인지에 대한 걱정도 일순 스쳐 지나간다. 두 지역에서 살아가는 주인공들의 시대정신이 필요하다고 말한다면, 너무나 무책임한 감상이라 할지도 모르겠다.

은행마을의 돌담에 취해 돌아다니다 때마침 마을 부녀회장을 만났다. 마을의 정황을 잠깐 물었을 뿐인데 부녀회장은 예상치도 못한 곶감을 후하게 내주었다. 역시 농촌 인심은 어디든 살아있음을 실감하며 아쉬운 발길을 돌려야 했다.

- 2014년 3월 13일 〈제주시론〉

돌담 마을
탐방기[2]

　　　　　　　전남 강진군 병영면에 있는 돌담마을을
방문했다. 병영 돌담마을로도 잘 알려진 성동리는 조선시대 때 제
주도를 포함하여 전라도 전 지역의 군수권을 통괄하는 병영성(兵營
城)이 위치하던 마을이다.

　이 병영성은 우리가 너무나 잘 알고 있는 하멜과 그 일행이 약 7
년간 머무르면서 생활하던 곳이기도 하다. 병영마을은 조선시대
병마절도사의 영(營)이란 명칭에서 이름이 붙여진 마을이라 할 수
있는데, 행정구역으로는 성동리를 비롯하여 성남리, 박동리, 지로
리, 삼인리 등 5개 마을의 범위에 걸쳐져 있다. 이들 마을은 과거
하멜이 머물던 시기에 축조된 '하멜식 돌담'이 잘 남아 있는 동네로
유명하다.

　'하멜식 돌담' 또는 '하멜식 담 쌓기'란 대체 어떤 돌담을 말하며
또 어떻게 쌓은 돌담인가. 무엇보다도 분명한 사실은 하멜식 돌담
은 하멜과 그 일행이 병영성에 들어오면서 또는 병영성 주변에 거

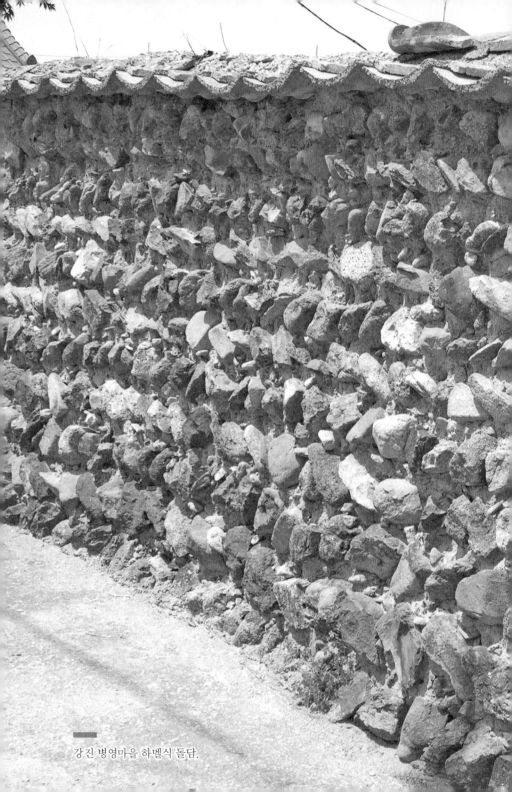

강진 병영마을 하멜식 돌담.

주하면서 탄생하게 된 돌담으로서, 그 이전에는 병영마을 주변에 존재하지 않던 돌담 쌓기의 한 방식이라는 것이다.

결론부터 말하면, 하멜식 돌담은 얇은 돌을 약 15° 정도로 한쪽 방향으로 먼저 눕혀 쌓은 후, 그 다음 단(段)에는 반대 방향으로 똑같은 각도로 눕혀 쌓음으로써 결과적으로는 선사시대의 빗살무늬 형식으로 쌓아 올린 돌담을 말한다. 돌과 돌 사이에는 진흙으로 간극을 메워 쉽게 무너져 내리는 걸 방지하였다. 물론 이러한 하멜식 돌담도 지면에 접한 가장 아랫단부터 돌을 눕혀 쌓은 건 아니다. 지면에서 3~4단 정도는 큰 돌을 이용하여 똑바로 층층이 쌓아 올린 후 어느 정도 균형이 잡힌 상태에서 비스듬하게 눕히면서 교차로 쌓아 올리는 방식이다.

하멜식 돌담과 제주도식 돌담에는 큰 차이가 있다. 제주도식 돌담 쌓기와 다른 것은 특히 돌과 흙을 번갈아 사용하면서 쌓아 올린 흙돌담(토담)이라는 사실이다. 따라서 제주도의 돌담처럼 돌과 돌 사이에 바람이 빠져나가는 구멍은 전혀 생기지 않는다. 말하자면 하멜식 돌담은 제주도처럼 바람이 강하지 않은 육지부에서는 충분히 가능한 돌담 쌓기 방식이고, 또 한편으로는 멋스러운 분위기가 살아나는 돌담 방식이다.

병영성과 이웃하는 성동리와 박동리 사이에는 '한골목'이라는 주택가가 자리 잡고 있다. 이 주택가에는 약 1.5km의 골목이 길게 이어져 있는데, 전형적인 하멜식 돌담을 확인할 수 있는 장소로 유명세가 높다. 병영성에서 가까운 하멜전시관을 방문했던 관광객들이 곧바로 찾는 곳이기도 하다. 한골목은 크고 길다는 의미에서 붙여졌는데, 역사적으로는 병영성이 설영(設營)된 이후에 설촌과 함께 만들어진 것으로 보고 있다.

한골목은 병영성의 주인인 병마절도사와 그 부하들이 주변에 자리한 수인산성으로 나다닐 때 늘 사용하는 길이었다. 따라서 일반 가정에서는 말을 타고 다니는 병사들의 시선으로부터 집 안을 보호하기 위해 가능한 한 돌담을 높게 쌓았다.

그래서 그런지 어른 키보다도 훨씬 높게 쌓은 한골목의 하멜식 돌담은 더욱더 운치 있고 고풍스럽게 다가온다. 길게 이어진 한골목을 거닐고 있노라면, 하멜식 돌담의 정취에 빠져들면서 당시 하멜과 그 일행의 애처로운 마음까지도 읽어낼 수 있다.

한골목 초입부에는 지금도 800년생 은행나무가 한 그루 서 있다. 하멜과 그 일행은 바로 이 은행나무 아래에서 고달픈 병영성 생활을 달랬다고 전해진다. 하멜과 그 일행이 쌓은 돌담 쌓기 방식이 자신들의 고향을 그리워하며 무료함을 달래기 위해 고안해 낸 것인지, 아니면 자신들의 고향에서 즐겨 쌓는 방식이었는지 자못 궁금해진다.

- 2014년 5월 22일 〈제주시론〉

돌담 마을
탐방기3

        광주광역시 광산구에는 쌍내(雙內)라고 하는 작고 아담한 농촌 마을이 있다. 처음에 이 작은 마을을 방문했을 때는 어떻게 광역시 안에도 이런 농촌 마을이 있을까 하는 의구심을 떨쳐버릴 수 없었다.

    쌍내마을은 원래 윗동네인 내동(內洞)과 아랫동네인 쌍계(雙溪)가 합해지면서 쌍내로 불리게 되었다고 한다. 현재 쌍내 아랫마을에는 30여 호에 50여 명의 주민들이 주로 논농사를 지으며 생계를 유지하고 있는데, 시내 중심부와는 비교적 먼 거리에 있어 인구 유출이 매우 심각한 상황이라 한다.

    쌍내마을에 들어서면, 선돌과 함께 보호수인 느티나무 한 그루가 이방인을 반긴다. 느티나무 아래에는 과거 이 마을에서 사용했던 연자마의 윗돌과 아랫돌이 반대 방향으로 한 자리씩 차지하고 있었다. 이 정도의 풍경만으로도 제주도의 어느 농촌 마을에 와 있는 듯한 착각을 일으키기에 충분했다.

쌍내마을 마을 길 돌담.

이방인의 놀라움은 그다음부터 이어진다. 마을 초입부에 자리한 자그마한 밭에는 제주도에서 흔히 볼 수 있는 밭담이 경계선을 따라 곡선의 아름다움을 발하고 있었고, 마을 길 양옆으로 이어진 농촌가옥의 울담은 쌍내마을의 과거사(過去史)를 이야기하듯 시간의 흐름을 반영하고 있었다. 또한 마을 내 한쪽 길가에 자리 잡은 우물과 그 주변을 보호하는 시설에서는 주민들의 공동체 정신을 엿볼 수 있었다. 집집마다 주인들이, 또 마을주민들이 일심동체로 지금의 돌담 마을을 가꾸어 온 것이다. 쌍내마을을 한 바퀴 돌고 나니, 이 마을 선인들의 지혜와 솜씨가 그대로 전해오는 듯한 감흥을 느낄 수 있었다.

쌍내마을을 장식하는 돌담의 특징은 몇 가지로 요약할 수 있다. 먼저 하나는 제주도와 마찬가지로 밭담이나 마을 길 돌담은 돌 재료만을 사용하여 주로 외담으로 쌓고, 가옥의 축담은 진흙을 덧붙여 토담으로 쌓았다는 점이다. 두 번째로 밭담과 마을 길 돌담에서 나타나는 외담에는 공간이 생기지 않도록 작은 돌을 활용하여 빽빽하게 쌓았다는 점이다. 일부 택지를 둘러싼 울담이나 마을 길 돌담은 2m가 넘을 정도로 높게 쌓은 점도 이방인을 놀라게 했다. 세 번째로 겹담은 가옥의 출입구나 밭의 일부 구간에서만 볼 수 있었는데 빗물의 영향을 크게 받거나 흙이 무너져 내릴 수 있는 지점에서 주로 확인된다는 점이었다. 네 번째로는 현무암을 주재료로 사용하는 제주도와는 달리 주변 지역에서 쉽게 얻을 수 있는 화강암과 화강편마암을 주재료로 사용했고 돌 재료의 특성을 살려 판석 형태로 쌓아올렸다는 점이다.

부분적인 차이점은 있었으나 쌍내마을은 제주도 농촌 마을의 분위기와 너무나 비슷한 상황이었다. 돌담에 관심이 많은 한 이방인에게는 이 돌담 마을의 역사가 무척이나 궁금해졌다. 쌍내마을 돌담의 역사를 더듬어보고자 한 농가 주인에게 몇몇 질문을 건네보았다. 예상했던 대로, 돌담의 역사는 결코 짧지 않은 듯했다. 결국 대대손손 이어져 내려온 돌담의 역사가 현세대의 입을 통해 간단히 풀어낼 수 있을 만큼 그리 짧지 않다는 사실만 확인할 수 있었다. 하기야 몇백 년간 지속돼 온 돌담의 역사가 한순간에 풀린다면 그야말로 허무한 역사가 될 수도 있다는 생각마저 들었다.

쌍내마을의 탐방으로 새로운 과제를 또 하나 얻었다. 언젠가는 쌍내마을에 얽힌 돌담의 역사는 물론이고, 오랜 세월 마을주민들이 가꾸어 온 돌담문화의 특성을 정리해 보고자 한다.

- 2014년 7월 10일 〈제주시론〉

제주해녀의 상징성과
존재의 필요성

　　　　　　　　　　　　　　머칠 전 제주일보(2001년 2월 10일자 보도)
를 통해, 해마다 해녀 수가 줄어들고 있다는 기사를 접하였다. 기
사의 주요 내용은 해녀의 감소로 머지않아 해녀들이 숨비질하는
모습이 사라질 수도 있다는 것이었다. 한마디로 걱정하지 않을 수
없다. 해녀는 여러 가지 면에서 제주도를 상징하며, 동시에 우리에
게 매우 필요한 존재이기 때문이다.

　먼저 제주해녀는 제주의 모든 여성들을 대표하는 의미를 안고
있다. 즉 제주해녀는 우리의 누이이자, 어머니이자, 할머니이다.
지금까지 많은 도내 외의 연구자들에 의해 입증되었듯이, 제주해
녀는 척박하고 험난한 자연환경을 헤치며, 자신과 가족들의 삶을
지켜 온 생활 전사였다. 그래서 해녀들은 가난했던 먼 과거로부터
오늘날에 이르기까지 집안일을 하다가도, 밭일을 하다가도 틈만
나면 물속으로 뛰어들어 가족들의 생계를 책임져 왔다. 이로 보면,
집안의 가장 역할을 톡톡히 해 왔다고 얘기할 수 있을 것이다.

제주해녀는 제주의 역사와 문화를 엮어 온 주인공들이며, 그들의 물질작업(잠수일)은 가정경제를 상징하는 존재로 여겨져 왔다. 큰일이든 작은 일이든 현금이 필요할 때면 바다로 나가 현금을 거두어들였으며, 가정경제를 떠받치기 위한 노력을 끊임없이 이어가며 강인한 제주여성의 표상이 되었다. 그러므로 해녀의 생활상은 대표적인 제주문화의 한 모습으로 자리 잡게 되었고, 결과적으로는 오늘날 젊은 세대들이 이어가야 할 전승문화가 되고 있는 것이다.

이처럼 제주해녀의 상징성은 아무리 강조해도 지나침이 없다. 이러한 상황에도 불구하고 해녀 수가 줄어들고 있다는 사실을 우리는 어떻게 받아들여야 할 것인가? 이 물음에 대한 해답을 얻기

북촌리 해녀들의 물질 모습.

위해서는 제주해녀의 존재가 왜 필요한지 먼저 답해볼 필요가 있다.

첫째로 제주해녀는 자라나는 청소년들에게 있어 교육적인 모델 역할을 하고 있다. 가난하고 어려웠던 환경을 스스로 개척하며 삶의 터전을 일궈 온 제주해녀는 우리 청소년들에게 개척정신과 근면성의 본보기를 보여주는 그야말로 살아있는 교과서라 할 수 있다. 초등학교 사회 교과서에 해녀를 등장시키는 이유도 바로 그런 배경이 깔려 있기 때문이다.

두 번째로는 해녀들 스스로는 원치 않겠지만, 제주관광에서도 빼놓을 수 없을 정도로 중요한 홍보 기능을 담당하고 있다. 여러 해안마을에 현무암으로 조각한 해녀상을 세워 놓는 이유도 어떻게 보면 관광지로서의 이미지를 한층 높이기 위한 수단이다. 또한 관광객들은 해녀들이 갓 잡은 소라, 전복, 해삼 등 다양한 해산물을 즉석에서 맛보기도 하는데, 이처럼 관광객들은 가까이에서 해녀를 만나 신선함과 신비로움을 느끼고 싶어 한다.

요약하자면, 제주해녀는 제주여성의 역사와 문화를 대표하는 상징성을 내포하는 동시에, 살아 움직이는 제주교육의 교과서이자, 제주관광을 소리 없이 견인하는 선두주자인 것이다. 따라서 제주해녀의 맥이 끊긴다면, 아마도 그것은 우리 모두의 책임으로 돌려져야 할 것이다.

- 2001년 3월 8일 〈제주시론〉

제주해녀의 문화,
다시 한번 생각하자

제주해녀의 문화를 다시 한번 절실히 생각해야 하는 시점에 이르렀다. 제주의 땅에서 우리의 누이와 어머니와 할머니들이 오랜 세월에 걸쳐 일궈온 문화이기에 어쩌면 당연하다고 할 수도 있다.

그러나 우리는 평소에 제주해녀의 문화를 잊고 생활한다. 해녀들이 바다에서 건져낸 해산물은 아무 거리낌 없이 입으로 가져가면서도, 해녀들의 잠수 실태나 평소의 일상생활은 늘 관심사에서 벗어나 있다. 그러는 사이에 우리의 젊은 누이들은 해녀로서 물질이라는 직업을 일찌감치 포기한 지 오래돼 버렸고, 오랫동안 물질을 해온 어머니와 할머니 해녀들은 점점 고령화되어 이제 서서히 일선에서 물러서려는 시점에 이르게 되었다.

이대로 정말 제주해녀의 명맥이 끊기고 해녀문화의 단절을 지켜볼 것인가. 그리고 현재를 살아가는 우리는 무엇을 해야만 할 것인가.

제주해녀는 정확한 역사적 사료로 보면 약 370여 년의 역사, 세종 때 기건(奇虔) 목사의 일화까지 거슬러 올라간다면 560여 년의 역사, 나아가 도내에서 출토되는 발굴유물에 의존하자면 선사시대로까지 올라가는 그야말로 유구한 역사를 지닌 존재다. 그럼에도 이 시대로 넘어와 제주해녀들이 설 자리가 좁아지면서 존재의 위협을 느껴야 하는 것은 왜일까.

무엇보다도 중요한 것은 우리들의 애정과 관심이다. 우리들은 대개 깊은 물속에서 소라와 전복을 따고 미역과 우뭇가사리를 캐는 작업이 매우 신기하고 특이한 광경이기에, 해녀의 물질 모습을 문화자원화 또는 관광자원화하는 것이 바람직하다고 생각한다. 그렇지만 제주해녀들이 안고 있는 현실적인 문제에는 관심이 없다.

비양도 해녀들의 물질 모습.

마라도 해녀와 채취한 해산물.

환경오염으로 인해 이미 연안 바다가 망가졌고 그에 따라 소라
와 전복의 수가 급격히 감소하고 있음에도, 사람들은 해녀들이 물
속으로 잠수만 하면 언제든지 그것들을 따오는 것처럼 착각한다.
해녀들이 깊은 두통 때문에 잠수할 때마다 두통약을 복용하고 있
다는 사실도 구태여 알고 싶어 하지 않는다. 그래서 해녀들은 욱신
거리며 저려 오는 몸을 이끌고 바다로 향하는데도, 아랑곳하지 않
고 바다 쪽에서 들려오는 숨비소리가 아름답다고만 한다. 그뿐인
가. 날씨가 맑은데도 오늘은 해녀들이 왜 안 보일까 하며 해안도로
를 달리다가 무심코 투덜거리기도 한다.

이제 분명해진 것은 현시점에서 직업으로서 제주해녀들의 물질

은 더 이상 돈벌이가 될 수 없다는 현실이다. 따라서 돈벌이가 될 수 있도록 정책적으로 강력하게 뒷받침해야만 한다. 하루빨리 연안 바다의 오염원을 발본색원하고 감소하는 해산물은 양식어업의 정책을 바탕으로 철두철미하게 정착화를 꾀해야 한다. 이러한 결과의 순이익은 마을 어업의 주인공인 해녀들의 몫으로 돌려야 한다. 또한 잠수병으로 멍든 육신을 언제든지 저렴한 비용으로 쉽게 치료받을 수 있도록 제도적인 지원체제가 조속히 확립되어야 한다.

올여름쯤엔가 모 지자체에서 제주해녀를 문화재로 지정한다는 보도를 접한 적이 있다. 관심 부족일지는 모르나, 아직 그 결과가 어떻게 됐다는 후속 보도는 접하질 못했다.* 더불어 제주해녀박물관 건립이 거의 마무리되어 조만간 개관한다는 소식도 들었다. 필자는 이런 일련의 기사를 접하면서, 드디어 제주해녀의 문화가 쇠락할 대로 쇠락하여 여러 보고서나 박물관 속으로 박제화되어 들어간다는 의구심을 도저히 떨쳐버릴 수가 없다.

제주해녀의 문화 지키기에는 반드시 우리의 애정과 관심이 뒤따라야 한다. 제주해녀가 역사의 뒤안길로 사라지기 전에, 그녀들에게 당당히 이 시대를 헤쳐나갈 수 있도록 기(氣)를 불어넣어 주어야만 한다. 모든 것이 박제화되어 우리의 곁을 떠나기 전에!

- 2005년 11월 24일 〈제주시론〉

---

* 2016년에 제주해녀를 중심으로 한 '제주해녀문화'가 유네스코 인류무형유산으로 등재되었다.

제주도의 잠수어업은
유지할 수 있을 것인가

        작년에 이어 올해도 일본 내 잠수어업이
행해지는 두 지역을 돌아보게 되었다. 그 두 지역은 일본 관동지방
의 지바현(千葉縣) 시라하마마치(白浜町)와 시코쿠지방의 에히메현
(愛媛縣) 미사키초(三崎町)라는 곳이었다.

  먼저 두 지역 잠수(해녀·해남)들의 특성을 간략히 대비해 보면, 시
라하마마치의 잠수가 주로 여성인 데 비해 미사키초의 잠수는 해
남(海男) 또는 해사(海士)라고도 불리는 남성들이었다. 어떻든 두 지
역이 모두 남성들이 잠수 작업을 하고 있다는 점에서는 일본 국내
에서도 그리 흔한 일은 아니라 할 수 있다.

  시라하마마치에서는 때마침 태풍이 접근해 옴에 따라 잠수(해녀·
해남)들은 며칠간 작업을 중단하고 있었다. 결국 조사단은 짧은 조사
일정 때문에 실제로 잠수들이 잠수하는 모습은 관찰할 수 없었다.
그나마 어촌계장과 읍사무소의 여러 직원들의 적극적인 도움으로
필요한 자료와 몇몇 잠수들과의 인터뷰를 무사히 마칠 수 있었다.

일본 지바현 시라하마마치 마을어장 풍경.

시라하마마치에는 2001년을 기준으로 할 때 약 313명의 잠수가 있는데, 이 중에 약 10%에 해당하는 31명이 남성 잠수 즉 해남이었다. 시라하마마치 잠수들의 공통점은 여성과 남성이 모두 60세 이상의 노년층이 아주 많다는 것이었다. 직접 인터뷰에 응해준 해녀 두 분의 나이도 이미 70세를 넘기고 있었고, 해변의 아마고야(해녀탈의장)에서 만난 남성 잠수도 60세는 족히 넘었다면서 조사단의 질문을 여유 있게 받아 넘겼다. 이처럼 시라하마마치에서는 젊은 사람들이 잠수일을 기피하고 있다는 사실을 충분히 엿볼 수 있었고, 이를 반영하듯 잠수들의 수도 해마다 감소하고 있었다.

시코쿠로 이동하여 에히메현의 마사키초에 도착해 보니, 시라하마마치와는 분위기가 사뭇 달랐다. 우선 잠수작업에 종사하는 사람의 수는 2002년도에 약 80여 명이었는데 이 중 여성잠수 5~6명을 제외하면 모두가 남성인 해남이었고, 더욱이 남성 잠수 속에는 40대가 가장 많다는 것이었다. 그리고 조합장의 말에 의하면, 전체 잠수들의 수를 10년 전과 비교해도 그다지 감소하지 않았다는 것이다.

그래서 그런지는 모르나, 마사키초에서는 전복 치패를 양식하여 바다에 방류하는 사업도 매우 적극적이었다. 현 정부의 도움을 얻어 미사키어업조합은 전복 치패에 대한 연구와 방류사업을 꾸준히 진행하고 있었다. 조사단이 방문한 치패 양식장에서는 전복의 종류와 크기별로 구분된 수조(水槽)에서 어린 전복들이 먹이를 섭취하고 있는 광경을 목격할 수 있었다.

일본 에히메현 미사키초의 해녀.

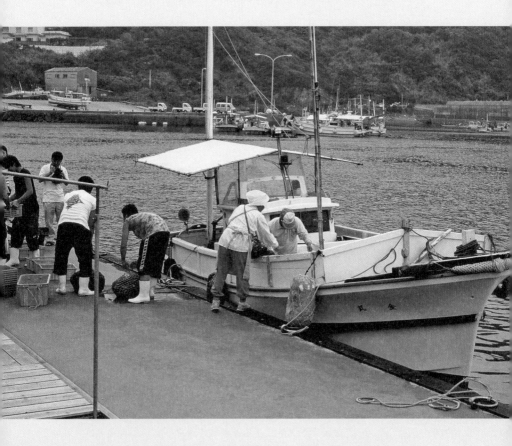

이상과 같이 일본 내 잠수어업이 행해지는 두 지역을 돌아보면서, 불현듯 제주도 잠수어업의 앞날이 매우 불안하다는 생각을 하지 않을 수 없었다. 제주도의 전통적인 잠수어업의 존속을 위한 문제의 심각성은 두 가지 관점에서 바라볼 수 있을 것이다. 하나는 잠수어업을 행하는 해녀들이 해마다 감소하면서 동시에 고령화되고 있다는 사실이고, 다른 하나는 잠수어업의 지속을 위한 조건으로서 바닷속에 해산물이 항시 풍부해야 한다는 아주 기본적인 사실이다.

　물론 행정기관과 여러 유관기관에서는 문제해결을 위해 많은 노력을 기울이고 있을 것이라 생각되나, 자칫 잘못하면 제주도의 전통적인 잠수어업이 완전히 사라지고 해녀도 다 사라진 후에 교과서나 박물관에서 그 흔적을 엿보게 되지나 않을까 하는 두려운 마음이 앞선다. 더불어 얼마 남지 않은 해녀를 '인간문화재'로 지정해야 한다는 목소리가 덩달아 나오게 되지는 않을지 불안한 예감마저 든다. 잠수어업이나 해녀의 존속 문제도 사전에 미리 대책을 세우는 발전적 사고(思考)가 필요할 것이라 생각된다.

　구태여 소 잃고 외양간을 고치는 격이 돼서야 곤란하지 않겠는가 하는 우려 때문이다.

- 2003년 9월 16일 〈제주시론〉

제주해녀의 위력이
되살아나고 있다

　　　　　　　　　8월 초 서귀포시 법환동 바닷가에서는 1950년대 해녀들의 모습을 재현하는 행사가 열렸다. 해녀들은 고무 잠수복 대신에 하얀 무명 적삼과 검은 소중이를 입고 머리에는 하얀 수건을 둘렀다. 부분적으로는 뭔가 모자란 느낌도 들었지만, 고무 잠수복이 도입되기 이전의 해녀 모습은 제주도민들로 하여금 과거의 향수를 불러일으키기에 충분했다. 행사를 지켜보던 한 외국인의 인터뷰에서는 다시 한 번 제주사회에서 해녀의 필요성과 역할의 중요성을 깨달을 수 있었다.

　　최근 도내에 전파된 뉴스 중에는 한 가지 매우 특이한 뉴스가 있다. 그것은 다름 아닌 북제주군의 한 노인주간보호소에서 운영하는 치매 예방 프로그램이다. 이 노인보호소에서는 입소한 노인들의 치매 예방을 위한 프로그램에 과거의 '해녀 시절'을 회상하도록 하는 내용을 도입하고 있다는 것이다. 따라서 기회가 있을 때마다 노인들을 가까운 바닷가로 모시고 가서 바다를 보여 주기도 하고,

제주 KAL호텔에서의 해녀 공연.

해녀들이 즐겨 입었던 갈옷 만들기에도 적극적으로 참여하도록 하고 있다. 프로그램의 내용은 지극히 단순하지만, 참신한 아이디어로 해녀를 독특하게 활용하고 있다는 생각이 들었다.

그리고 한 달 전에는 한 국악 전문 TV프로그램에 모처럼 제주 민요를 소개하는 코너가 마련되었다. 제주의 민요가 중앙의 방송국을 통해 전국적으로 전파를 탄 것은 상당히 오랜만의 일로 기억되는데, 민요를 잘 모르는 문외한인데도 불구하고 끝까지 지켜보며 한여름의 오후 한때를 즐거워했다. 이 프로그램에서는 제주의 국악인들이 무대에 올라 '해녀 노 젓는 소리'와 '서우젯 소리'에 맞추어 해녀춤과 물허벅춤 등을 소개했다. 이 국악프로그램을 지켜보면서도, 필자는 제주도의 전국적인 자랑거리 중의 하나가 역시 제주해녀라는 생각이 절실히 들었다.

이처럼 제주해녀는 우리들의 일상생활 속에서 매우 다양한 형태로 변신해 활용되고 있다. 우리가 제주해녀나 해녀들의 삶에 깊은 관심과 애정을 갖는 배경에 대해서는 이미 학술적으로 많은 부분이 논의돼 왔다. 다시 말하면, 제주의 부지런한 여성상을 단적으로 잘 나타내고 있고, 더불어 강인한 모성애를 바탕으로 한 생활

제4회 해녀축제-2011.10.

전사(生活戰士)로서의 이미지가 항상 크게 클로즈업되고 있기 때문이다.

그러므로 제주해녀의 근면성과 강한 책임감은 전 국민이 학습해도 좋을 만큼 소중한 의미와 가치를 지니고 있다고 하겠다. 그러나 아직까지도 제주도에 해녀박물관조차 탄생시키지 못하고 있는 현실이 안타까울 따름이다. 북제주군이 현재 어촌민속박물관(가칭)의 건립을 추진하고 있어서 다소나마 위안은 된다. 하루빨리 어촌민속박물관이 건립되어, 전국의 청소년들에게 제주해녀를 학습할 기회가 주어지기를 기대해 본다.

앞으로 제주해녀는 또 한 번 전 세계적으로 크게 주목받을 기회가 있을 것으로 예상된다. 왜냐하면 2005년도에 세계해녀문화축제를 열기 위해 제주도가 적극 검토하고 있기 때문이다. 정말로 반가운 일이 아닐 수 없다. 제주도가 발표한 내용에 따르면, 그동안 치렀던 제주섬문화축제 대신에 제주해녀의 민속과 민요를 주제로 세계해녀문화축제의 장을 마련한다는 것이다. 해녀문화축제의 핵심적인 내용은 해녀민요 경연대회를 비롯하여 해녀문화음악제, 평화 항해 및 해녀물질대회, 낚시대회 등이다.

이처럼 제주해녀는 기회가 있을 때마다, 여러 사람들 앞에 새로운 모습으로 되살아나는 존재이다. 이것이 바로 우리가 제주해녀를 잊어서는 안 되는 이유이기도 하다.

- 2004년 8월 30일 〈제주시론〉

제주해녀박물관의
탄생과 기대

　　　　　　　　2006년 6월 9일, 드디어 제주해녀박물
관이 개관되어 모든 도민들에게 선보였다. 이날 개관식에는 많은
사람들이 참석해 새롭게 탄생하는 해녀박물관의 앞날을 축하했
다. 그중에서도 특히 인상적이었던 것은 북제주군에 속한 여러 마
을 해녀들이 대거 참석한 사실이었다.

　제주해녀박물관! 말만 들어도 가슴 벅차고 진한 감동의 느낌은
필자만이 가지는 지나친 감상일지도 모르겠다. 대한민국의 모든
사람들은 대개 제주도의 들판에는 조랑말이 뛰놀고, 바다에는 제
주여성의 상징인 해녀들이 물질을 하는 것으로 생각한다. 이처럼
해녀는 전국적인 지명도를 갖는 또 하나의 제주 브랜드인 것이다.

　제주해녀박물관의 전시실 구성을 살펴보자. 제1전시실은 해녀
의 삶을 주제로 꾸미고 있다. 따라서 제주해녀의 탄생과 성장과정
을 포함하여 해녀의 신앙(잠수굿)과 농사일, 세시풍속 등 제주해녀
들의 기본적인 생활모습을 이해할 수 있는 유물들을 중심으로 전

시하고 있다. 이 전시실에서는 초가 형태의 해녀의 집을 중앙에 배치하고 주변에는 어촌마을 모형 코너를 시작으로 영등할망 신화, 세시풍속, 의식주 생활 그리고 반농반어 코너 등을 마련하여 제주 해녀의 삶을 더욱 체계적으로 접근할 수 있는 동선(動線)을 취하고 있다.

제2전시실의 주제는 제주해녀의 일터이다. 이곳에서는 해녀들의 물질을 배경으로 형성된 공동체 문화에 바탕을 두면서 해녀항일운동, 생존권 및 권익 투쟁, 해녀 관련 역사자료와 유물들을 전시하고 있다. 이처럼 제2전시실에서는 제주해녀들의 경제활동과 과거의 사회상을 음미할 수 있는 전시구성을 보이고 있는 것이다. 결과적으로, 제2전시실에는 해녀들의 휴식공간인 불턱(모형화)을

해녀박물관의 외부 모습.

해녀박물관의 내부 모습.

비롯하여 나잠어구, 뱃물질, 어업공동체, 출가해녀, 제주해녀의 근현대 투쟁사 및 문학 속의 해녀 등이 코너전시의 소주제로 활용되고 있다.

　제3전시실은 바다를 주제로 한 전시실이다. 이 전시실은 해녀들의 물질 공간이자 제주 남성들의 어로 공간인 바다를 배경으로 제주도의 어촌과 어업문화를 이해할 수 있도록 구성된 전시공간이다. 따라서 이 전시실에는 제주의 전통 배인 테우를 비롯하여 해녀의 얼굴, 제주도와 한반도의 어업, 멸치잡이, 고대 어업활동, 포구와 등대, 구엄 '돌' 염전 등과 같은 소주제의 전시코너를 입체적으로 배치하고 있다.

이상 3개의 전시실과 함께 1층에는 어린이 해녀 체험관을 별도로 마련하여 방문하는 어린이들에게 흥미 있는 체험을 할 수 있도록 배려하고 있다. 체험학습의 주제는 '산호해녀 전설', '해안가에서', '배를 타고', '해산물 채취', '물고기야 놀자' 등과 연결돼 있다. 제주의 어머니와 할머니들이 오랫동안 지켜온 생업과 전통문화에 친근감을 가지고 이해할 수 있도록 유도되고 있어 의미를 더하는 공간이라 할 수 있다.

　　이외에도 야외 전시장에는 제주 연근해에서 조업하는 배를 전시하여 배의 기관구조와 항해 장비 등을 관람할 수 있도록 유도하고 있다.

　　제주해녀박물관이 개관한 시점에서 돌이켜 보면, 해녀박물관의 탄생이 너무 늦은 감이 있지만 그나마 다행이라는 안도의 생각을 동시에 갖게 한다. 이제 제주도는 감귤, 해녀, 돌과 관련된 지역박물관과 테마공원을 소중한 사회적 자산으로 소유하게 되었다. 이들 모두는 제주도를 상징하는 의미 있는 요소들이다. 그러나 정작 중요한 것은 이들 박물관이든 테마공원이든 자주 찾아가서, 제주의 자연과 역사와 문화를 이해하고 알리는 데 적극적으로 활용하는 일이다.

　　그런 의미에서 올여름에는 제주해녀박물관과 돌문화공원을 차례로 방문하여, 제주의 자연과 역사와 문화를 학습하면서 제주 선인들의 숨소리에도 귀 기울여 볼 것을 권유하고 싶다.

- 2006년 6월 17일 〈제주시론〉

일본 해녀의
지地를 찾아서[1]

　　　　　　일본의 중부지방에는 노토반도(能登半島)라는 곳이 있다. 이 반도는 최근 한일 간에 지명 문제로 화제가 되는 동해(일본에서 '일본해'라 주장하는 곳) 쪽으로 돌출해 있는데, 그 모습은 마치 왼쪽 손가락 중 검지를 보기 좋게 반쯤 구부린 형상을 취하고 있다.

　노토반도는 행정구역상으로 볼 때 일본의 47개 도도부현(都道府縣) 중 이시카와현(石川縣)이 대부분을 차지하고, 일부 지역은 인접해 있는 토야마현(富山縣)이 점유한다.

　이왕에 일본의 지리적 정보에 접했으니 조금만 더 들어가 보기로 하자. 노토반도의 북쪽 해안의 중앙부에는 인구 약 3만 명 정도의 지방 소도시로, 비교적 조용하고 깨끗한 와지마시(輪島市)가 자리 잡고 있다. 와지마시는 일본 국내에서도 둘째가라면 서러울 정도로 칠기(漆器) 생산지로 유명한 곳이다.

　와지마시는 보통 8개의 지구로 나누고 있는데, 이들 중 하나인

일본 와지마시 아마마치의 젊은 두 해녀.

와지마 지구에는 아마마치(海士町)와 헤구라지마(舳倉島)가 포함돼
있다. 이 아마마치와 헤구라지마는 일본인들에게도 생소한 해녀
들이 많이 거주하는 곳이다.

　여름방학이 거의 끝나갈 무렵, 필자는 해녀(잠녀) 학술조사팀과
함께 와지마시의 아마마치와 헤구라지마를 방문하게 되었다. 방
문하기에 앞서 개인적으로는 제주의 해녀와 비교할 때 무엇이 어
떻게 다르고, 왜 노토반도에서도 극히 한정된 일부 지역에만 해녀
가 존재하고 있는지 매우 궁금하였다.

아마마치와 헤구라지마에 거주하며 잠수 활동을 벌이는 해녀 수는 대략 220여 명이라 하였다. 와지마시의 한 관계자에 따르면, 이 수치는 일본에서도 단일지구 내에 거주하는 해녀 수로는 가장 많은 것이라 하였다.

먼저 아마마치자치회(海士町自治會)의 사무실을 찾았다. 일본으로 건너가기 전에 미리 방문 목적과 스케줄을 보내서인지, 자치회의 간부들과 해녀인 아주머니들이 나와 있었다.

인사를 주고받은 후에 아마마치를 방문하게 된 목적을 새삼 전하고 제주도에도 해녀들이 많다는 사실을 얘기하며 준비해 간 해녀 사진집을 내밀었다. 자치회 간부들 중 가장 나이가 많은 사람이 입가에 미소를 지으며, 제주도의 사정을 대강은 알고 있는 듯한 태도로 건네받은 사진집을 펼쳐 보기 시작하였다. 그는 이소이리구미아이(磯入組合)의 조합장, 즉 해녀조합의 조합장이었다.

사진집을 펼쳐 보던 조합장은 "야, 거의 다 똑같군요! 하기는 우리 조상들이 먼 옛날 제주도 부근에서부터 해류를 따라 거슬러 올라왔다는 설도 있지요?"라며 우리를 쳐다보며 얘기했다. 그러고 나서 사진집을 바로 옆에 앉아 있는 해녀 두 사람에게 건네는 것이었다.

두 아주머니도 사진집을 한동안 열심히 보더니 "우리랑 똑같네, 같아!"라며 연달아 큰소리를 쳤다. 그뿐만이 아니었다. 그 옛날 자신들이 몸에 걸쳤던 잠수 옷과 비교하여 차이점을 설명하기도 하고, 뱃물질 하러 나갈 때 타고 다니던 목선(木船)을 가리켜 비슷하다며 박장대소하는 것이었다.

　모임 후에 아마마치의 해녀는 물론 그 해녀의 남편들도 우리 조사팀에게 매우 호감을 갖고 친절하게 대해 주었다. 덕분에 예정했던 조사는 무사히 마칠 수 있었다. 해녀들과의 인터뷰와 물질과정을 잘 관찰해보니, 그들의 말처럼 아마마치의 해녀는 여러 가지 면에서 제주의 해녀와 비슷한 점이 많았다.

　그렇기에 조합장이 꺼낸 얘기와 같이, 어쩌면 아마마치와 제주도에 거주하는 조상이 같을 수도 있다는 생각이 끝내 머릿속을 떠나지 않았다.

- 2002년 9월 4일 〈제주시론〉

일본 해녀의
지地를 찾아서²

    지난번 와지마시(輪島市) 아마마치(海士町)의 해녀 이야기에 이어서, 오늘은 헤구라지마(舳倉島)의 해녀 이야기로 초점을 옮겨 볼까 한다.

    와지마 항구에서 헤구라지마까지는 직선거리로 약 48km 정도 떨어져 있는데, 정기 여객선으로는 1시간 30분이 소요되는 거리이다. 시간적인 거리로는 그다지 멀리 느껴지지 않는 섬이었지만, 섬 자체가 외부에 잘 알려지지 않은 탓인지 아마마치~헤구라지마 사이를 오가는 정기 여객선은 매일 단 한 차례뿐이었다.

    헤구라지마에 대해 잠깐 소개하기로 하자. 헤구라지마는 행정구역상 와지마시 아마마치지구에 포함돼 있다. 섬의 형태는 북동~남서 방향으로 길쭉하게 형성돼 있는데, 마치 계란을 비스듬히 세워 놓은 듯한 형상을 취하고 있다.

    섬의 면적은 0.55km²로서 제주도의 부속 도서인 비양도와 크기가 거의 비슷한 작은 섬이었다. 인구는 2000년 기준으로 164명(55

일본 와지마시 헤구라지마 해녀의 물질 모습.

세대)이었으며, 이들 중 해녀는 대략 70여 명이라 했다.

섬 안에는 특별히 개발된 관광지는 없으나, 야간에 주변 바다를 밝히는 높이 35m의 대형 등대와 섬 주위를 돌아가며 여덟 군데에 자리 잡고 있는 작은 진자[神社]들이 매우 인상적이었다. 물론 섬 안에는 주재소, 보건소는 물론 초등학교 분교 등 공공기관도 들어와 있다.

헤구라지마는 분명히 일본 내에서도 해녀의 섬으로 이름나 있기는 하지만, 섬 안에서 볼 때는 어업 전진 기지로서의 기능과 역할이 강조되고 있는 듯한 이미지였다. 그것은 섬의 크기에 비해 상대적으로 길게 만들어 놓은 방파제와 선착장, 물양장 시설이 입증하고 있었다.

헤구라지마의 해녀들은 10대에서부터 80대에 이르기까지 연령층이 다양했다. 우리 조사팀은 정말 운이 좋게도, 85세로 최고령자인 할머니 해녀는 물론, 최연소자 중 한 사람인 16세의 소녀 해녀도 만날 수 있었다.

정말 적지 않게 놀란 사실은 중학교를 갓 졸업한 16세의 소녀 해녀가 존재한다는 사실이었다. 그녀는 올봄에 중학교를 졸업하고 올해 처음으로 해녀의 본분인 잠수일을 시작했다고 한다. 그녀의 5살 위인 언니도 해녀였고, 40대 초반의 어머니도 해녀였다. 한 집안에 세 사람이 해녀이므로 벌이도 만만치 않을 것이라 생각되었다.

아마마치 자치회 직원과 헤구라지마의 구장(區長)한테서 전해

들은 바에 의하면, 보통 해녀들의 수입은 일반 직장의 월급보다도 몇 배가 더 많다고 하였다. 아마마치나 헤구라지마에 10~20대의 젊은 해녀들이 많은 이유를 이해할 수 있을 것 같았다.

아울러 제주해녀가 고령화와 젊은 층의 기피를 배경으로 점점 그 위상이 떨어지는 현실을 생각하면, 앞으로 제주해녀의 보전과 확산을 위해 나름대로 해답을 찾을 수 있을 듯한 마음도 들었다.

아마마치나 헤구라지마의 해녀들은 모두가 똑같이 1년 중 7~9월 사이의 3개월만 소라와 전복을 채취할 수 있도록 규약으로 정해 놓고 있었다. 그리고 전복과 소라의 채취에서도 전복의 경우는 10cm 미만, 소라의 경우는 직경 약 5cm 이하를 잡는 것을 금지하고 있었다.

무엇보다도 중요한 사실은 모든 해녀가 자신들의 어장을 철저히 보호하고 관리해야 한다는 의식을 가지고 정해진 규약을 제대로 지키고 있었다는 것이다.

이번 일본의 해녀 학술조사는 앞으로 제주도 마을어업의 육성 방향과 제주해녀들의 위상 등을 생각해 볼 수 있는 아주 좋은 기회였다.

- 2002년 10월 3일 〈제주시론〉

제3장

자연·생태

그동안 여러 학문 분야가 제주도에 대한 많은 자료들을 기록하고 생산해 왔음에
도 불구하고, 세계 사람들에게 자신 있게 내보일 수 있는 신빙성 있는 자료가 부
족하다는 사실이 필자의 마음을 더욱 안타깝게 했다.
- 제주도와 세계자연유산

한라산의
실체와 영역

　　　　　　　제주도민들은 평소 한라산을 어떻게 생각하고 있을까. 제주도민들은 제주 섬 한가운데에 우뚝 솟아있는 한라산을 일상생활 속에서 거의 매일같이 부모나 자식 얼굴을 대하듯 쳐다보며 우러러본다. 그렇지만 한라산을 대할 때의 도민들의 태도나 상념은 항상 같다고 할 수는 없을 것이다.

　아침에 일어나 한라산을 바라보며, 오늘은 비가 오거나 눈이 내릴 것 같다고 나름대로 날씨를 예언하는 사람이 있는가 하면, 한라산이 선명하게 보이거나 흐릿하게 보이는 것을 전제로 그날의 운수를 점치는 사람도 있다. 또한 계절에 따라 변하는 한라산의 자태를 보면서 시간의 흐름을 안타까워하거나 세월의 무상함을 느끼는 사람도 분명히 있을 것이다. 이처럼 한라산은 제주도민들의 일상생활 속에서 바로미터(barometer) 역할을 하고 있는 셈이다.

　보통 우리가 말하는 한라산은 대체 어디까지를 말하는 것일까. 이 질문은 좀 더 구체적으로 한라산체(漢拏山體)의 공간적인 범위를 어느 지점까지로 설정할 수 있는가 라는 문제와 연관된다. 아무튼 확실한 정답을 구하지 못한다고 하더라도, 한 번쯤은 깊게 생각해 볼 필요가 있는 사안이라 생각된다.

　일반 사람들은 한라산이라 하면 가장 먼저 정상에 위치한 화구호(火口湖) 백록담을 연상한다. 그리고 백록담을 마치 한라산의 최고봉인 것처럼 착각하기도 한다. 그러나 곰곰이 생각해 보면, 백록

한라산과 주변 오름군락(Daum 위성사진), 2021. 7. 15.

한라산 정상-임재영 촬영, 2019. 9. 14.

담은 한라산의 최고봉이 아니다. 그리고 백록담은 한라산체의 일부분이기는 하지만, 정상부의 어느 한 지점에 오르기 전까지는 결코 시야에 들어오지도 않는다. 그런데도 한라산을 말하면 모두가 백록담을 우선 머릿속에 떠올리는 배경은 무엇 때문일까. 아마도 그것은 최고봉 아래의 산정호수(山頂湖水)로서 항상 신비로운 자태를 보여주기 때문일 것이다.

한편 제주도민들은 흔히 "한라산이 제주도이고 제주도가 곧 한라산이다."라는 표현을 자주 한다. 어찌 보면 다소 추상적인 표현인 것 같지만, 이 표현 자체는 한라산의 실체와 영역을 가장 광범위하고 포괄적으로 나타낸 것이라 생각할 수 있다. 이러한 시각은 분명히 지형적·지질적인 정보나 지식이 배경이 되었다기보다는 그저 막연하게 한라산체가 해안지역까지 뻗어있다고 보는 아주 단순하면서도 정서적인 사고(思考)에서 우러나온 것이라 여겨진다.

그리고 한라산의 실체와 영역을 현재의 한라산국립공원 지역으로 한정시켜 보는 시각도 있을 수 있다. 이 시각은 한라산의 실체와 영역을 가장 작고 좁게 보는 시각이기는 하지만, 동시에 한라산의 가장 핵심적이고 중추적인 부분만을 중심에 놓고 보는 사고(思考)라 할 수 있다.

더 나아가 한라산의 실체와 영역을 해발 200m 이상 지역이나 500m 이상 지역으로 설정하는 시각도 생각해 볼 수 있다. 이런 시각은 한라산체가 차지하는 영역이나 공간적인 범위가 제주 섬의 대부분을 차지하고 있다는 인식과 함께 한라산이 지니는 품위나 품격도 매우 높게 평가하고자 하는 사고가 아닐까 생각해 본다.

궁극적으로, 한라산의 실체와 영역은 사람에 따라 다양한 평가가 가능할 것이다. 필자가 새삼스레 한라산의 실체와 영역을 화제로 삼는 배경은 한라산을 다양한 시각에서 평가할 수 있는 기회를 마련하기 위해서이다. 그렇게 함으로써 우리 모두가 제주도는 물론이고 대한민국의 상징으로서 한라산의 가치를 더욱더 높여 나갈 수 있는 계기가 될 것이라 여겨지기 때문이다. 나아가 한라산의 실체나 존재를 따지는 것은 결국 제주도민들의 정체성을 묻는 길임을 알기 때문이다.

- 2005년 7월 11일 〈제주시론〉

한라산
예찬론

제주도민들은 평소에 '한라산이 제주도이고 제주도가 곧 한라산'이라는 말을 자주 한다. 아마도 이 표현만큼, 제주도에서 한라산이 점하는 위치나 제주도민들이 한라산을 대하는 정서를 잘 대변하는 문구도 없을 것이다.

제주도민들의 입장에서 보면 한라산은 늘 가까운 곳에 있다. 보통 일상생활에서는 깊은 생각을 하며 조망하기도 하고 또는 아무런 생각 없이 응시하기도 하며, 그러다가 대화 속의 중요한 실체로 등장하는 것이 한라산이다. 한라산은 물리적인 거리로 따진다면, 제주도의 동서남북 방향에서 조금씩 다른 것이 사실이지만, 일상생활 속에서 느끼는 주민들의 정서적인 인식 거리는 어느 쪽에서나 비슷하면서도 가깝다고 할 수 있다.

결국 한라산은 제주도의 상징적 존재이면서 제주도민들의 정신적 지주인 셈이다. 따라서 한라산이 존재하지 않는 제주도는 상상조차 할 수 없다. 한라산은 단순히 물질적인 욕심을 채우기 위한

한라산 근경.

대상이거나 필요한 것만을 얻기 위한 대상이 아니다. 물질적인 자원을 얻기 위한 생활 터전의 일부이기 이전에, 일상생활에서 언제나 사람들의 마음을 순화시키고 모든 일을 점검하며 계획하는 데 없어서는 안 될 무언의 조언자이며 예언자이다.

한라산의 존재적 가치를 몇 가지로 나누어 좀 더 생각해 보자. 먼저 제주도 한가운데에 한라산이 없는 상황을 한번 상상이나 해보자. 만약 제주도의 한복판에 한라산이 없다면, 아니 그 자리에 단순히 숲으로만 뒤덮여 있다면, 제주도민들의 기상이나 정체성도 지금과는 많이 달라졌을 것이라 생각된다.

제주도민들은 어린 시절부터 노년에 이르기까지 하루에도 몇 번씩이나 한라산 자락을 바라보며, 한라산처럼 높고 넓은 의지를 키우며 섬사람으로서 당찬 기개와 강인함을 터득해 왔다. 따라서 한라산이 존재하지 않았다면, 제주도민들의 정신적인 지주는 어디에서 찾고, 무엇으로 대체할 수 있을까 하는 의문을 가질 수 있다. 그만큼 한라산은 제주도민들의 정신세계 속에 자리 잡고 있는 의지(依支)의 대상이자, 숭배의 대상이라 할 수 있다.

또한 한라산이 존재하지 않는다면, 제주도를 대표하는 상징 (symbol)은 무엇으로 삼을 수 있을까 하는 생각도 든다. 하늘 위에서 제주도를 내려다보면, 한라산은 마치 제주 섬을 지키는 수호신처럼 거의 중앙부에 위엄스럽고 당당한 자태로 자리 잡고 있다. 그리고 계절이 바뀔 때마다 한라산은 가장 먼저 그 기운을 감지하고, 제주도민들에게 계절 변화에 대비할 수 있는 자비의 신호를 보

한라산 원경.

낸다.

이와 같이 제주 섬 전체를 내려다보면서 산신령처럼 주변 산천을 호위하는 듯한 당당한 모습을 상기할 때, 한라산은 제주도의 영산(靈山)에서 나아가 제주도를 대변하는 상징체로서 충분한 자격을 갖추고 있다고 얘기할 만하다.

또 다른 관점은 한라산이 제주 자연경관의 진수(眞髓)이자, 대한민국 자연 생태계의 최고봉이라는 사실이다. 제주도를 찾은 사람들이 그토록 한라산을 오르고 싶어 하는 이유나 배경은 한라산을 등반함으로써 제주도의 자연경관의 극치를 깊이 풍미하고, 동시에 대한민국 내에서도 흔치 않은 독특한 자연 생태계를 직접 접하고 싶은 욕구와 충동이 가득하기 때문이다. 그렇기에, 구태여 한라산을 포함한 주변 지역을 국립공원으로 지정하여 보전해야 하는 까닭도 충분히 납득할 수 있다.

새삼스러운 일은 아니지만, 이외에도 한라산의 존재적 가치는 여러 관점에서 언급할 수 있다. 그리고 맑은 하늘이 지속되는 5월이면, 늘 한라산 중턱으로 달려가고 싶은 충동에 사로잡히곤 한다. 세속에 찌든 나의 영혼과 육체를 한라산 자락에 기대어 의지하고 싶은 욕망이 싹트기 때문이다.

- 2004년 5월 17일 〈제주시론〉

제주도 지형자원의
가치

　　　　　　며칠 전 문화재청의 주관으로 '제주도 자연유산지구 국제학술세미나'가 열렸다. 이미 지역 매스컴에 의해 자세히 보도되었듯이, 이번에 열린 국제학술세미나는 화산지형과 지질 분야를 비롯한 동굴, 식물, 동물 및 인문환경 분야에서 수집·조사된 자료를 토대로 폭넓게 의견을 수렴하는 장이었다.

　이번 대회에서 특히 주목했던 사안은 제주도를 세계자연유산지구로 지정·신청하기 위한 특정 분야의 선정과 함께 특정 분야를 대표할 수 있는 지구(장소)를 압축하는 것이었다. 결론부터 간단하게 말하자면, 세계자연유산으로서 지정·신청을 위한 특정 분야는 용암동굴을 포함한 화산지형과 지질(오름) 분야가 선정되었고, 후자의 지구 선정 문제는 당분간 유보하게 되었다.

　세미나가 거의 막바지에 다다를 무렵, 필자를 포함한 많은 참가자들이 제주도의 자연, 특히 화산활동과 관련된 화산지형의 자연유산적 가치가 무한하다는 사실을 공감하게 되었다. 한라산 백록

응회구인 성산일출봉.

담을 비롯한 용암동굴과 오름군, 그리고 퇴적지층과 주상절리 등
은 세계자연유산으로 내놓더라도 결코 뒤떨어지지 않을 정도의 뛰
어난 지형자원이며, 그 무엇과도 바꿀 수 없는 소중한 제주도의 자
산이라는 사실이 크게 부각되었다.

　제주도의 상징인 한라산 백록담은 약 3만 년 전부터 2,650년 전
까지 여러 단계를 거치며 독특한 형태로 만들어졌다는 사실이 밝
혀졌고, 동북 지역에 분포하는 만장굴, 김녕사굴 및 당처물굴 등
20여 개의 용암동굴은 중산간지역의 거문오름을 정점으로 하는
주변부에서 장기간에 걸친 분화활동의 결과 만들어졌다는 점도

제기되었다. 이처럼 독특한 지형의 형성배경을 정확히 밝히는 작업은 세계자연유산지구로 지정받는 데 중요한 배경이 되는 것이다.

여러 오름들 중에서는 산굼부리, 성산일출봉, 송악산, 산방산 및 수월봉이 집중적인 조명을 받았다. 이들 모두는 만들어진 시기가 제각기 다르고 독특한 분화활동을 했기 때문에, 오름의 형태(산체)가 매우 독특함은 물론이며 구성물질이나 용암류도 서로 다른 특징을 보이는 오름들이다. 이 오름들은 이름만 들어도 금방 알 수 있듯이, 제주도민이라면 적어도 한두 번씩은 탐방했음 직한 대표

수월봉 화산쇄설층.

적인 오름들이며, 동시에 초·중·고교 학생들에게는 자연학습장으로도 안성맞춤인 곳들이다.

중요한 사실은 이 오름들도 제주도를 세계자연유산지구로 지정·신청하는 과정에서는 빠질 수 없는 매우 귀중한 지형자원이라는 점이다. 오름 외에는 1998년에 지방기념물로 지정된 중문·대포해안 주상절리대가 뜨거운 조명을 받았다. 중문·대포해안 주상절리대는 서귀포시 중문동과 대포동 해안가(속칭 지삿개)에 1.5km에 걸쳐 형성된 육각형 현무암의 돌기둥이다. 이러한 육각형 모양의 돌기둥은 유달리 현무암지대에 잘 나타나는 특성을 보이는데, 무엇보다도 의미가 크게 부각된 배경에는 바다와 곧바로 연결되는 지점에 만들어졌다는 사실이다. 이곳의 주상절리대는 녹하지악이 중심이 되고, 일부분은 성천봉과 구산봉에서 분출한 용암류에 의해 형성됐다는 점이 조심스레 제시되었다. 그리고 형성 시기가 대략 25만 년 전~14만 년 전이라는 사실도 확인되었다.

이상에서 정리한 사실들은 지질학 전문가들이 오랫동안 연구해 온 결과에 힘입어 밝혀진 아주 중요한 정보들이다. 앞으로 제주도를 세계자연유산지구로 지정받기 위한 노력과 관련하여, 제주도민들도 도내에 많이 분포하는 지형자원들의 가치를 새롭게 인식하는 사고와 자세가 필요할 것으로 생각된다.

머지않아 제주도민들이 즐기는 자연이 전 세계 사람들이 즐기는 자연이 될 것이기 때문이다.

- 2003년 11월 24일 〈제주시론〉

제주도와
세계자연유산

　　　　　　　며칠 전, 제주도를 세계자연유산으로
등재하기 위한 학술조사와 관련하여 해당 분야의 연구자 회의가
있었다. 필자는 자연과학 분야의 전공자는 아니지만, 제주도의 자
연환경을 생활 무대로 이용해 온 제주민들의 발자취를 조사하고
평가하기 위해 동참하게 되었다.

　먼저, 기획총괄을 맡고 있는 담당자와 유네스코 한국위원회의
소속 관계자로부터 세계자연유산에 대한 현황과 지정 조건을 비롯
하여 제주도와 한라산에 대한 국제적인 인지도 등 다양하고 상세
한 정보를 들을 수 있었다.

　전해 들은 정보를 토대로 개인적인 소감을 피력하자면, 그 시기
가 정확히 언제일지는 모르지만 제주도가 기필코 세계의 모든 사
람들에게 인정받으며 보전해야 할 자연유산으로서의 위치를 차지
할 수 있어야 한다는 것이다.

　유네스코 한국위원회의 관계자가 제공한 자료에 따르면, 세계

용천동굴 내부-제주도청 제공.

유산은 2003년 2월 현재 125개국을 상대로 하여 730점이 지정돼 있다고 한다. 이들을 유형별로 보면 문화유산이 563점, 자연유산이 144점, 그리고 복합유산이 23점이다.

이미 잘 알려 있는 것처럼, 우리 대한민국은 석굴암과 불국사를 비롯한 총 7점의 문화유산이 지정돼 있으나, 자연유산은 아직 전무한 상황이다. 이처럼 제주도가 얼굴을 내밀려고 하는 자연유산 부문은 전체의 약 25%라는 비율이 말해 주듯이, 문화유산보다는 상대적으로 선정되고 등재받기가 매우 까다롭고 어려운 부문임을 알 수 있다.

그런 가운데, 지난 1995년도에 설악산을 대한민국 최초의 자연유산으로 신청했다가 여러 가지 국내 사정으로 인하여 철회한 사실이 있다. 그 결과, 세계자연유산으로서의 설악산의 존재 가치는 크게 희석되고 말았다. 따라서 현시점에서 볼 때는 대한민국 내에서도 가장 유력한 후보가 제주도(한라산)라는 사실이다.

업무 담당자들의 여러 가지 설명 중에서도 한 가지 아쉬운 점은 전 세계적으로 볼 때 제주도나 한라산의 인지도가 극히 미미한 수준에 머물러 있다는 점이었다.

유네스코 세계유산센터의 주요 관계자들이 한국 측 담당자에게 '제주도가 어디냐.' 혹은 '한라산이 그렇게 좋은 곳이냐.'라고 반문해 올 정도였다고 하니, 제주도를 터전으로 살아가는 입장에서는 답답하기 그지없다는 생각을 하지 않을 수 없다. 불과 8개월 전만 하더라도, 월드컵이란 이름으로 전 세계를 뜨겁게 달아오르게 했

용천동굴 내부-탄산칼슘 성분의 종유석과 석순-제주도청 제공.

던 곳이 아니었던가.

현실은 그렇다 하더라도, 정작 중요한 것은 앞으로 치밀한 계획과 조직적인 준비과정을 거쳐 마침내 제주도의 빼어난 자연경관을 세계자연유산으로 등재하는 일일 것이다. 그러기 위해서는 우선적으로 세계의 모든 사람들을 납득시키고 인정받을 수 있는 기본적인 자료 확보가 중요하다.

그동안 여러 학문 분야가 제주도에 대한 많은 자료들을 기록하고 생산해 왔음에도 불구하고, 세계 사람들에게 자신 있게 내보일 수 있는 신빙성 있는 자료가 부족하다는 사실이 필자의 마음을 더욱 안타깝게 했다.

역시 그런 이유 때문에 한라산과 제주도의 국제적인 지명도(知名度)가 낮은 것일까. 우리는 항상 무슨 일을 해도, 그 결과를 우리 자신들에게만 보이며 만족해하는 너무나 나태한 습관에 젖어 있었던 것은 아니었을까. 회의가 끝나 갈 무렵 뇌리를 자극하는 것은 바로 그런 부끄러움이었다.

하지만 제주도가 세계자연유산의 지위를 획득하여 새롭게 태어나는 날, 제주도의 영광, 아니 대한민국의 영광을 크게 만끽해 보고 싶은 욕망이 간절해진다. *

- 2003년 3월 5일 〈제주시론〉

---

* 2007년에 대한민국 최초로 '한라산 천연보호구역'을 비롯하여 '거문오름 용암동굴계'와 '성산일출봉(응회환)' 등 3개의 지역이 유네스코 세계유산(자연유산)으로 등재되었다.

해안도로의 기능과
제주해안의 미학[1]

        1990년대에 들어오면서 제주도 내 곳곳
에는 많은 해안도로가 개설되었다. 새로운 해안도로의 개설은 그
동안 접근하기 어려웠던 해안지역의 경관을 보다 쉽게 감상할 수
있는 계기를 마련했다는 점에서 그 의의가 실로 크다고 하겠다.

지역별로 해안도로가 단계적으로 개설됨에 따라, 애당초 예상
했던 순기능 외에도 양식장과 음식점 등의 난립으로 인해 빚어진
환경오염이나 해안지역의 매립과 변형을 동반한 해안선 파괴 등
각종 부작용이 나타난 것도 부인할 수 없는 사실이다. 그러나 여기
서는 해안도로의 개설에 따른 부작용을 새삼스레 들먹거리기보다
는, 이왕 개설된 해안도로이기 때문에 그 활용적 측면을 강조하려
고 한다.

해안도로의 기능은 제주해안의 아름다움을 만끽하기 위한 관광
전용도로인 동시에, 휴식을 취하며 바닷가 냄새에 흠뻑 취하기 위
한 드라이브 전용도로라 할 수 있을 것이다.

해안도로의 개설이 제주를 찾는 모든 사람들에게 제주해안의 깨끗함과 아름다움을 통해 '관광의 섬 제주도'의 진가를 인식하게 하는 데 일차적인 목적이 있다면, 해안 경관의 가치를 다른 사람들에게도 확실히 전달하게 하는 것은 제주관광의 수준을 한 차원 높이는 이차적인 목적이 될 것이다. 따라서 앞으로는 제주해안의 가치를 제대로 느낄 수 있도록 하는 작업도 병행돼야만 한다.

그런 의미에서 오늘은 제주시에 위치하는 용담-도두 해안도로를 따라 나들이해 보고자 한다. 용담-도두 해안도로 주변에는 대표적인 관광지인 용두암과 용연도 있지만, 다끄내(修根) 마을 포구에서부터 도두마을에 이르는 구간에는 용암이 기괴할 정도로 서로 뒤엉키며 덮여 있는 해안선이 펼쳐진다.

제주도에서는 여느 마을의 해안에서 보나 비슷한 풍경이지만, 자세히 들여다보면 용암이 흘러나온 뒤부터 심하게 풍화·침식작용을 받아, 편평한 암반 지대가 있는가 하면 버섯 모양이나 빵 껍질 모양 등 각양각색의 바위 형태로 남아 있는 지대도 있다. 그리고 어떤 곳에서는 사람의 접근을 기피하는 듯 거칠고 험한 암반 지대가 펼쳐지기도 한다.

또 다른 곳으로 이동해 보면, 암반의 일부가 마치 야외용 벤치처럼, 휴식을 취할 수 있을 정도의 돌기둥으로 변신해 있는 곳도 있다. 관광객들이 바다 가까이에서 사진을 찍으려고 포즈를 취하며 등을 기대는 바위이지만 그 바위가 생겨난 원인이나 모양새에 관심을 갖는 사람은 그리 없는 것 같다. 가끔은 발길을 멈추고 이들

용담-도두 구간 해안도로.

을 유심히 관찰하며 나름대로 이름이라도 붙여 본다면, 정말 의미
있는 추억거리가 될 것이다.

　제주해안의 미학은 비록 검고 투박한 현무암에 불과하나 그것
이 위치하는 지역에 따라 암반이 넓게 펼쳐지는 가운데 신의 조화
를 부린 듯 군데군데 위아래로 혹은 좌우로 생성된 돌 조각품들이
서로 독특한 자연의 멋을 자아내는 데서 찾을 수 있다.

　현무암으로 구성된 암반이나 바위들은 자칫 똑같이 보일지도
모르지만 가까이 접근해 보면 모두가 각양각색으로 자연의 신비함
과 오묘함을 느끼게 하는 데 충분하다. 끝으로, 해안도로를 따라가
지 않고서는 그것들을 직접 대할 수 없음을 부언해 둔다.

- 2001년 7월 1일 〈제주시론〉

해안도로의 기능과
제주해안의 미학[2]

　　　　　　지난번의 용담-도두 구간의 해안도로에
이어, 이번에는 서쪽으로 하귀-애월 구간의 해안도로를 따라가 보
기로 하자. 특히 이 해안도로에서는 구엄마을의 포구 부근에서 신
엄마을 쪽으로 바라보는 해안선과 해식단애(海蝕斷崖)가 그야말로
절경이다.

　이런 이유로 드라이브를 즐기는 사람들이나 자연에서 영감을
얻으려는 예술가들이 자주 찾는 장소이기도 하다.

　따라서 하귀-애월 구간의 해안도로에서는 구엄, 중엄 그리고 신
엄마을의 해안가에 주목하는 것이 좋을 것이다.

　먼저 구엄마을에서는 포구 서쪽으로 특이한 암반 지대가 펼쳐
진다. 이곳은 파도의 침식에 의해 깎인 곳으로 학술용어로는 파식
대(波蝕臺)라 하며, 현지에서는 소금 빌레라 불린다.

　구엄마을에서는 이 암반 지대를 이용하여 1950년 전후까지 돌
소금을 만들고 있었다. 즉, 마을주민들은 자연 암반 지대를 일정한

크기로 나누고, 여기에다 해수를 부어 넣은 후 태양열에 의해 계속 염도(鹽度)를 높이며 소금을 제조했던 것이다. 이런 배경을 토대로 생각하면, 구엄마을 주민들에게는 그야말로 삶의 애환이 깃들어 있는 장소라 할 수 있다.

중엄마을의 해안가는 최근 낚시터로 더 잘 알려진 곳인데, 여기에는 나름대로 이유가 있다. 이 부근의 해안가는 용암층이 아주 두껍게 덮여 있는 관계로, 포구 형성이 어려울 정도이다. 그래서 중엄마을은 해안에 위치하고 있으면서도 포구가 조성되어 있지 않은 특이한 마을 중 하나이다.

이러한 상황은 연안 바다도 같은 상황이어서, 결과적으로 크고

하귀-애월 구간 해안도로.

작은 어류들이 많이 몰려들 수 있는 환경이 되고 있다. 아울러, 파도의 침식으로 육지 쪽에서 불과 몇 미터를 두고 떨어진 작은 바위섬들은 낚시꾼들에게는 더할 나위 없이 좋은 장소가 되고 있다. 이러한 경관도 하귀-애월 구간의 해안도로가 아니고서는 만끽할 수 없다.

신엄마을의 해안가는 어떠한가. 신엄마을의 속칭 녹고물 지경에서 과원목이 지경에 이르는 해안가는 제주도에서도 흔치 않은 왕돌 해안이라 할 수 있다.

어른의 머리 크기만 한 돌덩이에서부터 기중기를 동원해야만 들어올릴 수 있을 정도의 거대한 돌덩이에 이르기까지 다양한 크기의 돌덩이들이 해안을 따라 뒤덮여 있다. 한마디로 돌 전시장이라 해도 좋을 것이다. 그러나 대부분의 사람들은 거의 눈치를 채지 못하고 그냥 지나치기 일쑤이다.

원래 이곳은 현재 남아 있는 해식단애에서 연결되어 절벽을 형성하던 곳으로 풍화와 침식을 받아 붕괴된 후, 이차적으로는 파도의 침식작용이 가해져 둥글둥글한 상태의 돌덩이들이 남게 된 것이다.

이처럼 해안도로를 따라가며 조금만 주의를 기울이면, 자연의 신비함은 저절로 우리의 피부에 와 닿는다. 이쯤이고 보면, 해안도로는 자연의 신비함에 접근할 수 있는 자연학습의 기능도 겸하고 있다고 말할 수 있지 않겠는가.

- 2001년 7월 26일 〈제주시론〉

해안도로의 기능과
제주해안의 미학[3]

　　　　　　세화-오조리 구간의 해안도로는 한여름철 바다를 벗 삼아 즐거운 한때를 보내며, 꿈과 낭만을 얘기할 수 있는 길목이다. 이 구간의 해안도로는 특히 하도마을에서 종달마을을 걸쳐 시흥마을에 이르는 해안에서 경관의 극치를 맛볼 수 있다.

　먼저 상도와 하도마을을 잇는 부근의 연안 바다를 보면, 여기저기에 널려 있는 수중 암초가 눈에 들어온다. 이 해안도로가 지니는 색다른 기능이다. 한 가지 재미있는 것은 썰물 시 길게 연결돼 있는 암반이 밀물 시에는 서로 떨어져 있는 수중 암초처럼 보이는 점이다.

　밀물과 썰물이 만들어 내는 독특한 해안 경관의 운치라 할 수 있는데, 가만히 바라보고 있노라면 어떻게 저런 바닷속 지형이 생겨날 수가 있을까 하는 의문을 갖게 한다. 용암이 바다로 흘러 들어가면서 조화를 부린 끝에 탄생된 작품임에 틀림없다.

세화-오조 구간 해안도로.

하도마을의 포구 쪽에 다다르면, 과거 왜구의 침입을 막기 위해 돌로 쌓은 별방진성이 나타난다. 최근 깨끗하게 복원되어 말끔한 모습으로 지나가는 이들을 반기나, 무엇 때문에 이런 돌담이 있는지를 모르고 지나치는 경우가 많다.

하도마을의 창흥동 철새도래지 부근에는 자그마한 백사장이 펼쳐져 있어, 지나가는 사람들의 마음을 끌어당긴다. 여름철이면 조개잡이와 해수욕을 즐기는 사람들로 다소 붐비기는 하나, 모래톱 속에서 발을 비벼 조개가 잡힐 때면 탄성이 절로 나온다.

한편 창흥동 수문을 건너기 전에 종달마을 쪽을 바라보면, 마치

들어오는 이들을 안아 주기라도 할 듯, 지미봉이 두 팔을 벌린 채 우뚝 서 있다. 이 해안도로가 가져다주는 또 다른 풍경이다. 지미봉은 제주의 여러 오름을 형태로 분류할 때 말굽형 오름에 속한다. 말하자면 말발굽처럼 한쪽 사면이 트여 있고, 다른 사면은 돌아가며 능선을 이루는 형태이다.

이어서, 종달마을 입구의 해안도로에서는 형형색색의 풍성한 수국이 도로 양쪽을 점유한 채 향기를 내뿜고 있다. 수국은 6~7월이 아니면 감상할 수 없다. 수국의 향기가 퍼지는 마을의 서쪽 입구는 속칭 '고망난돌 쉼터'가 자리 잡고 있다.

종달리 해안전망대-전망대 자체는 독특하게 형성된 투물러스 지형이다.

쉼터 주변에는 야트막한 동산이 여기저기에 흩어져 있고, 아기자기한 동산 주위로는 키 작은 섬쥐똥나무가 군락을 이루며 바람 부는 반대 방향으로 늘어져 있다. 이곳은 마치 집안의 잘 다듬어진 정원을 옮겨다 놓은 듯한 정경이다. 여기의 동산들은 모두가 한결같이 용암이나 화산재, 송이로 이루어져 있다. 그 옛날 지미봉이 폭발할 당시 흘러나온 용암과 화산재 등이 쌓여서 만들어진 것으로 보인다.

쉼터 부근의 해안 쪽은 마치 작은 산맥을 연결시켜 놓은 듯한 형상으로, 어림잡아 동서로 100m 정도의 구간에 걸쳐 이어져 있다. 용암이 기괴하게 느껴질 정도로 서로 엉킨 후, 파도의 힘이 가해져 만들어진 것이다.

배의 모습을 한 전망대에 서서 우도, 성산일출봉, 식산봉 등을 감상할 때면 꿈과 낭만에 대한 이야기는 저절로 나올 수밖에 없다. 탁 트인 바다와 자연의 조형물인 오름 자락이 의외로 조화롭게 자리해 있음을 느끼게 한다.

끝으로, 종달마을의 해안 동쪽에서 시흥마을로 이어지는 구간은 말 그대로 체험의 장이라 할 수 있다. 제주도에서도 이곳만큼 넓은 모래사장을 자랑하는 곳은 그리 흔치 않다.

이 여름이 다 가기 전에, 체험과 낭만을 동시에 만끽하고 싶으면 세화-오조리 구간의 해안도로를 따라가 보는 것도 좋을 것이다.

- 2001년 8월 23일 〈제주시론〉

용암이 만들어낸
제주해안 경관

　　　　　　　　며칠 전에 제주민속자연사박물관에서
발행한《제주도 해안을 가다》라는 책 한 권을 증정받았다. 이 책이
탄생하기까지 한 연구원이 3년 반 동안이나 제주도의 해안을 정열
적으로 찾아다녔다고 하는데, 그 노력이 고스란히 배어 있었다.

　한 장씩 읽어 내려가면, 제주도의 해안 경관이 아주 신선하고 신
비스러운 모습으로 다가오게 된다. 책에서 소개한 내용을 토대로
하여, 제주도의 해안 경관을 클로즈업해 보기로 하자. 그리고 제주
도의 해안 공부를 새롭게 시작하는 기분으로, 제주도 해안의 아름
다움에 심취해 보자.

　제주도의 해안 경관을 제대로 만끽하기 위해서는 기본적으로
성질이 다른 두 종류의 용암류를 잘 이해할 필요가 있다. 하나는
점성이 높은 용암이 비교적 좁은 장소에서 서로 엉켜 표면이 거칠
고 험한 바위를 만들어 낸 용암류인데 이를 아아 용암류라 한다.
그리고 다른 하나는 비교적 점성이 낮아서 넓은 지역에 골고루 퍼

지며 '빌레'를 형성한 용암류로서 파호이호이 용암류라고 한다.

제주도의 여러 해안에는 각기 시기는 다르지만, 두 종류의 용암류가 흘러 들어가 나름대로 독특한 해안선을 형성하고 있다. 가령 아아 용암류는 동귀마을을 비롯하여 구엄, 신도, 영락, 대평, 보목, 하효, 남원, 섭지코지, 삼양 등의 해안에서 전형적으로 찾아볼 수 있다. 파호이호이 용암류는 이제는 볼 수 없는 제주시 탑동 해안을 비롯하여 귀덕, 옹포, 두모, 표선, 온평, 하도, 김녕, 북촌, 신촌 등의 해안에서 확인할 수 있다.

나아가 제주도의 해안선은 용암류에 의해서만 만들어진 것은 아니다. 해안가에 위치하는 여러 오름은 많은 양의 화산쇄설성 퇴적물(분출물)을 품어내어 또 다른 성격의 지형을 만들어 냈다. 즉 응회암층으로 구성된 해안이 곳곳에 자리 잡고 있고, 또한 용암 암반 위에 모래가 쌓여 만들어진 사질 해안도 여러 곳에서 나타난다. 예를 들어, 응회암층이 발달한 해안은 도두봉 해안, 고산 수월봉 해안, 하모 산이수동(송악산) 해안, 사계 용머리해안, 성산일출봉 해안 등이며, 사질 해안은 해수욕장으로 소문난 이호, 곽지, 협재, 중문, 표선, 신양, 김녕, 함덕, 삼양 등이다.

이처럼 제주도의 해안은 하나의 기계에서 똑같은 떡을 찍어내듯이, 단순한 형태를 취하고 있는 것이 아니다. 다시 말하면, 제주도의 해안은 얼핏 보면 시커먼 용암으로만 만들어져 있는 것처럼 보이지만, 자세히 관찰해 보면 전혀 다른 모양새를 취하고 있다. 어느 한 곳이 수차례의 용암이 흘러서 만들어졌다면, 다른 곳은 화신촌리 해안.

산분출물이 쌓여서 만들어지고 또 어떤 곳은 현무암 암반 위에 다시 모래가 흘러들어와 곳곳에 백사장과 흑사장을 만들어내고 있다. 그리하여 제주도의 해안은 제각기 다른 독특한 모습을 보이는 것이다.

특히 용암류가 많이 흘러내린 해안지역에서는 용암류가 굳어지는 과정에서 연출해낸 다양한 형태의 지형도 찾아볼 수 있다. 그것들은 중엄, 창천, 색달, 중문, 대포 해안에 잘 나타나는 주상절리, 옹포, 신천, 종달, 행원, 월정, 김녕 해안에 많이 발달해 있는 투물러스, 협재, 우도, 하도 해안에 나타나는 새끼줄 용암, 그리고 신엄, 애월, 대평, 남원 해안에 자리 잡은 해안단애 등 다 열거하지 못할 정도로 많다.

어떻든, 제주도의 해안에는 보는 사람들의 머리를 자극하게 하고, 마음을 설레게 하는 흥미로운 지형들이 발길 닿는 곳마다 기다리고 있다. 이들 모두가 제주도 해안의 아름다움을 장식하는 자원들이다.

이제 제주도의 해안을 새롭게 평가해야 할 시점에 이르렀다. 따라서 앞으로는 해안도로를 개설할 목적으로 해안선을 마음대로 절단하며 망가뜨리는 행위가 더 이상 진행돼서는 안 될 것이다.

- 2004년 4월 9일 〈제주시론〉

제주도의 마을해안
다시 보기

　　거의 20년 만에 두 번째 타이완(臺灣) 여
행을 다녀왔다. 해외여행이 제대로 허락되지 않던 대학 시절에 우
연찮은 기회로 타이완을 여행했지만, 뇌리 속에는 기름진 중국 음
식과 고궁(故宮) 박물관에 들렀던 기억 정도가 전부였다.

　타이완의 여행 일정에서 필자의 관심은 오로지 예류(野柳) 지질
공원에 있었다. 예류는 타이완의 북서쪽에 위치하는 대표적인 해
안 관광지로, 국가 차원에서 풍경지구로 지정하고 관리하며 관광
객들을 끌어들이는 지질공원이다. 예류지질공원은 사암으로 형성
된 해안침식 지형으로, 오랜 세월 동안 파도에 의해 풍화가 진행된
결과 온갖 형태의 형상석(形象石)을 비롯해 화석과 해식동굴 그리
고 풍화 과정에서 생성된 신기한 흔적과 무늬들을 잘 간직하고 있
었다.

　예류 관광을 끝내고 돌아오는 버스 안, 머릿속에서는 기묘한 바
위로 구성된 타이완의 예류 해안과 검은색 용암류로 뒤덮인 제주

타이완 예류지질공원 내 여왕머리 바위.

타이완 예류지질공원 전경.

도의 마을 해안이 교차되며 파노라마처럼 이어졌다. 물론 제주도
의 여러 마을 해안에도 타이완의 예류 못지않게 멋있고 아름다운
경관자원을 갖춘 관광지는 많다. 그러나 지금까지 잘 알려지지 않
은 제주도의 여러 마을 해안도 충분히 관광객들을 불러들일 수 있
는 조건을 갖추고 있다고 생각한다.

　현시점에서 생각할 때, 제주도 해안지구에서 관광지로 이름난
곳들은 오름을 비롯하여 폭포와 주상절리, 화산퇴적층과 부속 섬

등 모든 사람들이 멋있고 웅장하고 희귀하고 아름답게 느끼는 요소를 배경으로 한 관광지가 대부분이다. 이들 해안 관광지는 제주도를 찾는 관광객이라면 기어코 한 번씩은 들르는, 말하자면 정기코스의 관광지이다.

이들 해안 관광지만으로는 관광객들이 제주도의 해안을 즐기고 체험하는 데 한계에 부딪힐 수 있다. 궁극적으로 색다른 아이디어를 활용한다면, 제주도의 여러 마을 해안에 존재하는 경관 그 자체를 관광요소로 활용할 수도 있음을 강조하고자 하는 것이다. 다시 말해, 제주도의 여러 마을 해안에 까맣게 덮여 있는 파호이호이 용

중문-대포 주상절리대.

암류와 아아 용암류, 이들이 흐르면서 높게 쌓아놓은 해식단애, 용암류가 바다로 흘러가 곳곳에 자리 잡은 수중 암초, 파도의 침식에 의해 편평하게 깎여나간 파식대, 풍화 산물인 크고 작은 바위들, 그냥 아무렇게나 널브러져 있는 작지와 먹돌, 바위틈에서 솟아 나오는 용천수 등이 기본적인 관광요소이자 체험요소가 될 수 있다.

이들 자연요소에다가 마을주민들의 삶의 흔적을 느낄 수 있는 포구를 비롯한 원담, 도대불, 연대, 환해장성, 해신당, 방사탑 등을 덧붙인다면, 제주도 내의 평범한 마을 해안으로도 관광객들을 끌어들일 수 있다.

그런데 이들 해안자원을 제대로 활용하기 위해서는 전문가적인 지식과 정보를 토대로, 그들에 대한 나름대로의 의미와 가치를 부여하는 작업이 반드시 필요하다는 것이다. 이와 함께, 몇 개의 마을을 단위로 작은 규모의 방문센터가 마련된다면 그야말로 금상첨화라 할 수 있다. 먼저 방문센터에서 생생한 화면을 통해 해당 지구의 해안자원에 대한 기본적인 지식과 정보를 전달하고 감상 후 탐방 루트와 체험장소 등을 알릴 수 있다면 한층 더 고무적일 것이다. 이쯤 되면, 마을의 해안자원을 자유롭게 설명하며 안내할 수 있는 해안지역(형) 해설사의 양성도 고려해 볼 만하다.

이상과 같이, 제주도의 여러 마을에 존재하는 해안자원은 우리들 스스로가 생각을 바꾸고 새로운 의미와 가치를 발견해 내기에 따라 얼마든지 활용도도 달라질 수 있다.

- 2008년 3월 1일 〈제주시론〉

섭지코지로
가려거든

　　　　　　　　　제주도의 동쪽, 신양리 해변가인 섭지
코지에 때아닌 강풍이 불고 있는 모양이다. 그 배경은 섭지코지가
현재 인기리에 방영되고 있는 TV 드라마 '올인'의 제작 현장이기
때문이다.

　섭지코지가 많은 사람들에게 영화나 TV 드라마의 촬영장소로
각인되는 것은 매우 바람직한 일이다. 그러나 모처럼 방문한 섭지
코지가 영원한 추억의 장소로 기억되기를 원한다면, 먼저 섭지코
지의 자연에 대한 사전 공부가 필요하지 않을까 하는 생각이다.

　섭지코지를 '제주도의 축소판'이라 부르는 연구자들이 있을 정
도이고 보면, 방문하기 전 짧은 시간의 공부는 섭지코지의 이미지
를 오랫동안 간직할 수 있는 근거를 제공할 것으로 생각된다.

　섭지코지는 성산일출봉과 같이 원래는 독립적으로 떨어져 있던
섬이었으나, 오랜 세월 동안 모래가 쌓이고 쌓여 제주 본토와 연결
된 것이다. 이런 섬을 보통 육계도(陸繫島)라 한다. 섭지코지에 들

섭지코지 해안 경관.

어서면 해수욕장 맞은편 쪽으로 성산일출봉이 시원스레 보인다. 파도가 밀려오는 부근에서는 삼삼오오 짝을 이룬 관광객들이 성산일출봉을 배경으로 하여 사진 촬영을 즐기곤 하는데, 바로 그 장소는 신양리(지)층이라 불리는 오래된 지층이 깔려 있는 곳이다.

이 지층이 형성된 시기는 약 5천 년 전후로 추정하고 있으며, 제주도의 형성과정을 이해하는 데 매우 중요한 지층이다. 신양리층은 섭지코지 입구 부근에서 해안을 따라 북서쪽으로, 그리고 바닷속으로도 연결돼 있다. 자세히 관찰해보면, 지층에만 나타나는 재미있고 특이한 구조들을 발견할 수 있다. 사진 속의 추억 만들기가 끝나거든, 잠깐만이라도 자신이 밟고 있는 지층에서 그것들을 찾아보면 어떨까. 조금은 기분이 달라지는 느낌을 얻을 수 있을 것이다.

섭지코지는 원래 섬이었고, 그 자체가 화산활동에 의해 만들어졌다는 점은 제주 본토와 별반 다를 게 없다. 따라서 붉은오름 위에 설치된 등대에서 좌우로 벼랑을 바라보면, 용암이 두껍게 쌓인 층을 확인할 수 있다. 이곳에서 감상하는 해안 절경은 다른 곳에서는 맛볼 수 없는 신기함이 더해진다. 감상할 때의 한 가지 포인트를 말하자면, 어찌 저렇게 많은 용암이 쌓일 수 있을지를 머릿속에서 상상해 보는 것이다. 그리고 등대에서 섭지코지 전체를 조망해보면, 섭지코지를 왜 제주도의 축소판이라 일컫는지 이해하게 될 것이다.

등대가 서 있는 붉은오름은 제주도 내 여기저기에 흩어져 있는

368개의 오름 중에서 해발고도(海拔高度)가 가장 낮은 오름(33m)이다. 아주 자그맣고 동네의 언덕 같은 오름이다. 오름 내부가 대체 무엇으로 꽉 차 있는지 궁금한 사람은 등대 계단을 내려온 후, 왼쪽으로 돌아 오름의 단면을 감상하면 될 것이다.

붉은오름에서 바다 쪽으로 연결된 주변부에는 높고 낮은 바위들이 여기저기에 흩어져 있다. 이 바위들은 붉은오름과 연결돼 있던 것이었으나, 파도의 침식으로 연한 암석이 떨어진 후 제각기 바위섬으로 남게 된 것이다. 학술용어로는 시스택(Sea Stack)이라 한다. 이들 중 가장 높은 것은 약 17m로 선돌(立石) 또는 선녀바위라 부르는데, 이름에서 느낄 수 있듯이 슬픈 전설이 깃들어 있는 바위이기도 하다. 이쯤에서 선녀바위의 비밀을 캐 보는 것도 좋을 것이다.

현재의 섭지코지 상부에는 사구층(砂丘層)이 얹혀 있는데, 이 사구층도 제주도 내에서는 보기 드문 귀한 존재이다. 울퉁불퉁한 모래언덕을 보며 자연이 부린 조화도 생각해 보자.

이처럼 섭지코지의 자연은 공부를 하면 할수록 궁금증이 더해지는 묘미가 있다. 이러한 궁금증을 하나씩 해독할 수 있다면, 섭지코지는 추억 속에서 영원히 지워지지 않는 장소로 남을 것이다. 앞으로 섭지코지로 가려거든, 먼저 자연에 대해 공부해봄은 어떠한가.

- 2003년 3월 5일 〈제주시론〉

'검은 모래' 해수욕장의
가치

삼양해수욕장의 '검은 모래(黑砂濱層)'가 제주시의 향토유산으로 지정되었다. 어떤 과정을 거쳐 향토유산으로 지정되었는지는 모르나, 두 손 들어 찬성할 만한 일이다.

이미 잘 알려져 있는 것처럼, 제주도 내의 여러 해수욕장 중 검은 모래로 구성된 곳은 삼양을 제외하면 없다고 해도 과언이 아니다. 그만큼 희귀성으로 따진다면 어느 문화유산과 비교하더라도 결코 뒤떨어지지 않는다는 말이다. 그럼에도 검은 모래의 빛깔과 색채는 날이 갈수록 약해지고 퇴색되는 듯한 상황이 지속돼 왔다.

어쩌면 삼양해수욕장의 검은 모래는 여러 도민과 관광객의 기억 속에서 멀어질 정도로 희미해져, 그 존재에 대한 희귀성이나 가치성을 느끼기에는 다소 늦었는지도 모른다. 이러한 입장을 대변하는 관점에서 본다면, 제주시가 검은 모래를 향토유산으로 지정한 것은 매우 뜻깊은 일이라 아니할 수 없다.

일설에는 검은 모래가 신경통에 좋다고 널리 알려져 있다. 그래서인지는 모르나, 매년 여름철이 되면 일부 장년층과 노년층 사이에서는 검은 모래 찜질을 하려는 사람들이 꽤 많았던 것으로 전해진다.

그렇지만, 지금까지의 추세로 볼 때 신경통의 효험도 어느 정도 한계를 지닐 수밖에 없었지 않았나 생각된다. 삼양해수욕장의 검은 모래가 청소년층에서부터 장·노년층에 이르기까지 많은 사람

삼양해수욕장.

들이 찾아올 수 있게 하는 강력한 접착제의 구실을 하지 못했기 때문이다.

즉 신경통의 효험만으로는 주변 전망이 좋고 교통이 편리하며, 거기에다 강력한 무기인 하얀 모래로 무장한 다른 해수욕장과의 경쟁에서 결코 비교우위에 설 수 없었던 것이다.

그런데 향토유산으로서의 지정은 바로 고운 백사장을 배경으로 삼는 도내 다른 해수욕장과의 경쟁에서 비교우위를 차지할 수 있는 매우 중요한 근거가 된다. 동시에 검은 모래를 자원·상품화하는 데도 아주 훌륭한 무기가 될 수 있다.

한편, 향토유산으로의 지정도 분명히 검은 모래의 가치를 드높이는 일이지만, 관점을 달리하면 검은 모래 자체가 만들어지기까지의 과정도 경쟁력을 키우는 데 필요한 근원을 제공한다. 도내의 다른 해수욕장에서 나타나는 백사장, 즉 패사(貝砂) 성분인 하얀 모래의 주재료는 해저 생물의 패류로 전복, 소라, 고둥 등의 껍데기가 파쇄(破碎)되어 만들어진 것이다.

그런데 검은 모래는 말 그대로 검은 현무암이 파도에 깎여 만들어진 것으로, 삼양해수욕장의 모래에는 조개 성분의 패사보다도 상대적으로 현무암의 풍화 물질인 검은 모래가 더 많이 섞여 있는 것이다.

따라서 현재의 삼양해수욕장을 구성하는 검은 모래는 연안 바다의 해저에 널려 있는 암초와 암반이 수천 년, 아니 수만 년에 걸쳐 깎이고 깎여 모래처럼 작은 알맹이가 되었다. 다시 말하자면,

삼양동의 검은 모래는 여타 해수욕장에 분포하는 하얀 모래보다도 오히려 더 많은 시간이 걸려 만들어졌다.

지금도 삼양해수욕장의 한쪽에 가보면, 아직도 다 깎이지 않은 현무암질 암초와 암반이 파도치는 물결 위로 솟아나는 것을 볼 수 있다. 지금 이 순간에도 파도는 암초의 모서리를 깎아 내리며 검은 모래를 만들어 내고 있다.

이러한 사실을 전제해볼 때, 삼양동의 검은 모래도 충분히 보전해야 할 가치가 있다고 말할 수 있다. 이제 우리는 검은 모래를 어떻게 보전해 가느냐 하는 중요한 숙제를 짊어지게 된 셈이다.

- 2002년 11월 1일 〈제주시론〉

중산간지역을
돌아보며

         중산간지역을 널리 돌아볼 기회가 있었다. 오랜만에 중산간지역의 도로를 따라가며 발길 닿는 곳에서 사진 촬영도 하고, 또 중산간 마을로 들어서서는 사람들이 살아가는 모습을 관찰하기도 했다. 그런데 최근에 너무 많이 변해가는 중산간지역의 모습을 보면서 나름대로 고민에 빠지지 않을 수 없었다. 그래서 오늘은 중산간지역을 화두로 삼아보고자 한다.

    우리가 흔히 알고 있는 중산간지역은, 말 그대로 해안지역(지대)과 산간지역(지대)의 중간 지역이라는 특성을 지닌다. 따라서 해안지역에서 나타나는 요소와 산간지역에서 나타나는 요소가 중첩돼서 나타날 수 있는 지역적 특성을 지닌 곳이 바로 중산간지역이라 말할 수 있다.

    중산간지역에는 일찍부터 마을이 들어섰고, 마을 형성이 안 된 곳에는 넓은 초지가 형성되기도 했다. 또한 중산간지역은 그 주변에 거주하는 사람들이 경영하는 밭과 목장이 상당 부분 점유해 있는 공간이기도 하다. 중산간지역에는 비록 바다는 없지만, 바다와 같이 넓은 초지와 목장, 그리고 다양한 수종을 지닌 숲이 자리 잡고 있어서 오랫동안 제주도민들에게는 일상생활과 경제활동에 근본적으로 필요한 자연자원을 안겨주던 '곳간'과도 같은 곳이었다.

오늘날에는 또 어떤가. 최근 중산간지역에는 지하수의 함양이나 이산화탄소의 감소 등 오염물질을 깨끗이 정화하는 기능을 지닌 곶자왈이 넓게 분포하고 있다는 사실이 알려지고 있다. 따라서 중산간지역은 과거로부터 오늘날에 이르기까지 제주도민들에게 무궁무진한 자연의 혜택을 안겨다 주는 소중한 지역이라 할 수 있다.

과거로 거슬러 올라가 보면, 중산간지역은 오랫동안 소와 말 사육 중심의 목축업과 밭농사에 의존하는 농업적 생산활동의 중심이 되던 공간이기도 하다. 말하자면, 같은 제주도 안에서도 해안지역과는 성격이 다른 독특한 생활공간이 펼쳐지던 지역이라 강조할 수 있다.

우리 모두가 아는 것처럼, 과거에 제주도의 목축업은 고려시대를 걸쳐 조선시대에 이르기까지 중산간지역에서 소와 말을 대량으로 사육해서 조정(중앙)에 진상했던 역사적인 배경을 가지고 있다. 당시에 활용되던 중산간지역의 넓은 목장은 일제강점기를 거치면서 마을 단위로 불하되었고, 그 이후에 제주도 농업의 구조적 변화를 가져오는 데 매우 큰 역할을 담당하기도 했다. 강조해서 말하

중산간지역의 토지이용 모습-표선면 가시리 주변.

면, 중산간지역은 제주도 내에서도 목축업과 밭농사가 전형적으로 행해지던 제주도 농업문화의 중심지였다고 말할 수 있다.

이제 중산간지역은 과거는 물론이고 현재나 미래에도 제주도민들의 소중한 생활공간이자, 경제활동의 무대라는 점을 먼저 인식할 필요가 있다. 오늘날에는 마치 중산간지역이 버려져 있는 땅 혹은 쓸모없는 땅으로 인식해서 언제든지 개발을 통해서만 경제적인 이익을 얻어낼 수 있는 대상으로 평가하고 있는데, 한마디로 무지의 소치라 아니할 수 없다.

중산간지역은 결코 버려지거나 쓸모없는 공간이 아니다. 또한 반드시 개발해야만 가치를 띠는 공간도 아니다. 중산간지역은 제주도민들에게 언제나 무한한 자연의 혜택과 은혜를 가져다주는 사람의 중심 몸체와 같은 기능을 하는 공간이다. 그렇기 때문에, 중산간지역이 개발 이익을 좇는 일부 사람들만의 몫으로 전용돼서는 제주도의 미래는 없을 것으로 여겨진다. 다시 말해 중산간지역이 존재함으로써 얻게 되는 자연적 혜택과 경제적 이익은, 궁극적으로 모든 제주도민들에게 골고루 돌아가야만 한다는 것이다.

결론적으로, 앞으로 제주도민 모두는 중산간지역이 더 이상 무분별하게 파괴되지 않도록 또한 가능하면 개발 대상이 되지 않도록 온전하게 보전해 나가는 데 힘써야 할 것으로 생각한다.

- 2008년 9월 23일 〈제주도정뉴스〉

곶자왈과
제주인의 삶

며칠 전 곶자왈에 대한 세미나가 있었
다. 이미 매스컴을 통해 많이 보도된 것처럼, 곶자왈은 중산간지역
에 넓게 자리 잡으며 지하수를 함양하는 데 중요한 기능을 하는 것
으로 알려져 있다. 따라서 곶자왈은 더 이상 골프장 건설을 비롯한
각종 개발행위의 대상이 돼서는 안 된다고 도민들이나 시민단체들
이 이구동성으로 목소리를 높이고 있다.

이러한 상황을 전제할 때, 이제는 어느 누구도 곶자왈이 지하수
함양기능과 더불어 특이한 동·식물상을 보이는, 그야말로 제주 생
태계의 보고(寶庫)라는 사실을 부인하지 못할 것이다. 이번에 열린
세미나는 그러한 사실을 다시 한번 확인하는 자리였다.

더불어 이번 세미나를 통해 곶자왈 지대에 대한 자연 환경적 측
면의 중요성을 새삼 실감하게 되었고, 또한 사회과학의 한 분야를
전공하는 입장에서는 곶자왈과 제주인의 삶과의 관련성을 생각해
볼 수 있는 좋은 계기가 되었다.

화순곶자왈 경관.

과연 곶자왈은 제주인의 삶과 어떠한 관련성이 있을까. 구체적으로 검토해 보기로 하자. 첫째로, 곶자왈은 전통적인 생활양식을 유지하던 1970년대 이전으로 돌아가면 제주인의 생활에 필요한 수많은 재료의 절대적인 공급처였다. 특히, 곶자왈에서 얻으려고 하는 재료들은 특별한 용도로 사용할 것들이 많았다. 가령 집안에 대소사(大小事)가 다가오면, 사전에 많은 양의 땔감(장작)을 준비해야 하는데, 이런 경우에 집안의 어른들은 중산간지역의 곶자왈에서 마련해오곤 했다. 또한 배(테우)를 만들기 위한 재료나 집안의 대문·난간·마루용 등의 건축용 자재, 생활 도구인 좀팍과 되, 남방에, 농사용 도구인 따비와 쟁기 몸체 등 가정생활에서 필요한 다양한 재료들을 곶자왈의 숲에서 얻었으며, 심지어는 곶자왈에서 숯을 구워 시장에 내다 팔기도 했다.

두 번째로, 곶자왈은 각종 산나물과 야생 열매 및 약용식물 등을 공급해 주는 자연식 음식 재료의 보고였다. 곶자왈 지대에는 비가 오면 일시적으로 물웅덩이를 형성하거나 습기를 머금는 장소가 곳곳에 만들어진다. 이런 장소에는 식용 고사리나 고비, 양하, 달래 등이 집단적으로 자생하는 경우가 많았다. 그리고 곶자왈의 숲에서는 영지버섯과 표고버섯을 비롯한 오갈피, 더덕, 칡, 삼마, 쑥, 하늘타리 등 약용식물도 쉽게 얻을 수 있었다.

세 번째로, 곶자왈은 부분적인 방목공간(放牧空間)으로서도 중요한 역할을 했다. 다시 말해, 곶자왈은 비록 농사를 지을 수 없는 황무지이기는 하나 그곳에 자생하는 식물의 줄기와 넝쿨은 소나 말의 먹이가 되었고, 그곳의 숲은 계절에 따라 가축의 풍우설(風雨雪)을 피할 수 있는 좋은 안식처가 되기도 했다.

네 번째로, 제주4·3사건 당시에는 곶자왈이 피신 장소로도 매우 긴요하게 활용되었다. 곶자왈 지대에는 숲과 오름, 용암동굴과 궤, 습지 등이 일정한 범위 내에 자리 잡고 있어서 몸을 숨기기에 적당했다. 물론, 곶자왈 지대로 피신했다가 큰 피해를 본 사례도 많다. 어떻든 곶자왈에서는 '있는 그대로의 자연'을 충분히 활용할 수 있었기에, 일시적으로나마 가족 단위로 피신하기에는 더없이 좋은 환경을 제공하고 있었던 것으로 판단된다.

이상과 같이, 곶자왈은 우리의 부모 세대 때만 하더라도 일상생활 속에서 빼놓을 수 없는 소중한 공간이었다. 그러나 우리의 젊은 자식 세대들은 부모들의 소중한 공간을 뇌리에서 완전히 잊어버린 채 현대의 물질문명에만 취해 있는 것이다.

늦게나마 곶자왈이 도민들의 생명수인 지하수 함양기능이 탁월하다는 사실과 제주 자연 생태계의 보고라는 사실이 밝혀진 것은 참으로 다행스러운 일이 아닐 수 없다. 끝으로, 제주도에서 곶자왈이 계속해서 사라진다면, 그것은 우리 스스로가 생명을 위협하는 일이 될 것임을 분명하게 인식해야만 한다.

- 2004년 6월 18일 〈제주시론〉

곶자왈 내에서
음악회는 가능할까

몇 년 동안 곶자왈 내의 여러 역사문화 자원들을 답사하고 정리하다 보니, 곶자왈의 자연을 좀 더 흥미롭게 감상하며 즐길 수 있는 방법이 없을지를 고민하게 되었다. 물론 탐방로를 따라 걸으며 곶자왈을 구성하는 숲이나 생태계를 감상하는 것만도 힐링의 시간이 될 수 있다. 그 이상 무슨 감상법이 있겠는가 하고 반문할 수도 있다.

그러나 제주 곶자왈을 더욱 사랑하게 하는 색다른 감상법은 없을까. 차제에 고민해 보는 것도 제주 곶자왈의 가치를 더욱 품격 있게 만들어가는 한 방법일 수 있다는 생각에서 곶자왈 내 음악회의 개최 가능성에 대해 개인적인 의견을 정리해 보려고 한다.

곶자왈 내 탐방 길을 걷다 보면, 주변부가 숲으로 우거진 장소임에도 불구하고 어떤 곳은 비교적 넓게 트여있는 공간으로 남아있다. 또 곶자왈에 따라서는 과거 선조들이 농경지로 개간하여 이용했던 장소도 곳곳에서 발견된다. 이러한 곶자왈 내의 넓은 공간은 곳자왈로 들어가는 초입부나 이미 개설된 탐방로로부터 그리 멀지 않은 곳에 자리 잡은 경우도 많다.

　이처럼 곳자왈 안에서도 탁 트인 넓은 공간에서는 도민들과 관광객들이 함께 어울려 제주의 자연을 만끽함은 물론 곳자왈을 사랑하게 하는 프로그램을 통해 소박하고 아담한 음악회를 시도해 볼 수 있지 않을까 생각한다.

　내가 제안하는 곳자왈 음악회는 몇백 명이 한꺼번에 몰려드는 거대한 음악회가 아니다. 그리고 TV 방송이나 대형 기획사의 주도

별빛오름 콘서트 준비 모습, 2013.

별빛오름 콘서트 관람 모습, 2013.

로 유명 가수를 초빙하는 음악회는 더더욱 아니다. 곶자왈을 끼고
있는 마을이나 아니면 제주 곶자왈을 아끼며 지키는 시민단체 등
의 주관하에 소박하지만 제주 곶자왈의 존재 가치를 널리 알릴 수
있는 프로그램과 더불어 음악에 관심이 많은 지역 인재들을 활용
하는 작은 음악회를 의미한다.

　최근 제주도 내의 한 사단법인 단체는 야간에 '별빛 오름 콘서
트'를 선보여 많은 호응을 얻고 있다. 이 오름 콘서트는 야간 관광
활동이 부족한 제주의 현실을 감안하여 구안해낸 야간 체험 프로
그램으로서, 도민들과 관광객들이 함께 즐길 수 있는 특별 행사였

다. 별빛 오름 콘서트의 프로그램은 진행자를 중심으로 연주자와 성악가 및 참가자들이 순차적으로, 또는 교대로 정해진 시간을 소화하는 형태로 구성되어 있는데 악기 연주를 비롯한 독창, 시 낭송, 기공체조 및 명상, 민요 배우기, 별 문화 스토리 등이 참가자들의 감성을 울렸다.

별빛 오름 콘서트에 초대된 연주자와 성악가, 기체조 전문가들은 모두가 제주도 내에서 활동하는 사람들이다. 육지로부터 엄청난 출연료를 주고 모셔 오는 사람들과는 달리, 곶자왈 작은 음악회에서도 충분히 섭외하여 활용할 수 있는 훌륭한 지역 인재들이다.

곶자왈 내의 숲속에서 선보이는 음악회는 아직 구체화된 프로그램도 없거니와 또 곶자왈의 자연을 훼손할 수 있다는 우려 때문에 아직은 활성화되지 못한 것으로 생각된다. 그러나 모두가 조심스레 고민해 볼 필요는 있다. 곶자왈 작은 음악회는 참가한 도민들과 관광객들에게 제주 곶자왈의 신비로운 자연의 섭리를 음악과 함께 느껴보게 하고, 또 제주 곶자왈을 어떻게 지켜나갈 것인지를 가늠케 하는 소통의 장이 될 수도 있기 때문이다.

끝으로, 곶자왈 내에서 행하는 작은 음악회는 제주 곶자왈의 가치를 도내 외로 널리 알리고, 동시에 지속 가능한 활용을 전제한 음악회라는 사실에 주의를 기울일 필요가 있다. 그렇기에 음악회의 프로그램 구성이나 제반 여건 마련 등은 차후에 신중하게 논의되어야 할 것이다.

- 2013년 9월 26일 〈제주시론〉

방선문^{訪仙門}으로 떠나자

          2004년 5월 방선문에서는 계곡음악회가 있었다. 옛 선인들이 시를 읊고, 담소를 나누며, 꽃구경을 하던 장소이기에 그날의 계곡음악회는 아주 의미 있게 다가왔다. 그리고 방선문 계곡의 마애명(磨崖銘)을 손수 찾아내고 해석한 후 한 권의 책자를 만들어 냄은 물론, 음악회의 기획과 열창에 이르기까지 모든 과정을 소화해낸 한 성악가의 힘은 어디에서 나온 것인지, 정말 부럽기도 하고 존경스럽기도 했다.

  방선문을 처음 찾은 때는 1999년 7월 중순경이었다. 그러니까 벌써 5년 전의 일이었는데, 그때의 목적은 방선문 마애명의 몇 사례를 수업용으로 활용하기 위해 사진 촬영이 필요했기 때문이다. 그런데 갑작스러운 소나기 때문에 옷과 카메라는 흠뻑 젖어버렸고, 그래도 몇 장 정도는 괜찮을 거라고 기대했던 사진 자료도 날씨 때문에 글자를 정확히 알아볼 수 없을 정도로 실패작이 되고 말았다.

그날 이후, 언젠가 다시 한번 날을 잡고 방선문을 찾아야겠다는 욕심을 가지고 있었지만, 결국 5년이란 시간이 흘러가 버렸고 방선문에서 계곡음악회가 열린다는 소문을 듣고서야 다시 찾을 수 있었다. 마침 음악회가 열리던 그날은 방선문의 신선(神仙)들이 도와줬는지 모든 행사가 끝날 때까지 날씨는 아주 좋았고, 따라서 주변의 암벽에 걸린 마애명도 새로운 기분으로 접할 수 있었다.

요즘처럼 날씨가 찌는 날이면, 필자는 가장 먼저 방선문 계곡을 떠올리게 된다. 그 이유는 방선문에는 자연이 있고, 신선이 있고, 역사가 있기 때문이다. 방선문은 잘 아는 바와 같이, 한천(漢川)의

방선문 중심 암벽.

중류에 자리 잡은 경승지 중 하나다. 옛 선인들이 '들렁귀(登瀛丘)'
라 부르며 주로 봄과 여름철에 즐겨 찾았던 계곡 피서지였다.

방선문(訪仙門)은 '신선을 찾는 문'이란 의미이며, 여기서의 문은
용암이 흘러오다가 엉키면서 하천 바닥에서 위로 솟아오른 암벽을
가리킨다. 말하자면, 자연이 만들어낸 신비의 문인 셈이다. 더불어
서 영주십경 중 영구춘화(瀛邱春花)는 바로 방선문(들렁귀) 계곡에서
의 봄꽃 구경을 말하는 것이다.

방선문을 찾아가면 항상 일정한 장소에는 물이 고여 있어 사람
들의 마음을 설레게 한다. 가족끼리 물속에 발을 담그고 정담을 나

방선문 계곡에 남아 있는 마애명.

누며 수박이라도 잘라 먹는다면, 그 이상의 신선놀음이 따로 없다고 해도 좋을 것이다. 그리고 필요하다면, 물웅덩이를 하나씩 차지하여 웰빙 물놀이를 즐겨도 좋을 것으로 여겨진다.

방선문의 신선은 어디에서 찾을 수 있을까. 신선을 만나는 가장 빠른 방법은 신선이 찾아들 만한 암벽(문)을 찾아보거나 혹은 신선이 앉아서 수련이나 명상을 할 만한 암반 위의 명당자리를 찾아보는 게 빠르지 않을까 싶다. 그리고 나름대로 그런 암벽(문)이나 명당자리를 발견하거든, 지체없이 스스로 신선이 돼 보기를 권한다.

방선문의 역사는 두껍게 쌓이고 신비하게 솟아오른 바위의 이곳저곳에 쓰여 있다. 제주를 찾았던 목사·판관·현감 등이 남긴 230개 이상의 제액(題額)과 10수의 제영(題詠)이 고스란히 잘 간직되어 있다. 한번에 모든 것을 찾아 확인하려는 욕심은 버리고, 마음에 드는 선인의 제액이나 시(詩)를 먼저 찾아볼 것을 추천한다.

아무튼, 요즘처럼 더운 날에는 파도가 출렁이는 바다도 좋지만, 자연과 신선과 역사를 만날 수 있는 방선문 계곡으로 발길을 돌려 보는 것도 훌륭한 웰빙 피서법이 아닐까 생각해 본다. 올여름이 다 가기 전에 방선문을 한번 찾아가 봄은 어떠한가.

- 2004년 7월 28일 〈제주시론〉

돌[石]
이야기

　　한라산 북서 지역에는 하귀-애월 구간을 연결하는 해안도로가 있다. 이 해안도로는 제주시 방면에서 보면, 애월읍 하귀2리의 한 자연마을인 가문동마을에서 시작된다. 그리고 가문동마을에 이어서 구엄, 중엄 그리고 신엄마을의 해안이 연속적으로 나타난다.

　　이 주변에서는 구엄마을에서 신엄마을 쪽을 향해 바라보는 해안선 경관이 그야말로 일품이다. 신엄마을에 자리 잡은 해식단애(海蝕斷崖)가 한 폭의 그림처럼 시야로 빨려 들어오기 때문이다. 어떻든, 이 지역의 해안에서는 돌(石)을 주제로 한 이야기가 가장 잘 어울린다.

　　먼저 구엄마을의 해안에는 두껍게 뒤덮인 용암이 파도의 침식으로 갈기갈기 찢겨나간 암반이 자리 잡고 있다. 용암이 얼마나 두껍게 깔려 있기에, 이처럼 파도가 기묘한 모습으로 조각해 낼 수 있을까 하는 의문이 솟구쳐 나올 정도이다. 주변을 잘 살펴보면, 어떤 곳에는 마치 넓은 테이블 모양처럼 깎여 나간 곳이 있는데, 그 위로 올라서면 뱃머리에 홀로 서 있는 듯한 착각을 일으키게 한다.

테이블 모양의 암반 앞쪽으로는 멍석을 깔면 몇십 명이 드러누워도 좋을 만큼 편평한 공간이 펼쳐져 있다. 어찌 보면 돌침대와 같은 느낌마저 든다. 이곳의 암반은 소금이 귀하던 시절에 염전(鹽田)으로 이용하던 장소이기도 하다. 돌소금에 대한 안내문을 배경으로 하여, 의미 있는 장소로서의 특성을 되새겨 볼 필요가 있는 곳이다.

신엄마을의 해안으로 발길을 옮기면, 먼 거리에서 느끼던 해식단애의 이미지가 아주 선명하게 다가온다. 이 해식단애와 연결된 해안가에는 꽤나 큼직큼직한 돌들이 무차별적으로 엉겨 돌밭을 이루고 있음을 알 수 있다. 물론 널려 있는 돌들은 모두가 하나씩 분리돼 있는 데다가 아주 둥글둥글하다.

이곳은 거대한 돌 전시장이나 다름없다. 필자는 이 돌밭을 '신엄 왕돌 해안'이라 명명하고 싶다. 나아가, 앞으로 이 왕돌 해안을 새로운 해안 관광지로 승화시켜도 전혀 손색이 없을 것으로 믿어 의심치 않는다. 제주도 내에서도 신엄마을의 해안처럼 큰 돌들이 한 곳에 무더기로 쌓여 있는 곳은 그리 흔치 않다. 특히 이 왕돌 해안의 가치는 해안도로에서 바로 접근이 가능하다는 점과 서쪽으로 연결된 해식단애를 가장 가까운 곳에서 감상할 수 있다는 점에서 더할 나위 없이 커진다고 하겠다.

신엄리 왕돌해안.

내 짧은 소견으로는 제주도 내에서도 크고 작은 돌덩어리로 채워진 해안은 세 군데로 압축할 수 있을 것으로 생각된다. 그중의 하나는 신엄마을의 왕돌 해안이고, 다른 하나는 서귀포시 예래동에 위치한 속칭 '갯깍' 해안이며, 나머지 하나는 제주시 내도동의 속칭 '알작지' 해안이다.

내도동의 알작지 해안이 작고 매끈매끈한 조약돌로 이루어져 아기자기한 분위기를 내는 곳이라면, 신엄마을의 왕돌 해안은 표면이 거칠고 듬직한 큰 돌로 이루어져 있기 때문에 그야말로 웅장한 분위기를 자아내는 곳이라 할 수 있다.

　며칠 전 도내의 지역신문들은 한 지역봉사단체가 고산리 자구내 포구의 도로변에 '차귀도를 지키자'라는 표석을 건립했다는 소식을 전하고 있다. 이 소식을 접하고 나서, 문득 왕돌 해안 앞에도 큰 표석을 하나 세워놓으면 어떨까 하는 생각이 번개처럼 스쳐 지나갔다.

　아직은 빛을 발하지 못하고 있지만, 앞으로 해안 관광지로서 큰 빛을 발하는 날이 분명히 올 것이라 믿어지기 때문이다. 아울러 본격적으로 관광 자원화가 이루어지려면, 표석을 세우고 난 후에도 한동안은 관광객들의 반응을 지켜보는 시간적인 여유가 필요할 것이다.

- 2003년 10월 15일 〈제주시론〉

가파도에 고인돌 공원을
만들자

모슬포에서 배에 오른 후 30여 분 정도 푸른 파도를 바라보고 있노라면, 어느새 가파도에 다다른다. 배가 가파도의 항개창 포구에 닻을 내릴 즈음이면, 포구를 중심으로 동쪽과 서쪽에서 사람들이 모여들기 시작한다. 그들은 가족 중의 누군가가 제주도라고 하는 뭍 아닌 뭍에서 챙겨 온 재화를 보기 위해서거나 혹은 오랜만에 꿈같은 소식이라도 있으면 빨리 듣고 싶어 하는 설렘에 가득 찬 사람들이다.

그러다 보니 가파도의 포구에서는 나와 같은 이방인에게는 별로 눈길을 주지 않는 것이 예사이다. 섬사람들에게는 나도 예외 없이 그저 낚시하러 들른 사람이거나 또는 공사 관계로 들락날락거리는 사람들 중의 한 사람으로 내비칠 것이 분명하다.

우리는 흔히 일상생활 속에서 사람이든 물건이든 '무관심'으로 일관하다가 경제적으로 크게 손해를 보거나 또는 다른 사람들로부터 비난을 받는 일이 적지 않다. 간혹 그 정도가 지나치면 사회문제로 비화되는 상황을 맞기도 한다.

가파도의 고인돌이 바로 그러한 상황에 있다는 생각이 든다. 행정당국과 사람들의 무관심으로 인하여 가파도의 고인돌은 지금 이 순간에도 내팽개쳐지고 있는 것이다. 이런 상황이 지속된다면, 앞으로 관련 행정기관에 대한 비난의 차원을 넘어 지역사회의 문제로 발전할 가능성도 없지 않다.

제주문화예술재단 문화재연구소가 행한 가파도 선사유적 조사 결과에 의하면, 2002년 1월 현재 가파도의 고인돌 수는 총 135기로서 제주도 내에서도 단위 면적당 분포 비율이 가장 높게 나타난다고 한다. 이 수치는 지금까지 확인된 제주도 내의 고인돌 수가

가파도 고인돌1.

가파도 고인돌2.

총 180여 기라는 점에서 볼 때 상당히 시사하는 바가 크다고 하겠다. 그런데 가파도의 고인돌이 이렇게 많다고는 하지만, 정작 원래의 위치를 고스란히 지키고 있는 것은 135기 중 75기 정도라 한다. 다시 말해 전체의 44%에 해당하는 60기의 고인돌 상석이 이동돼버린 셈이다.

과연 이 사실은 무엇을 말해 주는 것인가. 담당 행정기관인 남제주군과 제주도민들의 무관심의 극치라 얘기하지 않을 수 없다. 현재 이동돼버린 것들 중에서 가장 대표적인 것은 '선돌(立石)'이다.

이 선돌이야말로 제주도 내에서는 아직 단 한 기도 발견된 적이 없는 아주 귀중한 문화유산이다. 이러한 선돌이 1998년에 경작지를 정리하는 과정에서 밭 한쪽 구석으로 이동되어 눕혀져 버린 것이다. 참으로 안타까운 일이 아닐 수 없다.

밭을 효율적으로 활용하려는 주인 입장에서는 밭 한가운데의 거대한 돌들을 어떻게 해서든 한쪽 구석으로 옮기고 싶은 욕심이 들 것이고, 그러한 일은 반복되면서 계속 이어질 수밖에 없다. 따라서 하루속히 보호의 손길이 미치지 않는다면, 앞으로 몇 개의 고인돌이 더 이동되고 파괴되며 사라질 운명을 맞게 될지 모른다.

필자는 가파도에 고인돌 공원을 조성할 것을 감히 제안한다. 가파도와 같이 작은 지역 내에 많은 고인돌이 밀집돼 있다는 사실은 고인돌 공원을 조성할 수 있는 중요한 단서와 배경을 제공하는 것임에 틀림없다. 행정당국의 입장에서는 행·재정적인 문제로 인해 난색을 표명할 수도 있지만, 제주도와 제주도민의 입장에서 보면 미래를 향한 중차대한 현안이라 할 수 있다.

가파도의 선사시대 거석문화를 토대로 하여 공원화할 수 있다면, 문화유산의 보전을 통해 후세들에게는 평생교육의 장으로 제공할 수 있음은 물론, 작은 섬 지역인 가파도와 그 주변 지역의 경제 활성화에도 일익을 담당할 수 있는 계기가 될 것으로 믿는다.

그 언젠가 가파도의 고인돌이 진가를 발휘하는 날이 반드시 오게 되기를 기대해 본다.

- 2003년 7월 15일 〈제주시론〉

황근^{黃槿}을
아시나요

그야말로 나들이하기에는 좋은 날씨였다. 따스한 봄 햇살을 받으며 그동안 미뤄 왔던 조사를 위해 동료·제자와 함께 성산포를 향해 떠났다. 이번 조사는 특별히 어려운 점은 없으나, 현장에서 찾고자 하는 특정 대상의 정확한 지점이나 장소를 발견해야 하는 지루함이 있었다.

먼저 성산읍 오조리와 성산리가 이어지는 해안도로 변에서 성산일출봉과 식산봉을 대상으로 몇 장의 사진을 촬영하고 나서, 식산봉을 정복하기(?) 위해 진입로를 찾아 헤매기 시작했다.

식산봉으로 향하는 까닭은 황근(黃槿) 자생지를 확인하고 상록활엽수의 수종을 살펴보기 위해서였다. 그런데 식산봉으로 들어가는 진입로는 근처에 위치한 상점 주인에게서 잘 전해 들었건만, 비슷하게 생긴 길들이 이쪽저쪽에 개설돼 있는 터라 쉽게 찾을 수 없었다.

상록활엽수는 그렇다 치더라도, 황근이라는 나무가 귀하고 귀한 몸이라 접근하기가 어려운 것인가라는 생각이 들 정도였다. 마침내 찾아낸 진입로를 따라 식산봉 쪽으로 걸어 들어갔다. 오름 바로 앞까지도 너비가 좁은 도로가 이어져 있는 것으로 보아, 산책도로로 개설되었음을 쉽게 이해할 수 있었다.

한편 식산봉을 한쪽에 두고 오조마을 안쪽으로 길게 들어와 있는 주변의 해안지형은 아주 자그마한 내해(內海)를 이루고 있었는데, 주변은 아주 적막할 정도로 조용했다. 주민들은 이곳을 마을 양어장으로 활용하고 있는 듯했다.

내해에는 군데군데 보기 좋은 기암괴석이 자리 잡고 있었고, 아울러 몇몇 토종식물들이 외로운 자태로 바위를 지키고 있었다. 잠시 발길을 멈추고 바라보고 있자니, 마치 인공적으로 잘 꾸며 놓은 해상공원(海上公園)을 감상하는 듯한 기분이 들었다.

황근은 의외로 찾기 쉬운 지점에 터를 잡고 있었다. 식산봉과 내해가 만나는 지점, 그것도 주로 산책로를 따라 군락지를 형성하고 있었다. 오름의 중턱 어딘가에 자생하고 있으려니 했던 당초 생각은 바로 고쳐야만 했고, 동시에 현장 확인의 중요함도 새삼 깨달았다.

황근을 처음 대한 것은 몇 년 전 같은 대학교에 근무하던 선임 교수가 정년퇴임을 기념해 자택에서 키우던 황근 한 그루를 대학 교정에 기증했을 때였다. 당시 그 선임 교수는 7~8월이면 '노란 무궁화꽃이 피는 나무'라며 젊은 교수들에게 설명해 주었다.

그분이 정년퇴임하고 난 후 필자는 두 번에 걸쳐 활짝 핀 노란색

황근.

꽃 무궁화를 감상할 수 있었다. 그리고 간혹 황근이 식재된 화단 앞에 주차할 때면 식산봉 어딘가에 자생지가 있다는 사실을 떠올리곤 하였다. 그러나 식물 문외한의 입장에서는 한자어가 의미하는 '노란 무궁화' 외에 머리에 들어 있는 지식이라곤 아무것도 없었다.

필자를 비롯한 일행이 현장에서 확인한 바에 따르면 황근은 50cm 내외의 작은 것에서부터 2m가 넘는 큰 것까지 일정한 거리를 유지하며 서식하고 있었다. 아직 개화 시기가 아니라 꽃은 볼 수 없었으나, 피어나는 꽃봉오리가 분명히 이전에 감상했던 형태의 것과 같았다.

황근은 한국과 일본의 일부 지방에서만 서식하는 귀중한 낙엽
관목(아욱과)으로 보통은 높이 1m 내외로 자란다고 한다. 이러한
황근은 제주도에서도 몇몇 염습지에만 자생하고 있는데, 현재 이
들은 모두 지방기념물(제47호)로 지정·보호되고 있다.

이번 조사에서는 황근의 서식지가 결코 우리 세대에서 파괴되
는 일이 없도록 주변 환경의 보전에 정성을 다해야 한다는 사실을
절실히 느낄 수 있었다.

- 2003년 4월 10일 〈제주시론〉

물통^(봉천수),
또 하나의 거울

제주지역에도 다양한 형태의 습지가 존
재한다. 이를테면 제주시 산지천과 서귀포시 강정천과 같은 하천
을 비롯하여 농업용으로 사용하던 용수 저수지와 수산 저수지 그
리고 해안마을에 주로 위치하는 용천수와 중산간 마을에 보편적으
로 위치하는 봉천수(물통)가 있다.

한국의 습지보전법에서는 습지를 '담수, 기수 또는 염수가 영구
적으로 또는 일시적으로 그 표면을 덮고 있는 지역으로서 내륙습
지 및 연안습지'라 정의하고 있다. 이 정의를 그대로 받아들인다
면, 제주지역의 습지 범위도 한층 더 확장되어 그 종류와 분포 범
위는 넓어진다.

제주지역의 습지 중에서도 과거의 일상생활과 연계되어 잔존하
는 물통은 물을 매개체로 한 제주도민들의 애환과 고난의 과거를
비춰주는 또 하나의 거울이라 할 수 있다. 중산간 마을주민들이 많
이 의존했던 물통은 용도로 볼 때 크게 두 가지로 나뉜다. 하나는

선흘1리 물통-혹통 내 남자목욕탕.

주민들의 음용수를 위해 축조한 것이고, 다른 하나는 소와 말 등 가축의 식수를 위해 축조한 것이다.

물론 마을에 따라서는 주민과 가축이 동시에 사용하는 물통도 존재한다. 그렇지만 이 경우에는 주민들의 음용수를 위한 물통은 한쪽 가장자리에 돌담을 둘러쌓아 가축들의 식수와는 구별되도록 나름의 조처를 취했다.

물통은 보통 마을 중심부에도 위치하지만, 마을 어귀나 중심부에서 다소 떨어진 곳에 위치하기도 한다. 주민의 식수용이든 가축의 식수용이든 일단 빗물이 잘 고이고, 한번 고인 물이 쉽게 빠져나가지 않는 지형적인 조건을 충족시켜야 하기 때문이었다. 이처럼 물통의 위치만 보더라도 과거 선조들의 지혜는 놀랍기 그지없다. 많은 주민들의 편리를 위한다면 물통은 마을 중심부에다 만들어야 하지만 그렇지 못한 이유가 분명히 존재한다는 사실이다.

물통의 형태에는 원형, 타원형, 방형은 물론 지형적 조건에 따라 불규칙한 것들도 있다. 물통의 가장자리를 두른 돌담은 대개 한 줄로 쌓아 올린 외담이 많지만, 마을 내에서도 가장 중심적인 역할을 하는 물통의 경우에는 겹담으로 쌓아 올린 사례도 있다. 이처럼 물통의 주위를 쌓아 올린 돌담은 주민들이 물을 소중하게 보호하려는 굳은 의지의 표현이었다.

며칠 전 선흘1리 하동 주민들이 사용하던 물통을 탐방할 기회가 있었다. 지금은 물통 대부분이 곶자왈 초입부에 위치하는 것으로 확인되지만, 물통을 거의 매일같이 사용하던 당시에는 주변 지역에 나무들이 아예 없었거나 아니면 듬성듬성했을 것으로 여겨진다. 어떻든 탐방 당시의 정황으로는 마을주민이 아니면 쉽게 찾을 수 없을 정도로 나무들의 보호 속에 원래의 모습을 잘 유지하며 남아 있었다.

이들 물통의 이름이 참 흥미롭다. 열거하자면 흑통, 개뽀른물, 엉덕물, 줄렛물, 어둔궤게우물, 새로판물, 궤수산전(물) 등이다. 이들 물통의 이름은 축조 시기나 축조 형태, 지형 조건, 그리고 물통에서 일어난 사건 등을 배경으로 붙여진 것들이다. 이로 보면, 과거의 선조들은 마을 내 작은 지명을 작명하는 전문가이기도 했다.

제주지역에는 선흘1리 하동의 물통처럼, 오늘날 기능과 역할이 종료되어 방치된 것들이 수를 헤아릴 수 없을 정도로 많이 남아있다. 물론 이미 사라져버린 물통도 부지기수임에 분명하다. 앞으로 물 부족으로 큰 재앙이 닥쳐올 수도 있다는 오늘날의 현실을 직시한다면, 제주지역의 마을에 존재하는 물통은 반드시 재평가해야 할 필요성이 있다.

물통은 제주의 물 역사와 물 문화를 전해주는 화석과 같은 존재인 동시에, 과거 우리 선조들의 지혜를 비춰볼 수 있는 또 하나의 거울이기 때문이다.

- 2015년 9월 7일 〈제주시론〉

숨은물벵듸,
그 존재와 가치

          대학원생들과 함께 숨은물벵듸를 탐방했다. 물론 미리 연락한 안내인의 도움을 받았다. 1100도로 휴게소에서 조금 떨어진 숲길을 따라 서쪽 방향으로 30여 분을 걸어 들어가니 숨은물벵듸가 시야에 들어왔다.

마치 자신의 존재를 알리고 싶지 않은 듯 숨은물벵듸는 고즈넉한 자태로 그저 탐방객들을 응시하고 있었다. 말로만 듣던 숨은물벵듸의 존재를 확인하는 순간, 해발 1,000m에 가까운 고산지역에 넓은 내륙습지가 존재한다는 사실이 쉽게 이해되질 않았다. 그 이유는 습지의 일반적인 형성 조건을 비켜나간 듯한 인상을 강하게 받았기 때문이다.

넓디넓은 습지임에도 불구하고 숨은물벵듸에는 극히 일부 지구를 제외하곤 물이 남아 있지 않았다. 제주에서도 여름 이후부터 강우량이 많지 않아 물이 고일 새가 없었기 때문이다. 그러나 습지 주변을 돌아다닐 때면, 군데군데 발이 움푹 팬 것은 물론이고, 습지성 식물들이 곳곳에 자리 잡은 모습을 볼 때 분명히 땅속 얕은 곳에는 습기를 충분히 머금고 있음을 헤아릴 수 있었다.

안내자의 말에 따르면, 숨은물벵듸에 장시간 비가 내리면, 습지 중심부로는 들어갈 수 없을 정도이고, 또 습지 주변 지구에서도 장화를 신어야만 보행이 가능할 정도라 한다. 그렇다고 해서 숨은물 벵듸의 전체 면적(43,602㎡)에 습지가 형성되는 것도 아니다. 그것은 아마도 습지 내의 토양층 성분을 비롯한 습지 표면의 기복 상태 또는 주변부 오름에서부터 습지로 이어지는 경사도 등에 따라서 상습적으로 물을 함유하는 수면 공간이 결정되기 때문이 아닌가 생각된다.

숨은물벵듸.

263

숨은물벵듸 근처의 거주지 흔적.

숨은물벵듸 주변에는 사람들이 일시적으로 거주했던 주거지의 흔적과 작은 바위 동굴인 궤가 자리 잡고 있어 또 한번 놀랐다. 이미 항간에 나도는 얘기이기는 하나 탐방객의 눈으로 직접 주민들이 스쳐 지나간 흔적을 접하고 나니, 정말 제주도민들의 강한 생활력이랄까, 생활무대가 넓다는 생각에 감복하지 않을 수 없었다.

분명치는 않으나, 주거지는 방목이나 벼 또는 표고버섯 등을 재배하는 사람들이 일시적인 거주지로 활용했을 것이다. 직방형의 가장자리에 돌담을 쌓아 올린 것이나 내부에 칸 구획을 위한 돌담

시설은 제주의 어느 마을에서나 볼 수 있는 3칸 구조의 집터 모습과 같았다. 바위 동굴은 찬비나 추위를 피하는 데 안성맞춤의 구조를 취하고 있어서, 선후 관계는 정확히 짚어낼 수 없지만 이곳으로 발길을 옮긴 사람들의 일시적인 휴식처로도 활용되었을 것이다.

이상과 같은 사실을 전제하자면, 앞으로 숨은물벵듸의 가치를 평가하는 과정에서는 과거에 제주도민들이 활용했던 생활사가 반영되어야만 한다. 자연 그대로의 가치 평가도 물론 중요하지만, '존재하는 자연'을 제주도민들이 적극적으로 활용했다는 사실 자체는 자연과 인간과의 관계를 추구할 때 더없이 중요한 바로미터가 될 수 있기 때문이다.

숨은물벵듸는 지난 5월에 람사르 협약의 습지로, 또 7월에는 환경부가 정하는 습지보호지역으로도 지정되어 귀한 몸이 됐다. 따라서 앞으로 숨은물벵듸를 어떻게 보호하며 활용할 것인지가 중요한 과제로 등장한다.

그 답은 오직 하나다. 환경부와 제주도청 등 유관 기관과의 유기적인 연대 속에 지역민인 애월읍 주민들이 숨은물벵듸의 보호운동을 자발적으로 전개하는 동시에 숨은물벵듸가 소중한 지역자원이라는 인식을 토대로 지역공동체의 활성화에도 적극 활용하는 것이다. 그러기 위해선 중앙과 지방정부의 재정지원은 필수조건이라 할 수 있다.

- 2015년 11월 12일 〈제주시론〉

오름은 제주인에게
어떤 존재인가

　　　　　　　　　　　　'제주인의 삶과 오름'이란 주제로 세미
나가 있었다. 필자에게는 이번 세미나의 주제로 제주도 내의 오름
이 제주인에게 어떠한 존재로 자리 잡아 왔는지를 새삼 통감케 하
는 계기가 되었다.

　세미나에서 필자가 하고 싶었던 오름의 존재적 가치는 크게 세
가지였다. 첫째로, 오름은 제주도의 자연경관을 구성하는 기본요
소의 하나이자 원경관(原景觀)의 대표주자라는 점이다. 제주도 자
연경관의 구성요소에서 가장 기본이 되는 것은 산과 들, 바다(해안)
와 섬(부속 도서)이라 할 수 있다. 여기서 산은 거론할 여지도 없이
한라산이 가장 대표적이라 하겠지만, 한라산을 호위하듯 주변 지
역에 산재해 있는 368개의 오름군(1997년 제주도 조사) 또한 빼놓을
수 없다. 오름은 한라산 주변 지역에서부터 시작하여 해안지역에
이르기까지 분포하고 있으며, 개별 오름은 경우에 따라 한라산을
대신하는 역할을 하기도 한다. 말하자면, 오름은 한라산과 더불어

제주의 자연을 구성하는 기본요소로서의 성격이 매우 강하다.

나아가, 368개의 오름군은 현재와 같은 제주도(濟州島)의 지형을 형성하는 데 크게 기여한 원경관으로서의 특성을 지닌다. 오름은 분화 활동을 통해 많은 양의 용암류와 화산재 및 화산쇄설물을 쏟아냈고, 그로 인해 용암대지, 용암동굴, 곶자왈과 용암빌레, 용암 해안(기정, 코지 및 수중 암초 등) 등이 형성되었다. 따라서 현시점에서 보면, 오름 자체는 물론이고 오름을 근원으로 하여 나타나게 된 지형 형성 요소들이 원경관으로서의 특성을 지니고 있는 것이다. 특히 현재 남아있는 오름들 대부분은 분화 활동 이후의 원형을 거의 그대로 유지하고 있기 때문에, 생태적으로나 학술적으로도 원경관으로서의 가치가 매우 높다고 평가할 수 있다.

두 번째로, 오름은 제주 주민들의 역사와 문화를 축적하는 데 중요한 기능체 역할을 해 왔다는 점이다. 그렇기 때문에, 오름은 제주 주민들의 생활양식(生活樣式)을 대변하는 실체가 돼 왔다고 말할 수 있다. 다시 말해, 제주 주민들은 오름에서 생활에 필요한 기본적인 자원(목재, 땔감, 꿀, 띠, 산나물, 약초 등)을 조달해 왔음은 물론 경제활동의 장인 목장지나 농경지로, 혹은 사자(死者)의 안식처(묘지)로도 활용해 왔다. 결국 오름은 제주 주민들의 생활을 풍요롭게 하는 자원의 공급처이면서 동시에 정신적인 안식처의 기능을 해 온 것이다.

세 번째로, 오름은 제주도를 상징하는 자연 자원인 동시에 후손들에게 원형 그대로를 물려주어야 할 소중한 지역자산이라는 점이다랑쉬오름 주변 곶자왈 지대와 오름 군락.

다. 흔히, 학자들은 제주도를 '자연사 박물관'이나 '화산박물관'에 비유하곤 하는데, 이것은 결코 과장된 표현이 아니다. 제주도에는 비교적 협소한 지역 내에 다양한 자연 자원이 존재하기 때문이다.

제주를 상징하는 자연 자원은 오름을 비롯하여 한라산과 백록담, 영실기암과 왕관릉, 용암동굴과 해식동굴, 해안, 폭포, 계곡, 해수욕장 등 전부 나열할 수 없을 정도로 많다. 그러나 이들 속에 오름이 존재하지 않는다면, 제주도의 자연 자원의 가치는 크게 희석될 수도 있다. 결국, 오름의 존재적 가치는 아무리 강조해도 지나치지 않는다고 하겠다.

이상과 같이, 제주의 오름은 제주도를 상징하는 자연경관의 대표적 요소로서, 원경관의 특성을 간직한 지형적 요소로서, 또한 제주 주민들의 자원의 공급처이자 영원한 정신적 안식처로서 부동의 자리를 지켜온 것이다. 결론적으로, 이러한 존재적 가치를 지닌 오름을 제대로 보전하여 다음 세대에게 물려주어야 할 책임은 현세대에게 있는 것이라 할 수 있다.

올 한 해가 다 가기 전에, 가까이에 있는 오름을 등반해 봄은 어떠한가. 그리고 제주인들의 삶에 있어 가장 든든한 동반자였던 오름을 새해부터는 어떻게 보전해 가야 할지를 생각해 보자.

- 2003년 12월 25일 〈제주시론〉

서거문오름의
비밀을 캐자*

          조천읍 선흘2리에 자리 잡은 서거문오름을 답사할 기회가 있었다. 지형도에서는 서거문오름이 주변부 다른 오름보다도 산체(山體)가 크다는 사실과 함께 화산활동에 따른 주변 지형이 매우 복잡하다는 사실을 알 수 있다.

  어떻든, 필자에게는 그동안 한 번도 찾을 수 없었던 미지의 오름이었다. 오름 능선에서 바라보는 서거문오름의 분화구는 그야말로 웅장하고 장엄한 느낌을 주었다. 어느 한 지점에서 분화구 전체를 관찰할 수 있는 오름과는 달리, 서거문오름은 거대한 분화구의 위용에 완전히 압도당하는 느낌이었다. 서거문오름의 외형상 특징은 뭐니 뭐니 해도 분화구에서부터 동북-북쪽 방향으로 펼쳐지는 알오름과 용암류의 흔적이라 할 수 있다. 그 흔적은 마치 밤하

* 서거문오름은 2007년 7월 이후 세계유산(자연유산) 지구에 포함되면서 '거문오름'으로 이름이 바뀌었다.

거문오름 분화구 내부.

늘에 꼬리를 달고 어딘가를 향해 달리는 혜성에 비유할 수 있다. 길게 곡선을 그리며 이어지는 알오름과 용암류의 흔적은 서거문오름의 정체를 더욱 묘연하게 하는 인상을 심어주었다.

본격적으로 서거문오름의 분화구 안을 들여다보게 되었다. 그런데 지형도나 몇몇 문헌에서 살펴봤던 서거문오름의 실체와는 전혀 다른 모습으로 다가왔다. 지금까지도 이처럼 베일에 가려진 오름이 있었을까 하는 의문이 들 정도였다. 한마디로 표현하자면, 서거문오름은 '베일에 가려진 보물창고'였다.

그렇다면, 보물창고라고 불러야 하는 배경을 개략적으로 정리해 보자. 먼저, 넓은 분화구 내의 지형은 여기저기에 알오름이 형성되면서 뒤틀려 있었고, 동북 방향으로는 용암류가 흘러가면서 만들어 놓은 계곡성 지형이 연속적으로 이어지고 있었다. 이러한 모습은 보는 이로 하여금 저절로 탄성이 나오게끔 했다. 분화구는 어느 정도의 규모인지조차 가늠할 수 없을 정도로 넓었으며, 또한 기복이 심하여 한 장소에서는 도저히 전체를 조망할 수 없는 상황이었다. 그리고 곳곳에는 수직의 용암동굴과 수평의 용암동굴이 형성돼 있었는데, 일부의 동굴은 이미 조사작업이 끝난 듯 그 흔적을 남겨놓고 있었다.

다음으로 눈길을 끄는 것은 분화구 내의 일정한 장소에 사각형이나 원형 모양으로 쌓아져 있는 돌담이었다. 장소에 따라서는 쌓았던 돌담들이 거의 다 무너져 내린 곳도 있었고, 또 어떤 지점에는 밭담처럼 길게 쌓으며 연결시킨 구간도 있었다. 발길 닿는 곳마다 계속해서 건물을 지었거나 특별한 목적 때문에 쌓았던 돌담들이 어김없이 나타났다. 전체적인 석축 시설의 규모는 실로 방대하다고 할 만하다. 이 석축 시설들은 모두 일본군이 사용하던 진지 시설물의 흔적이다. 그러나 분화구 안에 어떤 종류의 시설들이 어떤 형태로 배치돼 있었는지는 아직 확인된 바가 없다.

한편, 분화구는 물론 골짜기를 형성하는 지점에는 식나무와 붓순나무 등이 헤아릴 수 없을 정도로 집단적인 군락을 이루고 있었으며, 또한 여러 종류의 난(蘭)과 이끼류, 양치류 등도 서로 어우러져 일대 장관을 이루고 있었다. 그리고 여러 수종이 집단으로 자생하는 곳은 마치 정글과 같은 착각이 들 정도로 자연림 지대나 다름없었다. 제주도 내에서도 서거문오름과 같이 난·온대성 식물이 탁월하게 분포하는 곳이 있을까 하는 의문이 생길 정도였다. 더불어, 분화구를 중심으로 하는 주변 지역에 희귀성 식물과 보호성 식물이 어느 정도나 분포하고 있을지도 매우 궁금했다. 이 과제도 반드시 해결돼야만 한다.

이상과 같이, 서거문오름은 지형과 지질을 비롯한 문화(일본군 진지 시설)와 식물 등의 분야에서 볼 때, 아직도 많은 수수께끼를 간직하고 있는 오름이다. 따라서 앞으로 서거문오름에 대한 종합적인 학술조사가 반드시 이루어져야 할 것으로 생각된다. 서거문오름의 비밀을 캐는 일은 결국 제주도의 새로운 면모와 가치를 발견하는 작업이 될 것이라 확신한다.

- 2004년 3월 3일 〈제주시론〉

환상環狀의 오름,
환상幻想의 오름

깊어 가는 가을날에 송당마을 남쪽에 있는 아부오름을 찾았다. 어느새 기온이 많이 떨어져 제법 쌀쌀한 날씨인데도 아부오름을 찾는 사람들은 많았다. 영화 '이재수의 난'을 촬영한 이후부터 아부오름의 명성은 더욱 높아지지 않았나 하는 생각이 들었다.

제주도 내의 많은 오름들 중에서도 아부오름처럼 신비한 분화구와 아름다운 능선을 지닌 오름은 드물다. 한 번이라도 아부오름을 찾았던 사람들은 이구동성으로 축구장 같다든지, 또는 고대 로마의 원형경기장 같다는 비유를 서슴지 않는다. 아울러 탐방했던 사람들은 모두가 분화구의 매력에 매료돼 버린다.

보통 비자림로(1112번)를 타고 가다가 도로변에서 아부오름을 바라보면, 오름 능선은 단순하게 한 일자(一)의 형태로 보일 뿐 아무런 감흥을 주지 못한다. 다시 말해 오름 정상에 올라서지 않으면, 주변에 흔한 오름과 똑같은 여운만을 남길 뿐이다. 하지만 정상에 발을 내딛는 순간 흥분에 휩싸이기 시작한다. 과장해서 말하면, 여태까지 발견하지 못했던 미지의 섬을 마침내 발견한 것과 같은 그런 희열감을 느끼게 된다.

아부오름은 최고 정상부가 301m의 높이를 보이나, 정상으로 향하는 능선은 그리 급하지 않기에 탐방에는 별 어려움이 없다. 도로변에서 정상까지의 산행 시간도 기껏해야 15분 안팎이다.

아부오름은 일단 분화구 안쪽 사면에 쌓여 있는 분석(scoria)을 통해 볼 때 열하분출에 의한 분석구(噴石丘)라 할 수 있다. 그러나 아부오름과 같은 대형 화구경(火口徑)을 가진 분화구가 형성되려

아부오름 분화구, 2006. 11.

아부오름 분화구, 2017. 9.

면, 과연 어떠한 분화 활동을 했을까 하는 배경은 모두에게 큰 의문점으로 다가온다. 바로 그 의문점은 탐방객들이 감탄하는 배경이기도 하다.

아부오름의 진미는 정상부 능선에서 분화구 안쪽을 감상할 때라 할 수 있을 것이다. 분화구 안의 정경은 주변의 자연을 축소해 끌어다 놓은 듯한 분위기를 자아낸다. 돌담과 삼나무 군락, 그리고 초지와 방목 중인 소의 모습이 영락없이 과거에 흔히 보던 제주도 농촌의 모습이다. 분화구 안은 한 번에 약 200~300마리의 소나 말 방목이 가능해 보일 정도로 넓은 초지가 형성돼 있다.

아부오름은 일찍부터 초지를 만들어 소와 말의 방목을 해온 까닭에, 분화구 주위를 빙 둘러 가며 삼나무를 심고서 소나 말의 이탈을 방지하고 있었다. 현재의 삼나무는 적어도 30~40년은 성장해 온 것으로 보였다.

삼나무 바로 앞쪽으로는 현무암 돌담이 1m가량의 높이로 쌓아져 있었고 그 형태는 겹담이었다. 그렇다고는 하나, 돌담을 축조할 당시에도 분명히 분화구 안에는 돌이 없었을 텐데, 이렇게 많은 돌들을 어디에서 전부 운반해 왔는지 의아해 하지 않을 수 없었다.

분화구 주위를 휘감아 도는 삼나무 군락 외에도, 분화구 안쪽 군데군데에 삼나무를 심어 방목 중인 소나 말이 쉴 수 있는 휴식 공간을 만들어 놓고 있었다. 그것은 마소치기를 하는 테우리의 휴식 공간이기도 했다. 이러한 흔적이야말로 제주 주민들이 삶을 영위해 가는 과정에서 잉태된 지혜의 산물이 아닌가 생각해 본다.

1998년에 한 젊은 감독은 백여 년 전 제주사회를 떠들썩하게 했던 난리(亂離)를 영상으로 승화하는 데 성공하였다. 그러나 소문난 잔치 먹을 게 없다는 격이 되고 말았다. 영화의 후유증과는 관계없이, 아부오름은 오늘도 말이 없다. 늘 대자연의 일부로 오롯이 제자리를 지키며, 언제나 여러 손님들을 맞아들이고 있다.

많은 탐방객들은 환상(環狀)의 오름에서 환상(幻想)을 만끽하려고 찾아드는 것은 아닐까.

- 2004년 11월 4일 〈제주시론〉

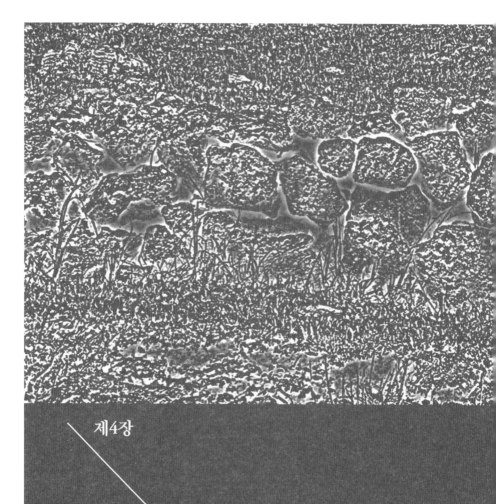

제4장

사회·환경

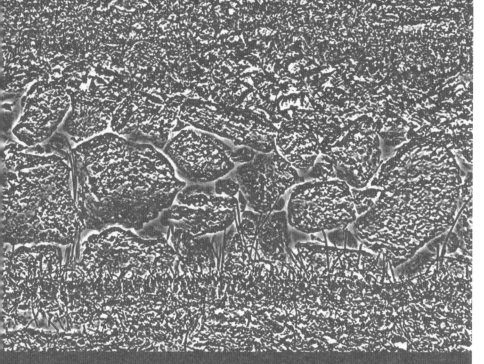

마을자원은 해당 마을의 자연은 물론 주민들의 삶과 문화를 풀어내는 중요한 열
쇠이다. 따라서 마을자원에 새로운 의미를 부여함과 동시에 색다른 관점에서 활
용방안을 모색하는 것이 바람직하다.
- 마을자원 다시 보기

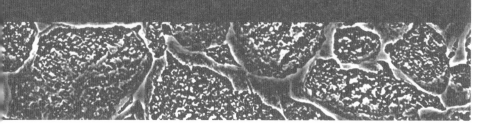

세계자연유산의 등재,
그리고 우리는

제주도의 자연이 세계자연유산으로 등재되었다면, 이제 우리 스스로는 무엇을 준비해야 할 것인가. 세계의 손님들을 맞아들이기에 앞서, 앞으로의 계획을 사전에 점검하고 모자란 부분을 보완하고자 하는 태도와 자세는 매우 고무적인 일이라 할 수 있다. 이미 행정기관이나 여러 관련 단체가 중심이 되어 많은 일들을 단계적이고 체계적으로 실행하고 있다고 여겨지지만, 제주도민 모두가 한결같이 행해야만 하는 일들도 있다.

먼저 한 가지는 세계인을 향해 던지는 미소이다. 간혹 육지부에서 온 친구들이나 지인들을 안내하다 보면, 꼭 나오는 뒷이야기가 '제주도는 대한민국을 대표하는 관광지인데 사람들의 얼굴에는 웃는 모습을 전혀 볼 수 없다.'라는 것이다. 필자 스스로도 부족하다고 느끼지만, 제주도민들에게 미소가 부족하다는 말은 늘 따라다니는 문구가 돼 버린 듯하여 씁쓸하기 그지없다.

외국의 관광지에 가보면, 가이드는 물론이고 그곳에 사는 많은 사람들의 미소 띤 얼굴이 관광객들에게는 마음의 큰 위안을 주어, 그 지역의 이미지를 한층 높이는 요소로 작용하고 있음을 깨닫게 된다. 사실 그렇다. 같은 관광지라고 하더라도, 미소가 넘치는 관광지에서는 관광상품 하나라도 더 사고 싶은 욕심이 생기는 것은 아주 자연스러운 일이다.

미소를 짓는다는 것 자체는 그리 어려운 일이 아니나, 사람들을 만날 때마다 항상 웃는 모습을 보인다는 건 결코 쉬운 일이 아니다. 그것을 해결할 수 있는 방법은 몸에 배도록 습관화하는 길밖에 없다.

세계자연유산 거문오름 탐방객.

제주대학교 교육대학 학생들의 장생이 숲길 탐방.

　다른 한 가지는 제주도민 모두가 제주도의 자연과 문화에 대해
공부하는 자세가 필요하다는 것이다. 다소 생뚱맞다고 할지는 모
르지만, 제주도민들 스스로가 제주도의 자연과 문화에 대해 강한
자긍심을 가지고 있어야 함은 물론이고, 많은 외국인들을 당당하
게 맞아들이기 위해서는 우리가 살고 있는 제주도의 자연과 문화
에 대한 특성을 제대로 이해하고 있어야 하기 때문이다.

　제주도가 세계자연유산으로 등재된 것은 화산활동과 관련된 자
연현상에 무게중심이 놓여있지만, 그 자연을 효율적으로 이용해온
것은 제주도민들이다. 따라서 제주도의 자연과 문화를 이분화시

켜 설명하기보다는 동일한 연장선상에서 설명하는 것이 바람직하다. 결국, 제주도의 자연과 문화를 같이 공부하여 제주도를 찾는 외국인이나 외지인들에게 전달하고자 하는 마음을 가질 때, 제주도가 지니는 세계자연유산으로서의 가치도 한층 더 빛을 발하게 되는 것이다. 그러한 제주도민들의 적극적인 자세는 제주도의 정체성을 지켜나가는 길이도 하다.

마지막으로 한 가지 더 욕심을 부린다면, 세계로부터 찾아드는 많은 사람들이 언어의 장벽으로 인해 제주도의 자연과 문화에 대한 소중한 정보를 놓치는 일이 없도록 외국어에 능통한 자원봉사자들을 많이 확보할 수 있어야 한다는 점이다. 현재 제주도의 경우는 외국어에 능통한 사람들의 수적 열세도 문제지만, 영어나 일본어, 중국어 등 지나치게 일부 외국어에만 편중돼 있다는 점도 큰 문제라 할 수 있다.

영어가 아무리 만국 공용어라고는 하지만, 현실적으로 영어를 구사하는 외국인만 제주도를 찾지는 않는다. 프랑스어나 독일어권에서, 스페인어나 포르투갈어권에서 또 이태리어권에서도 많은 사람들이 찾아올 것이다. 이들 언어권에서 찾아오는 사람들에 대해서도 최소한의 배려가 필요하다는 사실을 명심할 필요가 있다.

제주도가 세계자연유산으로 등재된 사실은 분명히 신명 나는 일이다. 그러나 앞으로 그에 따른 우리 제주도민들의 역할도 매우 중요하다는 사실을 새삼 깨달아야 할 것이다.

- 2007년 8월 4일 〈제주시론〉

일본 야쿠시마[屋久島]로부터
무엇을 학습할 것인가

  일본의 야쿠시마(屋久島)는 도쿄(東京)로부터 약 1,000km, 큐슈(九州) 지방의 가고시마현(鹿島縣) 오스미(大隅) 반도로부터는 약 70km 떨어져 있다. 지도상에서 섬의 형태를 확인해 보면, 마치 동그란 만두를 연상하게 된다. 야쿠시마는 둘레가 130km, 면적은 약 500km²로 일본에서는 7번째로 큰 섬이다.

  최근 우리나라에서도 야쿠시마에 대한 이야기가 자주 사람들의 입에 오르내리고 있다. 아마도 제주도가 세계자연유산으로 지정되면서 더욱더 그런 것이 아닌가 생각된다. 야쿠시마는 이미 1993년에 아오모리현(青森縣)과 아키타현(秋田縣)에 걸쳐 있는 시라카미(白神) 산지와 더불어 세계자연유산으로 지정되었다. 야쿠시마 하면 '조몬스기'(繩文杉, 조몬 삼나무) 또는 '야쿠스기'(屋久杉, 야쿠 삼나무)로 일본 열도는 물론이고 전 세계적으로 널리 알려져 있다. 이것은 야쿠시마가 아열대와 온대로 이행되는 중간 지대에 위치하고 있기 때문에 기후적으로 삼나무의 생육환경이 아주 뛰어난 사실과 관련된다.

며칠 전 도내에서는 한일 국제세미나가 있었다. 이 자리에는 모처럼 야쿠시마에서 환경운동가로 일하는 노신사 한 분이 '야쿠시마의 자연보존 운동'이란 내용을 발표하여 주목을 받았다. 세계자연유산으로 지정된 이후 야쿠시마에는 많은 변화가 나타나고 있다고 야쿠시마에서 온 발제자는 지적한다. 주된 내용을 요약하면, 하나는 섬 주민들의 생활양식 변화 또 다른 하나는 생태계를 이루는 자연지구의 변화로 나눌 수 있다. 야쿠시마가 전 세계로 알려지면서 매년 야쿠시마를 찾는 방문객 수는 40만 명을 초과하는 상황에 이르렀다고 한다. 따라서 이와 연동되어 야쿠시마에는 섬을 잇는 교통편으로 선편과 항공기의 편수가 증가하게 되었고, 섬 내에는 렌터카 사업체와 숙박시설도 급증하게 되었다.

이처럼 야쿠시마는 세계자연유산으로 지정된 이후 섬 경제의 활성화는 확실한 형태로 나타났지만, 한편에서는 섬 내부의 여러 변화에 대해 걱정하는 목소리가 높아지기 시작했다. 오랜 세월 동안 대대로 이어져 오던 산과 나무에 대한 경외심이나 자연으로부터 얻은 지혜들이 섬사람들의 가장 보편적인 전통이자 풍습으로 자리 잡아 왔지만, 그것들이 하나둘씩 무너지며 사라지기 시작한 것이다. 산신제를 지내던 전통도, 강에서 고기나 조개를 잡던 모습도, 산에 올라가 약초나 산나물을 따던 풍습도 조금씩 사라지고 변질되면서 이제는 야쿠시마의 전통적인 생활양식과 문화가 완전히 사라지는 것을 우려하고 있는 것이다.

그리고 세계자연유산 지구에도 다양한 피해가 나타나고 있다고

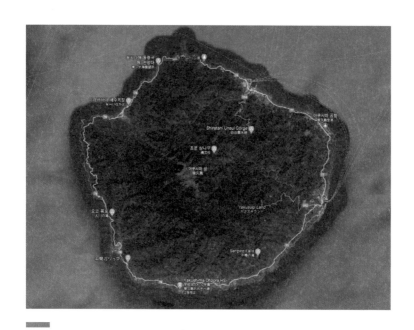

일본 야쿠시마 위성사진-Google.

전한다. 예를 들면, 많은 사람들이 몰리는 바람에 답압(踏壓)에 의한 희귀식물의 고사, 대소변 처리에 따른 물 오염과 토양 오염 문제 등이 바로 그것이다. 물론 이런 상황에 대해 행정기관인 야쿠초(屋久町)가 아무런 대응을 하지 않는 것은 아니다. 문제는 일시적으로 많이 몰리는 방문객을 어떻게 분산시켜 자연유산 지구의 생태계에 인위적으로 가해지는 충격과 압박을 최소화할 것인가 하는 점이다. 이에 대한 결론은 조만간 자연유산 지구에 대한 이용 인원이나 이용 지구를 제한하는 것으로 정리될 전망이라 한다.

이상과 같은 야쿠시마의 사례를 제주특별자치도는 사전에 학습할 필요가 있을 것으로 여겨진다. 현재 야쿠시마의 세계자연유산 지구에 대한 관리 방법과 운영체제, 현실적인 현안과 대응책, 사라지는 생활문화와 전통 등에 대한 모니터링이 반드시 필요할 것으로 생각된다.

끝으로, "자연의 혜택을 입으며 살아가려면 반드시 절제와 겸허가 필요하다."라는 야쿠시마에서 온 환경운동가의 마지막 말은 오랫동안 마음 한구석에 남아 있을 듯하다.

- 2009년 10월 26일 〈제주시론〉

장수^{長壽}의 섬,
제주도를 위하여

　　며칠 전, 도내에서는 장수(長壽) 현상과
관련하여 세계의 장수 지역에 대한 국제학술대회가 열렸다. 이 대
회에서는 세계의 장수 지역으로서 중국의 신장위구르자치구(新疆
維吾爾自治區), 일본의 오키나와지마(沖繩島) 그리고 한국의 제주도
(濟州島)가 집중적인 조명을 받았다.

　　필자도 '장수 마을의 지리적 환경과 제 조건에 관한 시론적 연
구'란 제목으로 발표할 기회를 얻어, 나름대로 장수 현상과 장수 마
을의 지리적 환경과의 관련성을 피력할 수 있었다.

　　최근에 이르러, 제주도가 국내의 여러 지역들 중에서도 장수 지
역으로 주목받게 된 사실은 과거에 제주도가 유배지(流配地)로서
혹은 삼재(三災)의 섬으로서 널리 회자되던 시절과 관련지어 볼 때,
매우 의외이고 놀라운 일이 아닐 수 없다.

　　이왕에 장수 현상과 관련하여 제주도가 부각되는 시점인 만큼,
앞으로 제주도와 제주도민의 입장에서는 '장수 지역으로서의 제주

덕수리 노인들의 넉둥베기.

도'를 전국적으로 확대해 홍보함으로써, 장수 지역의 이미지를 단계적으로 구축해 나갈 필요가 있다고 생각된다. 그래서 제주도가 장수 지역으로 새로운 이미지를 구축하는 데 필요한 홍보방안을 한 가지 제안해 보고자 한다.

먼저 정확한 통계와 일정한 선정 기준을 토대로 하여 제주도의 여러 마을 중 장수 마을과 준장수 마을을 일정한 범위 내에서 선정하는 작업이 필요하다. 물론 장수 마을의 선정과정에서 가장 기본이 되어야 할 것은 80세 이상 남녀 노인 인구가 많이 거주하는 마을이어야 한다. 장수 마을과 준장수 마을을 몇 개로 압축하여 선정할 것인지에 대해서는 전문가와 관련 행정기관이 중심이 되어 세심하게 논의돼야 할 것이다.

장수 마을이 선정되면, 제주도에서는 장수 마을을 입증하는 인증서 교부나 표석(標石) 세우기 등 일련의 작업을 생각해 볼 수도 있다. 이러한 작업은 장수 마을의 주민들에게 자긍심을 심어 줄 수 있는 좋은 계기가 될 것으로 생각된다.

다음으로는 여러 장수 마을의 지리적인 위치를 정확히 표시한 관광 홍보·안내용 책자나 관광지도 등을 제작하여 홍보하는 작업이 중요하다고 하겠다. 동시에 인터넷상의 제주도와 관련된 여러 홈페이지에도 제주 전도(全圖)에 장수 마을의 위치를 표시하고, 장수 마을의 이미지를 담은 마을 사진이나 장수 노인 사진을 실어 적극적으로 홍보하는 것이 좋을 것으로 생각된다.

그리고 가능하다면 장수 마을을 관광지 코스의 한 장소로 편입

시킴으로써, 전국의 장·노년층들을 대상으로 하여 장수 마을 탐방을 유도하면 어떨까 하는 생각이다. 장수자가 많이 거주하는 마을을 하나의 연계된 관광코스에 편입시키는 전략은 지금까지는 그다지 고려되지 않았던 사안이다.

따라서 60세 이상의 장·노년층의 경우에는 마을 내에 특별한 관광시설이나 볼거리가 없다 하더라도, 장수라는 사회적 현상 자체가 평소에 모든 사람들이 동경하는 것이기 때문에 단순하지만 구체적인 사실 하나만으로도 관광지로서의 기능을 기대할 수 있을 것이라 생각된다.

물론 본격적인 장수 마을의 관광지화 단계에서는 해당 마을 내에서의 다른 연계사업을 구상해 볼 수도 있다. 예를 들면, 장수 마을의 노인회가 주체가 되어 장수 음식 또는 마을 향토음식의 간이판매대를 설치하여 운영할 수도 있는 것이다.

이상의 제안은 어디까지나 개인적인 주관이기는 하나, 제주도가 장수 현상과 관련하여 새롭고 신선한 이미지를 품은 '장수의 섬'으로서 전국에 회자되는 날이 오기를 기대해 본다.

- 2002년 12월 5일 〈제주시론〉

제주특별자치도 시대의
우먼파워 Women power

　　제주특별자치도의 원년(元年)이 서서히
끝나가고 있다. 그러나 이 시점에서도 우리는 제주특별자치도가
궁극적으로 어떤 희망을 안겨다 줄 것인지, 그리고 획기적인 행정
제도의 변화가 우리의 삶을 어떤 모습으로 바꾸어 놓을지 전전궁
궁하며 노심초사하고 있다. 여기서 한 가지 문제는 아무도 정답을
모른다는 사실이고, 그렇기에 그 누구도 답변하기가 쉽지 않다는
것이다.

　　우리는 기존의 모순된 제도를 혁파하고 제주도민들의 새로운
의식 개혁이 전제될 때 제주도(濟州島)가 세계적으로 지명도(知名度)
가 높은 국제자유도시로 성장·발전할 수 있고, 또 그런 과정에서
자연히 특별자치도로서의 위상 강화와 함께 제주도민들의 삶의 질
도 더욱 향상될 것이라는 막연한 기대감을 가지고 있다.

　　물론 우리의 삶의 질이 제주특별자치도 시대라고 해서 저절로
향상되는 것이 아님을 모르는 바 아니다. 제주특별자치도 시대가

여교사들의 특별 연수활동 결과 보고회.

지속되는 한, 모든 제주도민들의 끊임없는 자기 개혁과 자기 역할이 매우 의미 있고 중요한 것이 사실이다.

제주특별자치도 시대에는 전통적인 생활양식이 살아 숨쉬던 과거 제주여성들의 역동적인 생활 태도와 사고방식이 큰 밑거름이 돼야 할 것으로 생각한다. 말하자면, 제주도가 관광의 섬으로 크게 개발되기 이전의 제주여성들은 그야말로 무(無)에서 유(有)를 창조하듯, 매사에 정열적으로 임하며 가정과 지역사회를 동시에 돌보던 슬기와 지혜를 가지고 있었다.

당시는 그런 적극적인 생활 태도와 사고방식이 몸에 배지 않으면, 서로 이웃하여 살아나갈 수 없는 상황이었을 지도 모른다. 모든 것이 부족했고 앞집과 뒷집의 일손을 보태지 않으면 많은 일들을 쉽게 행하기가 어려웠던 시절이었기 때문이다. 그렇지만 제주여성들은 어려운 환경 속에서도 항상 기지(奇智)를 발휘하며 유연하게 대응할 줄 아는 능력을 가지고 있었다. 바로 그런 요소들이 제주특별자치도 시대를 살아가는 우리들에게 필요한 정신적 유산이 아닐까 하는 것이다.

제주특별자치도로 변화된 시점에서 제주도민들이 진정 해야 할 일이 있다면, 그것은 과연 무엇일까. 대개는 여러 가지 안(案)을 먼저 내놓을 것이다. 이를테면 도지사가 도민들을 위해 특단의 대책을 내놓아야 한다든지, 또는 도지사의 탁월한 행정력이나 리더십을 통해 외자유치를 앞당겨야 한다든지, 아니면 중앙정부가 막대한 재정을 투자하여 특별자치도의 새로운 이정표를 설정해야 한다는 등 여러가지 안을 제시할 수 있다. 어찌 보면 이런 제안들은 보다 구체적이기는 하지만 그 누구의 입에서나 쉽게 오르내릴 수 있는 것들이다. 그리고 이외에도 얼마든지 더 많은 중앙정부의 지원책이나 도지사를 겨냥한 책무를 제시하며 떠들어댈 수 있다.

그러나 그러한 제안이나 책무를 제시하기에 앞서, 현시점에서 우리들에게 정작 필요한 요소는 적극적이고 진취적인 사고(思考)와 지혜롭게 대응할 수 있는 유연성(柔軟性)이라고 생각한다. 그러한 요소는 과거 어려운 환경 속에서도 지혜롭게 세상을 엮어갈 줄 알았던 제주여성들의 생활 태도와 사고방식을 통해 학습할 수 있다는 것이다. 제주여성들이 엮어왔던 생활사 저변에는 우리가 끝내 버려서는 안 되는 소중한 유무형의 자산이 내재돼 있음을 깨달아야 한다.

제주특별자치도 원년이 끝나가는 이 시점에서, 도지사나 중앙정부에게 무엇을 해줄 것인지를 묻기 전에 우리 스스로가 무엇을 해야 할 것인지를 먼저 물어야만 한다. 아울러 제주특별자치도 시대에는 제주여성들의 파워가 되살아나야만 제대로 성공할 수 있음을 인식할 필요가 있다.

- 2006년 12월 21일 〈제주시론〉

마을자원
다시 보기

　　　　　　　　　제주도 내의 교사들과 자원봉사자들을 대상으로 강연할 기회가 있었다. 이번 강연에서는 예전부터 관심을 가지고 있던 '마을자원'이란 주제를 바탕으로 내용 꾸미기를 시도해 보았다.

　제주도에는 법정동·리와 행정동·리를 근간으로 하면, 234개의 크고 작은 마을이 자리 잡고 있다. 마을자원이란 이들 234개의 마을에 개별적으로 존재하는 자연 자원과 인문 자원을 말하는 것이다.

　강연 주제에 맞추어 자료 수집과 구성을 해가는 과정에서 한 가지 궁금증이 생겼다. 그것은 하나의 마을을 기준으로 할 때, 과연 어느 정도로 많은 자원이 존재하고 또 어떤 수준의 자원들이 존재하는지에 대한 것이었다. 궁극적으로, 마을자원의 위상은 해당 마을에 존재하는 자원의 양적·질적 구성과 직결된다고 할 수 있다.

　실제 강연에서는 고향 마을을 사례로 내용을 꾸몄다. 필자의 고향은 애월읍에 속해있는 한 해안마을인데, 주변부의 마을에 비하여 결코 자원이 많은 마을은 아니다. 여느 해안마을과 비슷한 상황이라 생각되지만, 다른 점이 있다면 해안지형과 관련된 자연 자원이 몇 개 더 존재하는 정도라 할 수 있을 것 같다.

사례로 설정한 고향 마을의 자원을 목록화해보니, 의외로 많은 자원들이 자리 잡고 있음에 놀라지 않을 수 없었다. 최근까지도 고향 마을 내에 어떤 자원들이 감춰져 있는지 그다지 진지하게 생각해 본 적이 없었기 때문이다. 강연에 필요한 마을자원만을 간추렸음에도 불구하고, 대략 15개 부문 70여 개(소) 이상의 자원을 확인할 수 있었다.

좀 더 자세히 살펴보자. 먼저 자연 자원에는 5개 부문 13개(소)의 자원이 있는데, 여기에는 해식애 3개소, 해식동굴 3개소, 용천수 3개소, 습지 2개소, 암석해안(경관) 2개소 등이 포함된다. 그리고 인문 자원에는 10개 부문 약 60여 개(소)가 있는데, 여기에는 정려각 1개소, 포제단 및 신당 3개소, 방사(防邪)용 돌탑과 석상 2기, 조선시대 방어 관련 시설 2개소, 포구 2개소, 불턱(해녀탈의장) 1개소, 비석 37기, 정자목 8개소, 생활 농기구인 말방아(연자마) 1개소 등이 포함된다.

이외에 사라진 마을자원도 있었다. 어로 관련 시설인 원(담)과 도대불을 비롯하여 한때 마을 식수를 흘려보내던 물탱크 시설, 말방아(상여 보관 겸용), 정미소, 습지, 공동수도 터 등이 바로 그것들이다. 이들 자원은 일부나마 터(址)가 보존되고 있는 것이 다행이

온평리 말등포연대.

었다.

위에서 열거한 고향의 마을자원은 해안지형과 관련된 몇 개의 자연 자원을 제외하면, 제주도의 어느 마을에서나 다 존재하는 자원이라 할 수 있다. 물론 다른 마을로 가면, 필자의 고향에는 없는 마을자원도 얼마든지 있다. 나아가 중산간 마을에는 해안마을에서는 좀처럼 만날 수 없는 독특한 자원, 즉 봉천수(식수 및 우마용), 숯가마, 곶자왈, 오름, 용암동굴, 산신당, 마을숲, 공동목장, 특수한 농경지(도라지밭·더덕밭)도 존재한다. 이들 모두가 소중한 마을자원이다.

필자가 여기서 강조하고 싶은 것은 마을마다 존재하는 자원을 리스트화하고 평가하여, 그것들을 적극적으로 활용하자는 것이다. 특히 읍면 지역의 농어촌 마을에서는 마을자원의 활용을 극대화해 나갈 필요가 있다. 그리고 마을자원의 활용은 주민들의 삶의 질을 높여나가는 데 초점이 맞춰져야만 한다.

결론적으로, 마을자원은 해당 마을의 자연은 물론 주민들의 삶과 문화를 풀어내는 중요한 열쇠이다. 따라서 마을자원에 새로운 의미를 부여함과 동시에 색다른 관점에서 활용방안을 모색하는 것이 바람직하다.

- 2008년 8월 12일 〈제주시론〉

살기 좋은 지역 만들기와
제주의 마을

최근 전국적으로 '살기 좋은 지역 만들기' 사업이 전개되고 있다. 이 실천적인 사업은 중앙정부가 설정한 국가균형발전 정책과 맞닿아 있으며, 궁극적으로는 국민들이 거주하는 공간의 질과 삶의 질을 동시에 확보하고자 하는 데 그 목적이 있다.

살기 좋은 지역 만들기는 중앙정부의 추진 방향과 구체적인 전략이 암암리에 작용하고 있는 것이 현실이지만, 제주도의 경우는 그 추진 방향과 전략을 다소 색다른 관점에서 접근해야 할 필요성이 있지 않을까 여겨진다. 그래서 나름대로 의견을 정리하여 제시해 보고자 한다.

살기 좋은 지역 만들기에 있어 가장 기초적이고 근본적인 문제는 지역의 공간적인 범위를 어떻게 설정하여 주어진 과제를 효율적으로 추진하느냐 하는 것이다. 물론 어떤 도시 지역이나 농어촌 지역이라도 시·군, 읍·면, 동·리 등 행정구역을 토대로 하여 접근하는 것이 가장 보편적인 방법이자 현실적인 해결책이라 할 수 있다. 그렇다고는 하나, 무엇보다도 중요한 것은 한 지역에 살고 있는 사람들의 마음과 행동을 한데 엮어낼 수 있는 공간적인 범위가 중요하다고 하겠다. 결국 그러한 배경을 전제로 한 공간적인 범위는 여러 지역의 지리적 환경에 따라 다르게 나타날 수 있다고 본다.

　살기 좋은 지역 만들기와 관련지어 볼 때, 제주도에서는 공간적인 범위를 한 개의 마을 단위로 설정하여 전개하는 것이 매우 바람직할 것으로 생각한다. 마을 단위는 사람들의 기초 생활권을 이루고 있을 뿐만 아니라 사람들의 지혜를 모으고, 그 지혜의 소산물을

고근산과 서호 마을.

깔끔하게 정비된 가파도 마을.

현실적으로 뿌리내리게 할 수 있는 향토성이 매우 강한 권역이기 때문이다.

제주도의 마을에는 여러 가지 흥미진진한 사연을 담은 전설과 자원(인문·자연자원)들이 곳곳에 널려 있으며, 마을주민들은 그것들을 고스란히 잘 유지해오고 있다. 이러한 상황을 잘 감지한 제주도와 일부 언론 및 사회단체에서는 이미 마을 단위의 잘사는 지역 만들기에 직간접적으로 관여하며 지역사회를 선도하고 있다.

이제 제주도에서는 살기 좋은 마을 만들기 사업을 통하여 마을마다 전승되는 전설과 특색 있는 자원들을 전면에 내걸고, 주민들의 단합된 행동을 보여줄 시기가 다가왔다. 살기 좋은 마을 만들기 사업은 어느 특정 마을에만 국한되는 것이 아니다. 모든 마을이 다 동참할 수 있는 것은 물론이거니와 그중에서도 마을주민들의 의견을 널리 수렴할 수 있는 마을이 앞서 나갈 수 있는 상황이라 하겠다. 살기 좋은 마을 만들기는 그 땅에 거주하는 주민들의 공통된 선진적 의식을 가지는 것이 무엇보다도 중요한 관건인 것이다.

더불어 살기 좋은 마을 만들기 사업의 핵심은 우선 해당 마을에 살고 있는 마을을 주민들의 새로운 아이디어를 바탕으로 하여, 예로부터 전해온 전설이나 오래전부터 마을 한구석에 자리하고 있는 특정 자원을 새롭게 부각시켜 도 내외로 널리 알리는 것이다. 다시 말해 마을 단위의 자연, 역사, 문화, 구비전승, 생활유적, 유물 등 모든 요소들 중에서 해당 마을을 잘 상징하고 대표할 수 있는 것을 선정하여, 지속적으로 관리하고 가꾸어 나가면서 자신들의 마을을 도 내외로 알리는 과정이 일차적인 과제라 할 수 있다. 물론 그에 앞서 마을주민들의 의견수렴과 지혜를 짜낼 수 있는 공론과 화합의 장을 순차적으로 마련하는 것이 그 어떤 결정보다도 중요하다.

제주도의 마을에는 특색 있는 자연과 역사와 문화 요소들이 살아 숨 쉬고 있다. 이제는 우리 스스로가 그러한 자연과 역사·문화 요소들을 제대로 활용하여 삶의 질을 높이는 동시에, 후손들이 고향 땅을 버리지 않고 편안하게 생활할 수 있는 거주환경을 조성해야만 한다. 이러한 일은 바로 우리 스스로를 위하는 일이기 때문이다.

- 2007년 4월 28일 〈제주시론〉

마을 만들기에의
도전

제주도에는 230개(2005년 12월 현재)가 넘는 마을이 있다. 이 중에서도 농어촌 지역에 위치하는 마을은 172개(행정리 기준)이다. 최근 제주도의 농어촌 지역에 위치하는 많은 마을이 고질적인 병을 앓고 있다. 그나마 있던 초등학교는 폐교되고 젊은 사람들은 하나둘씩 제주시를 비롯하여 육지부의 도시로 떠나버려, 마을사람들은 60대 이상의 노년층 세대가 주를 이루고 있다.

젊은 사람들이 굳게 마음먹고 농어촌 지역의 마을에 살려고 해도, 현실적인 환경은 녹록지 않다. 바로 이러한 상황이 마을 만들기를 필요로 하는 까닭이다. 마을 만들기는 마을 내에 크고 멋진 시설물을 짓는 행위가 아니다. 또한 없어진 학교를 다시 유치하자는 운동도 결코 아니다.

궁극적으로, 가장 초보적인 마을 만들기는 마을에 거주하는 사람들이 신명 나게 살 수 있는 모티브를 제공하는 것이다. 따라서 마을 만들기에는 사람들이 신명 날 수 있는 프로그램을 개발하고 실천하는 과정이 뒤따라야 한다. 그리고 프로그램의 개발에는 자신들이 거주하는 마을 내의 자원을 적극 활용하는 것이 매우 효과적이다. 나아가 마을 단위의 프로그램을 입안하고 실천하는 과정에서는 주민들의 자발적인 참여와 협력이 절대적으로 필요하다.

한경면 저지리와 낙천리는 마을 만들기에 아주 적극적이며 부분적으로는 큰 성공을 거두고 있는 마을들이다. 저지리는 저지오름을 마을 만들기의 지역자원으로 활용하여 성공의 길을 걷고 있다. 즉 저지오름의 사면에 숲길 산책로를 조성함으로써 제주도민과 관광객들을 유치하여 마을에 활기를 불어넣고 있는 것이다.

저지오름의 숲길 산책로에는 다양한 종류의 나무들을 대상으로 각기 이름과 특징을 담은 푯말을 세워 방문객들에게 작은 정보를 제공하고 있다. 이러한 작업은 주민들의 적극적인 논의와 끊임없는 협력을 통해 이루어졌으며, 그 결과 저지오름은 올해 전국에서 가장 아름다운 숲으로 지정되어 전국적으로 그 이름을 떨치게 되었다. 물론 숲길 산책로를 조성하는 데는 정부의 지원금이 큰 밑거름으로 작용한 것도 사실이다.

낙천리도 농촌전통 테마마을로 독특한 마을 만들기에 성공을 거두고 있는데, 2005년부터는 본격적으로 체험 프로그램을 실행하여 외부로부터 많은 사람들을 끌어들이고 있다. 프로그램의 내용은 계절별로 아주 다양하게 구성돼 있다. 그 일부를 소개하면 제주 송편 빚기, 빙떡 만들기, 청묵 만들기와 같은 향토음식 만들기

大和合門

낙천리 아홉굿마을 대형 의자 상징물.

체험이나 듬돌 들기, 굴렁쇠 굴리기, 투호 놀이 등 전통놀이 체험을 토대로 어른과 아이들이 같이 즐길 수 있도록 배려하고 있다.

이와 함께 낙천리는 '아홉굿(nine good) 마을'이라 홍보하며 방문객들에게 아홉 가지 즐거움을 제공할 수 있다고 강조하고 있다. 특히, 아홉굿 마을이란 애칭은 과거에 낙천리가 풀무(불무)의 고장이었던 배경을 살려 자리매김한 명칭으로, 지역자원(소재)을 절묘하게 활용한 사례가 되고 있다. 그리고 전통 체험 마을로 다져나가는 과정에서는 낙천리의 마을 청년회를 중심으로 주민들의 따뜻한 애정과 정성이 중요한 에너지가 되고 있다.

이상과 같이, 자신들의 마을에 활력을 불어넣으며 신명 나는 마을로 변신시키는 데는 숨겨진 자원발굴과 함께 주민들의 주도적인 참여가 성공의 관건이 되고 있다. 참고로, 짧은 기간 내에 성공하려는 욕심은 주민들 사이에 오히려 분란만을 초래할 수 있음을 명심해야 한다.

필자도 농촌마을 출신이다. 그러기에 농어촌 지역의 모든 마을이 살기에 편안한 곳으로 바뀌었으면 하는 바람은 그 누구보다도 간절하다. 부디 농어촌 지역의 여러 마을이 마을 만들기에 도전해 보기를 권유하는 바이다.

- 2007년 11월 12일 〈제주시론〉

제주도의 마을관광을 위한
제언

　　　　　　　　　제주도에는 요즘 올렛길 관광으로 발길
닿는 곳마다 사람들이 넘쳐나고 있다. 이것은 전국적으로 잘 알려
진 관광지만을 순회하는 관광패턴에서 체험과 건강을 동반한 관광
패턴이 자리 잡고 있다는 증거이다. 말하자면 오늘날의 추세는 특
정 관광지에서 단순히 보고 느끼는 관광패턴에서, 여가활동을 통
해 건강을 챙기고 생태체험이나 문화체험 등을 중요시하는 선진국
형 관광패턴으로 진일보하고 있는 것이다.

　이처럼 건강과 체험 중심의 올렛길 관광객들은 그 어디를 가더
라도 길게 개설된 올렛길을 이정표 삼아, 제주도의 여러 마을을 가
로지르는 양상이다. 그러나 제주도의 입장에서 보면, 앞으로 올렛
꾼들이 길게 연결된 올렛길만을 고집하며 무작정 앞으로만 진군하
는 형태로 관광하도록 놔둘 것인지에 대해 깊게 고민해볼 필요가
있다. 분명히 말하지만, 어느 시점에 이르러서는 좀 더 색다른 체
험을 갈망하는 올렛꾼들이 대거 나타날 수 있다는 것이다.

그러기 위해서는 올렛길을 따라 움직이는 이들을 마을 내부로 유도하는 마을관광 혹은 마을 탐방이 필요하지 않을까 생각된다. 제주도의 여러 마을에는 올렛길에서는 느끼고 체험할 수 없는 색다른 묘미가 잠재되어 있다고 말할 수 있다. 이상과 같은 배경을 바탕으로, 향후 제주도 마을관광 활성화를 위한 시각에서 몇 가지를 제언해보고자 한다.

첫째로, 올렛꾼들이 마을 내부로 들어온 후 다양한 역사·문화체험을 할 수 있다는 전제하에, 여러 마을에서는 해당 마을을 대표할 수 있는 몇 가지 자원을 집중적으로 개발할 필요가 있다. 즉 제주도의 단일 마을에는 매우 다양한 자원들이 존재한다. 마을주민들이 집단으로 생산하는 농산물(특산물)을 비롯하여 공동체의 성격을 널리 알릴 수 있는 신당, 포구, 성담(읍성, 잣성, 연대 등), 방사탑, 불턱, 효자비와 열녀비, 전설 등의 인문 자원, 또한 오름, 해안단애, 용천수와 봉천수, 식물 군락지, 노거수, 하천 변이나 해안가의 특이한 지형지물 및 기암괴석 등의 자연 자원들이 요소요소에 분포한다.

여러 마을의 입장에서는 앞에 열거한 모든 것들을 마을자원으로 내세울 수 있다면 더욱 좋겠지만, 마을에 따라서는 존재하지 않는 것도 있는 데다가 자원 수가 많아도 전부를 한꺼번에 활용하기에는 많은 제약조건이 뒤따를 수 있다. 따라서 마을에 따라 몇 개의 자원만을 특화하여 집중적으로 홍보하고 활용하는 방안을 강구할 필요가 있다. 이들 자원의 홍보는 인터넷상의 마을 홈페이지 활

저지곶자왈 내 올렛길.

용을 기본으로 하되, 마을 입구나 마을을 끼고 있는 해안가 특히 올렛길을 끼고 있는 특정 장소에 현수막이든 안내판을 설치하여 특정 자원의 존재를 강력하게 어필하는 것이 바람직하다.

　두 번째로, 마을에서 선정된 특정 자원을 중심으로 스토리텔링 기법을 동원하여 올렛꾼들의 귀가 솔깃할 수 있도록 채색하는 작업이 필요하다. 이 과정은 그리 간단치 않으나 마을 내에 전해오는 이야기를 바탕으로 해당 마을의 어르신과 전문가의 도움을 얻거나 행정기관의 도움을 얻은 후 다소 시간을 두고 면밀하게 채색작업을 진행해야만 한다.

세 번째로, 마을 내의 특정 자원을 안내하고 설명할 수 있는 이야기꾼(안내자)을 육성해야만 한다. 각 마을의 개발위원회를 중심으로 어떤 사람이 적당한지를 선정하되, 가능한 한 올렛꾼들이 재미있게 청취할 수 있는, 재치 있는 이야기꾼을 양성하는 것이 바람직하다.

이상과 같이, 앞으로 제주도의 여러 마을에서는 올렛꾼들에게 보여줄 수 있는 자원과 그것과 연관된 이야기 그리고 이야기보따리를 풀어헤칠 수 있는 이야기꾼만 제대로 갖춰진다면, 마을관광의 활성화는 물론이고 마을관광을 통해 특산물을 직접 판매하거나 인터넷 판매 등을 행함으로써 마을 경제의 활성화에도 큰 도움을 얻을 수 있을 것으로 본다.

- 2010년 12월 20일 〈제주시론〉

산지천山地川의
새로운 부활

　　　　　　　　제주시에 새로운 명물이 등장했다. 우
리의 주변에서 언제나 냄새로 찌들었던 공간이 36년 만에 새롭게
단장(端裝)돼 돌아왔다. 다름이 아니라 산지천이 새롭게 부활한 것
이다.

　제주시민들 모두가 생태하천, 생태휴식공간으로 새롭게 단장돼
돌아온 산지천을 반기는 듯하다. 바람직하고 보기 좋은 일이다.

　산지천은 제주시, 더 나아가 제주도의 명소(名所)이어야 한다.
예전에는 분명히 많은 사람들이 즐겨 찾는 곳이었는데, 어느 날 골
칫거리 애물단지로 전락해 버렸다. 그것은 곧 우리들의 삶에 큰 변
화가 있었음을 의미하는 것이기도 했다. 아무런 이유 없이 갑자기
애물단지가 될 수는 없기 때문이다.

　옛 문헌에는 산지천을 '산짓내'라 하고 한자로는 '山底川'으로 표
기했다. 그리고 설명하기를 "가락세미 하류로 물이 2리쯤 흘러 바
다로 들어가는데, 그곳이 건들개(健入浦)이다."라고 적고 있다. 이

얼마나 낭만이 흐르는 표현인가.

시대가 시대였던 만큼 산지천은 애물단지이기는커녕 모두가 애지중지하는 보물단지와도 같았다. 산젓내에는 서민들이 앞다투며 애용하던 가락쿳물, 산짓물, 금산물 및 지장깍물 등이 자리 잡고 있었다.

며칠 전에 모처럼 초등학교 1학년인 딸애와 함께 복원된 산지천을 산책했다. 동문시장 쪽 동문교에서 산지포 쪽 용진교까지의 거리가 474m라고 하는데, 저녁을 먹고 나서 한 바퀴 돌기에 너무나 적당한 거리였다.

복원된 구간 거리도 그렇지만, 산지천 바닥에서 냄새가 풍겨 나오질 않으니 산책이 더 쾌적하고 즐거웠다. 그리고 아치형 나무다리 위에 섰을 때는 딸애가 작은 물고기가 보인다며 연거푸 비명 같은 즐거운 소리를 질러 댔다. 너무나 기분이 상쾌했고 딸애한테는 뿌듯하게 설명할 수 있어 좋았다.

산지천을 다시 우리의 품으로 돌아오게 하는 데는 무려 6년이란 세월이 걸렸고, 총 사업비만도 364억여 원이 들었다 한다. 그것은 36년 동안이나 산지천을 제대로 돌보지 않은 대가임에 분명했다.

당연히 그럴 수밖에 없었을 것이다. 산지천을 제대로 돌보지 않은 것은 제주시뿐만 아니라 제주시민, 아니 제주도민 모두였다. 그러기에 6년이란 복원 기간은 그리 긴 시간도 아니며 364억 원이란 복원 공사비도 그다지 비싼 편은 아니다. 말하자면 6년이란 세월은 자연으로부터 배우는 데 걸린 교육 기간이었고, 364억 원이란

산지천 음악 분수.

예산은 자연한테 지불한 교육비였던 셈이다.

　이제 우리 모두는 자연의 섭리로부터 큰 교훈과 감명을 얻었다. 산지천에 푸른 시냇물이 흐르지 못하면 물이 썩고, 썩은 물에는 물고기가 놀 리 만무하며 텃새들이 기웃거릴 일이 없다는 단순한 진리를 새삼 터득한 것이다.

　그런데도 다시 이상한 조짐이 보이는 것 같아, 한편으론 마음 한구석이 씁쓸했다. 곱게 가꾼 화단에는 여기저기에 종이 쓰레기가 고개를 내밀고 있었고, 강물 위에는 여러 개의 캔과 신문지 조

각 등이 떠다니고 있었다. 그리고 돌다리와 나무다리에도 호기심 많은 어린 낙서 애호가들이 발동을 건 흔적들이 군데군데 남아 있었다.

앞으로 음악 분수는 산지천 변의 또 다른 명물이 될 것이라는 생각이 들었다. 그런데 분수 구역 안에서 물줄기를 맞으며 마냥 뛰노는 어린아이들을 어떻게 이해해야 좋을지 정말 몰랐다.

어떻든 산지천은 우리에게 돌아왔다. 그렇다면 앞으로 우리가 해야 할 일은 무엇이겠는가.

- 2002년 7월 3일 〈제주시론〉

투발루의
운명

"바다가 솟아올라 조국 포기합니다."
2001년 11월 17일 자로 한 중앙지의 국제난에 실린 기사의 제목이다.
남태평양상에는 여러 개의 섬나라가 있다. 여기에 소개하는 투발루라는 섬나라(투발루 군도)는 인구가 약 1만 1,000명에다 면적은 26km²밖에 안 되며, 모두 9개의 섬으로 이루어진 아주 작은 나라이다.
그런데 최근에 이 작은 섬나라가 국가적인 위기를 맞고 있어 국제적인 관심이 쏟아지고 있다. 그것은 다름 아닌 지구온난화의 영향으로 해수면이 상승함에 따라, 머지않아 나라 전체가 바닷속으로 잠길 운명에 처해 있기 때문이다. 결국 내년부터 투발루 국민 모두는 뉴질랜드로 집단 이주를 해야 하는 사태로까지 치닫게 되었다.
한번 상상해 보기 바란다. 어느 날 갑자기 바닷물이 솟아올라 사는 집과 길과 농토가 물속으로 잠기게 되어 손도 제대로 써 보지 못한 채, 이웃 나라로 이사를 가야만 하는 사람들의 심정을!

지리적으로 멀고 작은 나라의 일이지만, 결코 웃어넘길 수 있는 일만은 아니다. 여기서 중요한 사실은 투발루 국민들의 잘못된 생활습관이나 혹은 정부가 내세운 정책에 의해서 해수면이 상승하는 것이 아니라는 점이다.

다시 말해, 특정 지역의 환경오염과 파괴에 따른 피해는 그 지역에서만 발생하는 것이 아니라 국경을 넘어 전 세계로 확산되며 동

투발루 위성지도-Google.

시에 전혀 예상치 못하는 지역에서 발생할 수 있다는 사실을 단적으로 보여주는 사례인 것이다. 결과적으로, 20세기에 들어 주요 선진공업국과 일부 개발도상국가들이 내뿜은 이산화탄소가 전혀 예상치 못했던 남태평양의 투발루라는 작은 섬나라를 희생시키고 있는 것이다.

투발루의 운명을 거울 삼아, 잠시 북태평양상에 떠 있는 제주도의 운명을 예견해 보기로 하자. 먼저, 환경오염이나 환경파괴 문제는 제주도 자체 내에서 발생하는 사안도 물론 중요하다. 이와 더불어 투발루의 국가적 위기 사태에서 보듯이, 제주도와 제주도민을 위협하는 환경오염과 환경파괴가 외부로부터 시작될 수도 있다는 사실을 명심해야만 한다.

외부로부터 초래되는 환경오염의 실례는 최근 제주도 내에서도 다발하고 있음에 우리는 주목해야 한다. 매년 이른 봄에 많이 발생하는 황사 현상만 하더라도 이미 제주도가 안전지대가 아니라는 사실이 입증되었으며, 그로 인해 빚어지는 이차적인 환경오염의 실태가 앞으로 어떻게 나타날지는 아무도 가늠하지 못한다. 또한 제주도에 내리는 비가 두 번에 한 번 꼴로 산성비라고 하는 며칠 전 지역신문의 보도도 놀라운 사실이다. 그리고 중국의 양쯔강이 범람하여 서해로 밀려들 때면, 으레 발생한다는 제주도 연안 바다의 저염분(低鹽分) 현상도 외부로부터 초래되는 환경오염의 실례인 것이다.

이처럼 외부에서 발생하여 제주도에 직접 피해를 주는 환경오염에 대해서도 어떠한 형태로든 장기적인 감시체제를 갖추고, 꾸준히 모니터링을 해야만 한다. 동시에 가능하다면, 그로 인해 나타나는 피해에 대한 실태조사, 즉 육상과 해상에서의 구체적인 피해 지역, 피해 정도와 규모 등을 단계적으로 점검해 가는 작업도 필요하리라 생각된다.

어느 날 갑자기 제주도가 투발루와 같은 운명에 처하지는 않겠지만, 제주도민들의 건강과 경제활동에 악영향을 가져오는 외부의 물리적 변화에 대해서는 철저히 감시하고, 나아가 그 피해를 최소한으로 줄이려는 지방행정부 차원에서의 노력이 무엇보다도 중요하다 할 것이다.

- 2001년 11월 23일 〈제주시론〉

마라도의
결정

          며칠 전 제주도의 여러 지역신문에는 마라도와 관련된 기사를 싣고 있었다. 기사의 제목을 원문 그대로 옮겨보면 '마라도 차량 15대 반출', '마라도는 이제 차 없는 섬', 그리고 '마라도, 차 없는 섬 만든다' 등이었다.

    마침 필자는 달포 전에 마라도를 다녀왔다. 2년 만의 방문이었는데도 마라도의 주변 환경은 그새 많이 바뀐 것 같았다. 멋있게 디자인한 화장실과 잘 다듬은 현무암 도로가 만들어지고 주변 바다의 오염을 막는 오수 정화시설도 가동되고 있었다. 그리고 생기자마자 유명세를 탔던 마라도의 '자장면집'에서도 새롭게 단장한 앞마당으로 관광객들을 끌어들이고 있었다.

    그렇다고 해서 2년 전 마라도에 자동차가 없던 것은 아니었다. 필자가 방문한 그때도 분명히 있었고, 더 정확히 말하면 훨씬 그 이전부터 있었다. 그렇지만 그 당시는 무심코 '마라도에도 자동차가 있기는 있구나.'라는 정도의 의식 수준에 머물러 있었고, 다른 마라도 성당과 등대 전경.

한편으론 사람들이 사는 곳인데 자동차가 없다면 오히려 그게 더 이상할 수도 있다는 생각마저 들었다.

그런데 상황이 반전되다 보니, 지금은 예전에 대수롭지 않던 생각이 완전히 뒤바뀌게 되었다. 그저 단순한 생각일 수도 있으나 마라도에서 자동차가 사라진다면 오히려 관광객들로부터 더 좋은 반응을 얻을 수 있고, 더불어 청정지역인 마라도의 명성이나 위상도 지금보다도 한층 더 높아질 수 있는 것이다.

대한민국 국민이라면 누구든지 한번 가보고 싶은 곳 마라도, 그런 마라도가 정말 어떤 곳이어야 하는가. 그리고 어떤 모습으로 보전되어 후손들에게 물려주어야 할 곳이겠는가.

필자는 마라도의 지혜로운 결정이 작은 섬 지역의 차원을 떠나 대한민국의 미래를 위한 선택과 결정이라는 상징적인 의미로 받아들여도 좋을 대사건이라 여겨진다. 사실 일상생활 속에서 자동차가 우리 몸의 일부나 되는 것처럼, 이미 자동차 문화에 깊이 취해버린 습관을 말처럼 간단히 바꿀 수 있는 것은 아니다. 조금 과장한다면, 자동차를 버린다는 것은 결국 몸의 일부를 잘라내는 듯한 행위라고 표현할 수도 있다.

최근에 정부는 '주민투표제'의 시행을 발표했다. 이것은 특정 지역 안에서 지방자치단체의 중요한 사업을 추진하고자 할 때, 우선적으로 해당 지역 주민들의 찬반 의견을 투표로 묻겠다는 새로운 제도이다. 이 배경은 다름 아닌 국가나 지방자치단체에서 추진하는 정책사업들이 항상 환경문제로 크게 부각되고, 동시에 님비

(Nimby) 현상이나 지역이기주의가 교묘하게 맞물리면서 우리 사회를 크게 뒤흔들고 있기 때문이다. 이제는 고질화되다시피한 새만금 간척사업이 그러했고 위도 핵폐기물처리장 선정사업도 그러했다.

마라도 주민들은 정부의 주민투표제를 발표하기도 전에 이미 솔선수범하여 서로의 의견을 묻고 결정을 내린 것이다. 다른 지역도 아닌 대한민국의 국토 최남단, 마라도에 거주하는 사람들이 내린 용기 있는 결단이었다.

물론 마라도 주민들이 선택한 자동차 도외(島外) 퇴출 사안이 국가의 미래를 좌우할 정도의 중대한 사안은 아니라 할지라도, 지금 우리 사회는 마라도의 주민들처럼 서로의 믿음을 바탕으로 사안을 해결하려는 자세가 필요한 때라고 생각된다.

요즘의 우리 사회는 정말 위험한 수준의 공중곡예와 비슷하다는 생각이 들 때가 많다. 사회가 어려우면 어려운 때일수록 '나'와 '개인'보다는 '남'과 '우리'를 위하는 넓은 아량이 필요하지 않겠는가.

그런 의미에서도 마라도 주민들이 선택한 결정은 사뭇 본받을 바가 크다고 하겠다.

- 2003년 8월 9일 〈제주시론〉

황사黄砂와
제주도

요즘 제주도에도 황사(黄砂)가 자주 불어오고 있다. 이제 황사는 매년 어김없이 찾아오는 결코 반갑지 않은 손님이다. 더불어 언제부터인지는 정확치 않으나, 급기야 제주도도 중국대륙에서 발생하는 황사의 피해지로 전락해 버린 듯한 느낌이다. 한반도에서의 황사 피해는 이미 역사적으로도 오래된 일로 기록되고 있지만, 바다 건너 제주도까지 피해를 주고 있다는 사실에는 쉽게 동감할 수 있는 상황이 아니다.

하기야 황사가 제주도뿐만 아니라 일본 열도는 물론이고 태평양을 건너 아메리카 대륙에까지도 피해를 주고 있다는 최근의 뉴스를 접하고 보면, 제주도가 황사의 피해지로 부각되고 있다는 사실 자체도 그리 이상한 일은 아니라 할 것이다. 바야흐로 황사는 환태평양 지역의 주요 오염물질의 하나로 인식되기에 이른 것이다.

원래 황사의 주요 발원지는 중국 대륙의 티벳고원 북부 신장지역, 중북부 황하유역의 황토고원, 북부 사막 지역, 베이징 북서쪽

네이멍구(內蒙古) 사막 지역 그리고 몽고고원 지역으로 알려지고 있다. 이들 지역 중 최근 한반도나 제주도에 영향을 미치는 황사는 고비사막과 네이멍구 사막 지역에서 발원하는 것으로 알려지고 있다. 특히 황사와 관련하여 중요한 사실은 황사의 주요 성분인 모래와 황토가 오염물질의 배출지역을 통과하면서 화학반응을 일으킨 후, 전혀 성분이 다른 오염물질로 변신한다는 점이다.

황사의 피해가 일상생활이나 산업활동에 막대한 손해를 끼치고 있음은 이미 잘 알려져 있다. 황사는 컴퓨터와 반도체 생산관련 첨단산업은 물론, 농·수·축산업에도 엄청난 피해를 끼치는 주요 경계 대상의 오염물질이다. 그뿐만이 아니다. 황사가 불어닥치는 날에는 모든 사람들의 사회활동마저도 위축되기 때문에, 그에 따른 경제적인 생산능력도 전반적으로 떨어지고 있는 것이 현실이다.

최근에 발생하는 황사의 발생 빈도수를 보면, 앞으로 제주도에도 황사의 피해는 더욱 크게 나타날 가능성이 높다. 그런데 여기서 한 가지 짚고 넘어가야 할 사안은 현재 제주도에서는 황사의 피해에 대한 구체적인 실태 보고는 물론이고 자료 축적이 제대로 안 되고 있다는 사실이다. 제주도가 특별자치도를 자처하며 21세기를 지향하는 시점에서 황사의 피해에 대한 체계적인 실태 보고나 자료 축적이 이루어지지 않는 점은 큰 문제라 지적하지 않을 수 없다. 이와 같은 우려는 제주도에도 황사의 피해가 심각할 만한 수준으로 나타날 수 있음을 전제하는 것이다.

황사의 피해에 대한 구체적인 실태 보고나 자료 축적은 전국적

황사 현상-제주대학교 교육대학 옥상에서, 2007. 3. 27.

으로도 그리 많이 이루어지지 않은 것으로 알고 있다. 그러나 제주도에서는 앞으로 어떤 부서나 관련 기관이 됐건, 장기적인 안목으로 피해실태에 따른 자료를 축적해 나갈 필요가 있다. 그 이유는 황사 현상은 분명히 환경재해이기 때문이다.

제주도가 특별자치도와 국제자유도시를 동시에 추진해 가는 과정에서는 필연적으로 첨단과학 기술단지와 휴양형 주거단지의 조성 등이 이루어질 것이고, 또 제주국제컨벤션센터를 중심으로 세계적인 회의산업도 더 많이 유치하게 될 것이다. 나아가 지금보다도 더 많은 국내외 관광객들이 제주의 자연과 문화의 정취를 즐길 수 있는 사회적인 분위기가 조성될 것이다.

만약 그렇다면, 황사와 같은 악성 오염물질이 나부끼는 날에 제주도를 찾는 사람들은 어떤 문화 활동이나 관광 활동을 할 수 있을 것인지, 또 도민들의 일상생활과 산업 부문에서 피해를 최대한 줄일 수 있는 방안은 무엇인지, 그 해법을 찾는 노력이 반드시 뒷받침돼야만 한다. 그리고 그 해법은 다양한 자료의 축적에서만 올 수 있음을 깨달아야 할 것이다.

- 2006년 5월 8일 〈제주시론〉

포구에 부는
바람

세찬 겨울 찬 바람이 채 가시지 않은 2월의 어느 날, 강원대학교 지리교육학과 답사팀을 맞아 해안지역을 안내하게 되었다.

보통 지리학이나 지리교육을 전공으로 공부하는 학생들은 특별한 일이 없는 한, 잘 개발된 관광지는 거의 들르지 않고 화산섬의 특징을 제대로 살펴볼 수 있는 화산활동의 현장을 주로 찾는다.

그런 이유 때문인지는 모르나 대부분의 학생들은 제주도의 자연지리적 환경에 대해서는 많은 지식과 정보를 습득하게 되지만, 상대적으로 인문지리적 환경과 관련해서는 고작 전통 초가나 감귤과수원이 중요한 학습대상이 될 뿐, 그 외의 것들은 그다지 주목을 받지 못하는 게 현실이다.

그래서 이번 안내를 맡으면서 생각을 조금 달리 하게 되었는데, 그것은 제주도의 자연과 역사와 문화를 동시에 학습하며 관광의 분위기도 만끽할 수 있는 답사코스로 안내하는 것이었다.

용담2동 다끄내 포구.

최근 제주도 내 요소요소에 개설해 놓은 해안도로는 그 목적을 달성하는 데에 아주 제격이라 할 수 있다. 제주시에서 출발하여 서쪽으로 2개의 해안도로를 따라가며 곳곳에 산재해 있는 제주의 자연 및 인문환경의 구성요소를 상대로 나름대로 열변을 토했다.

불과 반나절 정도밖에 걸리지 않는 코스였지만, 끝나고 난 후 학생들의 반응도 좋은 것 같아 일단 성공적이라는 생각이 들었다.

안내를 마치자마자 일행과 아쉬운 작별을 한 후 곧바로 근무지인 대학으로 발길을 옮기는 데, 영 뒷맛이 개운치 않았다. 그것은 다름 아닌 몇 군데의 포구에서 연속적으로 각인돼 버린 오염 현장 때문이었다.

안내를 했던 포구 주변은 한마디로 쓰레기장을 방불케 할 정도로 폐그물, 스티로폼, 비닐, 병 등 다양한 육지 쪽의 쓰레기가 바다 쪽에서 떠밀려 온 해초류와 뒤범벅이 된 상태로 서로 엉켜 있었다. 정말 보고 싶지 않은 광경이었다.

특히 포구 주변을 안내할 때는 '제주해안이 오염되는 날이면 대한민국의 그 어느 해안도 오염의 굴레로부터 벗어날 수 없을 것'이라고 호언장담하며, 아직도 제주해안이 때 묻지 않았음을 몇 차례나 강조했다. 그렇지만 세 군데의 포구를 이동하며 설명할 때마다 학생들 몸과 몸 사이로 보이는 쓰레기 더미가 자꾸 신경을 자극하는 것이었다.

정말 안타까운 것은 순수하게 공부를 목적으로 내도한 학생들에게 제주해안은 전혀 오염되지 않은 청정해안이라고 강조했던 자신의 설명이 한낱 궤변에 지나지 않았다는 사실이다. 어찌 뒤돌아서 오는 마음이 무겁지 않을 수 있겠는가?

포구처럼 제주 사람들의 생활의 흔적이 깊게 배어 있는 곳도 드물다. 해안마을에 거주하는 많은 사람들은 무거운 생활고를 덜기 위해 바다로 나가야만 했고, 그렇기에 포구는 반드시 필요한 존재였다. 그래서 해안마을의 역사는 포구의 역사라 해도 과언이 아니다.

최근 도내의 연구자들이 우려하는 바와 같이, 제주 포구의 원형이 계속해서 파괴되며 훼손돼 가고 있다. 제주 포구는 그 규모가 아주 작지만, 육지부의 포구나 오늘날에 개발된 큰 항구에 비하면 아기자기한 옛 멋이 그대로 남아 있다. 그러한 옛 멋은 우리 선조들의 피땀 어린 정성 때문에 더욱 그립게 느껴지는 것이라 생각된다.

포구에 부는 바람은 오늘도 거칠고 드세다. 오늘 이 바람으로 포구 주변의 쓰레기와 자꾸 분별없이 행해지는 포구 공사의 요인까지도 같이 날려 보내 버릴 수는 없을 것인가.

- 2002년 3월 21일 〈제주시론〉

서귀포^{Seogwipo}가 뜨던 날

드디어 서귀포가 떴다. 내내 숨겨 왔던 비밀을 드러내듯이, 서귀포가 전 세계를 향해 월드컵 경기장의 참 모습을 드러낸 것이다. 분명히 세계의 시민들은 놀라워하고 또한 감동했을 것이다.

서귀포에 자리 잡은 제주월드컵경기장에서는 개막 전에 행해진 한국-미국전과 한국-잉글랜드전의 연습경기를 시작으로 하여 월드컵 본 경기인 브라질-중국전, 슬로베니아-파라과이전 그리고 8강전 첫 게임인 독일-파라과이전을 끝으로 일단 부여된 임무를 훌륭히 완수해 냈다.

서귀포에서 경기를 치른 나라의 국민들은 자국의 경기를 지켜보면서 바다와 산이 어우러진 서귀포의 아름다움과 아기자기한 남국의 정취에 흠뻑 매료되지 않았을까. 또한 그 밖의 나라에서도 인접 국가의 경기나 관심 있는 선수가 뛰는 경기를 보면서, 지금까지 알려지지 않았던 서귀포의 여러 모습을 접하는 기회를 가졌을 것이다.

월드컵경기장 전경.

코리아(Korea)의 남쪽, 아주 작은 섬에 이렇게 아름다운 월드컵 경기장을 만들어 내다니! 세계 사람들의 찬사가 귓전에 들리는 듯하다. '대체 서귀포가 어떤 도시야?'라고 의아해하면서도, 세계의 시민들은 지구의와 세계지도를 열심히 찾아보며 때아닌 지리 공부에 열을 올렸을 것이다. 서귀포 시민들이, 아니 제주도민들이 시켜서 한 일이 아니다. 그들 스스로가 서귀포의 정보가 필요했기 때문이다.

이제 서귀포는 오랫동안 세계인들의 가슴속에 남아 있게 될 것이다. 그들의 가슴에 간직된 이미지를 구태여 표현한다면, 그것은 아마도 '대한민국의 남쪽 월드컵의 도시 서귀포'나 '산과 바다가 어우러진 아름다운 월드컵의 도시 서귀포'가 되지 않을까 생각해 본다.

서귀포는 월드컵 경기를 통해 전 세계에 엄청난 광고를 쏘아댄 것이다. 비록 세 경기에 머무르기는 했으나, 그 세 경기를 시청한 전 세계의 시청자 수는 상상을 초월하는 숫자가 될 것임에 분명하다.

월드컵 경기를 통한 서귀포의 광고 효과가 지금 당장 나타나지 않을 수도 있다. 더디기는 하나, 시간의 흐름과 함께 확실한 결과로 이어질 것이라는 사실을 굳게 믿어 의심치 않는다.

현재 제주도는 전 세계가 인정하는 국제자유도시를 꿈꾸며 순조로운 항해를 막 시작한 상태이다. 이런 시점에서 세계인들의 이목이 집중되는 월드컵 경기를 통해 서귀포와 제주도를 세계로 알릴 수 있는 기회가 주어졌다는 사실은 너무나 큰 행운이다. 광고 효과를 금액으로 환산한다고 하더라도 가히 천문학적인 금액이 될 것이다.

그렇기에 월드컵 경기를 통해 엄청난 수익을 예상했던 계획이 완전히 수포로 돌아갔다고 허무해 하거나 볼멘소리를 높일 필요는 없다. 그 보상은 월드컵이 끝난 후에 서서히 돌아올 수 있기 때문이다. 따라서 장기적으로 보면 앞으로가 더 중요하다. 월드컵 대회는 많은 자원봉사자들의 헌신적인 노력으로 이뤄냈다. 이제 월드컵 대회가 끝난 후부터 서귀포로 제주도로 들어오는 여러 국가의 손님들에게 어떻게 대응해야 할 것인지가 매우 중요하다고 하겠다.

월드컵 대회 때와 마찬가지로 언제나 상냥한 미소로서, 그리고 의사소통에 큰 장애 없이 서귀포와 제주도의 자연과 문화를 설명하고 안내하는 일이 계속해서 제대로 이루어져야 한다. 왜냐하면 이미 그들의 뇌리에는 서귀포가 잊지 못할 도시로 기억돼 있기 때문이다.

- 2002년 6월 27일 〈제주시론〉

혁신도시,
서귀포시에 거는 기대

　　　　　　마침내 서귀포시 서호동 지구가 수도권에 위치하는 9개의 공공기관을 유치함으로써, 제주도의 새로운 발전을 기약할 수 있는 혁신도시로 선정되었다. 참으로 어려운 진통 끝에 결정된 선택이었을 것으로 생각된다.

　앞으로 서귀포시 서호동 지구에는 공무원연금관리공단을 비롯하여 기상연구소, 한국국제교류재단, 재외동포재단 및 통일교육원 등 9개의 공공기관이 입지하게 될 것이며, 이들 공공기관에 근무하는 1,000여 명에 가까운 임직원들도 같은 지구 내에 거주할 것으로 짐작된다. 나아가 임직원 가족까지 고려하면, 서귀포시의 인구는 현재의 수준보다 거의 1만 명에 육박하는 인구가 늘어날 수 있다는 전망도 나오고 있다.

　이번에 혁신도시 후보지로서 서귀포시가 선택된 배경은 그 무엇보다도 제주도내 균형발전이라는 기준이 중요하게 작용했을 것으로 본다. 물론 서귀포시가 이 심사기준 외에도 다양한 심사기준을 충족시켰기에, 도내의 다른 시군 지역을 제치고 선정되었음을 모르는 바 아니다.

그동안 서귀포시는 지역발전에 있어 많은 제약을 받아온 것이 사실이다. 서귀포시는 한라산 남쪽 지역의 중앙부에 위치하고 있으면서 제주시와는 여러 부문에서 차별적인 대접을 받을 수밖에 없었다. 다시 말해, 제주도 내의 인구성장과 중요한 사회간접시설들이 제주시를 중심으로 이루어지다 보니, 상대적으로 서귀포시의 발전은 더딜 수밖에 없었던 것이다.

서귀포시는 1990년대 말을 기점으로 계속해서 상주인구가 감소하는 매우 어려운 고비를 맞아왔다. 결국 상주인구의 감소는 지역경제를 악화시키는 요인으로 등장하면서 서귀포시의 발전을 저해하는 동인(動因)이 돼왔다. 더욱이 2000년 이후 몇 년간 이어져 왔던 감귤가격의 하락은 더욱더 주민들에게 허탈감을 안겨주었을 뿐만 아니라, 지역경제를 침체화하는 데 크게 한몫을 했다. 물론 이들 과제를 해결하기 위한 행정당국의 노력이 없었던 것도 아니지만, 한번 악순환의 고리에 물린 사회현상은 좀처럼 정(正)의 방향으로 돌아올 줄을 몰랐다.

그러나 우리 모두가 잘 아는 것처럼, 조금만 시각을 바꿔서 생각해 보면 서귀포시는 위치적으로 혹은 환경적으로 매우 유리한 비교우위의 고지를 점하고 있음을 알 수 있다. 이 위치적 조건과 환경적 조건은 제주시나 육지부의 다른 지역이 갖지 못하는 발전 잠재력이라 할 수 있는 것이다. 우선, 위치 상으로 볼 때는 서귀포시가 대한민국 내에서도 가장 남쪽에 위치하는 시(市) 지역으로서 사시사철 온화한 기후를 보인다는 사실이다. 따라서 일반적으로 위치적 특성에 따른 기후변화가 적기 때문에, 상대적으로 거주하기에는 편리한 지역이라 할 수 있다.

환경적으로 볼 때는 비교적 작은 범위 안에 다양한 인문자원과 자연자원이 밀집돼 있다는 사실이다. 최근에 서귀포시는 지역 내

서귀포 신시가지 전경.

에 분포하는 인문자원과 자연자원을 권역별로 묶고 '서귀포 70경'이라 명명한 바 있다. 그리고 이들 자원은 지역발전을 위한 관광자원으로 적극 활용하고 있다.

이처럼 서귀포시는 위치적 조건이나 환경적 조건이 빼어남에도 불구하고 제주시에 비해 일부 문화시설과 교육기관의 미비, 청년층의 일자리 부족 등으로 매년 인구유출이라는 뼈아픈 고통을 감내해야만 했고, 그로 인해 발전의 기회도 놓칠 수밖에 없었다.

앞으로 서귀포시에 새로운 혁신도시가 제대로 안착하게 되는 날, 서귀포시의 발전도 크게 기대할 수 있을 것으로 여겨진다. 한 가지 바람이 있다면, 그것은 서귀포시가 다른 어느 지역보다도 인간과 자연이 공존하며 삶의 질을 높여나갈 수 있는 생태문화도시로 거듭나는 일이라 할 수 있다. 바로 이 점은 필자만이 생각하는 욕심은 아닐 것으로 믿어 본다.

- 2005년 12월 29일 〈제주시론〉

산지천에 세계적인
야시장을 조성하자

산지천이 새롭게 우리 곁으로 돌아온 지도 벌써 5년이 넘었다. 그동안 산지천은 제주시민들의 소중한 쉼터와 문화공간의 일부로서 그리고 심신을 단련하는 장(場)으로서 나름의 역할을 담당해왔다. 그러나 아직도 밤만 되면 산지천 주변에서는 이상한 손님 끌기(?)가 계속되는 것도 부인할 수 없는 현실이다.

이와 같은 현실을 감안하여, 감히 산지천을 중심으로 세계적인 야시장을 조성하여 활용하는 방안을 제안해 보고자 한다. 물론 이런 제안의 이면에는 연동되어 제기될 수 있는 문제점도 많을 것이라는 사실을 모르는 바 아니다. 허나 산지천 야시장의 조성을 화두로 삼아, 그 가능성을 타진해 보는 것은 어쩌면 제주의 미래를 위하여 바람직한 일이 될 수도 있지 않을까 필자는 조심스레 생각해 본다.

복원된 산지천의 하류 구간에 조성되는 야시장을 가상적으로

산지천 변 여름철 임시 야시장 모습.

‘산지 야시장’이라 명명해 보자. 그리고 산지 야시장의 카피(copy) 문구는 ‘제주도의 역사와 문화가 살아 숨 쉬는 산지 야시장’ 정도로 정할 수 있다. 더불어 산지 야시장의 조성 및 운영과 관련된 모든 사항은 제주특별자치도의 행정·제도적인 체제하에서 관리·보호할 수 있는 법적 조례나 규정을 바탕으로 실시함을 원칙으로 하며, 또한 일정한 시점까지는 모든 과정이 제도권 안에서 활성화하는 방안을 모색할 수 있다.

　기본적으로 산지 야시장은 산지천 복원구간의 인도(산지로와 중

인문로, 948m의 거리 구간)나 일부의 차도를 활용하여 조성하며 계절에 따라 탄력적으로 운영하는 것을 근간으로 한다. 그런데 산지로 쪽의 인도는 상당히 넓은 반면, 중인문로의 인도는 부분적으로 꽃길 조성과 함께 다양한 운동기구를 설치해 놓고 있어 곳곳이 폭이 좁은 곡선 형태를 취하고 있다. 결국 두 도로의 특성을 효과적으로 살리면서 야시장의 공간을 색다르게 꾸밀 필요가 있다.

산지 야시장의 조성은 기본적으로 일정한 크기를 지닌 '이동식 판매대'(소형 리어카식)를 기본으로 설치하되, 제주시나 제주도 등 관련 행정기관의 엄격한 심사와 허락을 걸쳐 제작한 것으로 한정

제주동문시장 내 야시장 모습.

할 수 있다. 그리고 이동식 판매대는 행정당국인 제주시나 제주도가 전체적인 외부 형태, 가로·세로의 크기, 높이, 바퀴의 지름, 손잡이, 색상 등을 결정하고, 행정당국이 직접 일정 업체에 의뢰하여 제작할 수 있다. 행정당국에서는 이동식 판매대의 여러 정보를 사전에 수집할 필요가 있으며, 동시에 그 형태나 색상 등은 생태하천인 산지천과도 조화롭게 합치하도록 해야 할 것이다. 또한 이동식 판매대와 판매대를 설치하는 도로(인도 또는 일부 차도) 폭과의 적절성이나 효율성도 충분히 고려돼야만 한다.

산지 야시장의 조성은 제주시의 구도심 상권 활성화는 물론 야간 관광지의 활성화 차원을 고려한 새로운 프로젝트가 될 수 있다는 점에서 매우 진지하게 고민해 볼 필요가 있는 과업이라 생각한다. 56만여 명의 인구가 거주하는 섬 지역이라고 해서, 1년에 200~300만 명 이상의 외국 관광객을 끌어들일 수 있는 세계적인 야시장 혹은 세계적인 야간 관광지를 조성 못 할 이유가 없다.

끝으로 산지천이 야시장 조성으로 인해 오염되거나 생태 하천으로서의 기능을 상실한다면 하나를 얻고 하나를 잃는 격이 되고말 것이다. 따라서 이에 대한 해법이 당연히 마련돼야 함은 물론, 새벽 시간대부터는 산지천 수변공간이 다시 제주시민과 관광객들의 조깅 코스나 산책로로 자유롭게 이용될 수 있는 방안도 함께 마련돼야 할 것이다.

- 2007년 12월 15일 〈제주시론〉

웰빙^{well-being}족과
다운시프트^{downshift}족, 그리고 제주도

최근에 건강이나 행복과 관련하여 세인들의 주목을 받는 두 부류의 족(族)이 있다. 하나는 작년부터 국내 젊은 층 사이에서 새로운 문화코드로 자리 잡기 시작한 웰빙족이고, 다른 하나는 유럽인들 사이에서 유행처럼 확산되고 있는 다운시프트족이다.

웰빙족은 웰빙의 사전적 의미인 '복지' 또는 '안녕'이 시사하듯이, 몸과 마음을 유기적으로 결합하여 건강하고 풍요로운 인생을 추구하는 사람들을 말한다. 그래서 웰빙 문화는 20~30대의 젊은 층에서 유행하고 있는데, 그들은 몸에 좋다고 하는 유기농 식품과 청정 과일을 즐겨 먹으며 운동도 주로 요가나 단학을 하거나 헬스클럽을 찾아 자신의 신체에 맞는 운동을 선택적으로 행하는 경향이 강하다.

한편 다운시프트족은 자동차를 저속기어로 변환한다는 의미를 토대로 나타난 신조어로서, 세계화와 디지털로 상징되는 현대사회에서 경쟁과 속도를 탈피하고 여유 있게 자기 만족적인 삶을 추구하는 사람들을 가리킨다. 다운시프트족은 흔히 '느림보족'이라고도 불리는데, 그만큼 느림과 여유를 통해 항상 정신적으로 긴장되고 육체적으로는 뻐근한 현대의 사회생활에서 탈출하고자 하는 부류라 할 수 있다.

다운시프트족은 특히 영국의 30~40대 연령층에서 나타나기 시작하여 유럽 전역으로 확산되었는데, 이 계층에 속하는 사람들은 주로 법조계, 증권금융업, 정보통신업 등 중산층 전문직에 종사하는 사람들이 많다고 한다.

이상과 같이, 올 한 해도 두 계층이 즐기고 지향하는 생활문화는 작년에 이어 계속해서 많은 화제와 뜨거운 이목을 집중시킬 것으로 예견되고 있다. 그렇다면 웰빙족과 다운시프트족의 공통점은 무엇일까. 그리고 제주도는 이들이 즐기는 문화코드의 틈새를 어떻게 활용하여 접근할 수 있을지를 생각해 보자.

먼저, 웰빙족과 다운시프트족이 추구하는 공통점은 건강하면서 행복한 삶을 추구하는 데 있다. 따라서 이들은 물질적인 가치에 치중하기보다는 정신적·육체적인 조화와 안정을 최고의 가치로 생각한다. 그리고 두 부류의 사람들은 일상생활에서 항상 여유로움과 자연스러움을 찾아 인생을 풍요롭게 즐기려 한다는 점이다. 그러므로 시간적으로나 경제적으로도 자신의 육체를 돌보거나 자연과 벗 삼는 데 시간과 돈을 과감히 투자하는 성향을 지니고 있다. 앞으로 이 두 부류의 생활문화는 한국 사회에서도 급속히 확산될

무릉곶자왈 탐방 올렛꾼.

가능성이 매우 높다.

　이러한 배경을 토대로 생각한다면, 장수의 섬으로 이미지를 높여가고 있는 제주도로서는 새로운 문화코드로 인식되고 있는 라이프스타일의 개념과 배경을 제대로 간파함으로써, 그들의 생활문화에 접목시킬 수 있는 방안을 모색할 수 있다는 것이다. 그러기 위해서는, 우선적으로 국내외의 웰빙족과 다운시프트족이 추구하는 현실적 요구와 상황을 정확하게 진단할 필요가 있다. 나아가 그들에게 걸맞은 상품개발과 함께 판매촉진을 행하는 동시에, 자연의 풍요로움과 청정성을 대표하는 제주도의 지역적 가치를 각종 홍보 매체를 통해 적극적으로 높여 나가야 한다.

다시 말해, 상품개발이나 판매촉진 부문에서는 자연과 청정성을 배경으로 다양한 장수 농산물의 브랜드화를 꾀할 수 있으며, 더불어 전국적으로 시판되고 있는 삼다수와 감귤음료 등도 한층 더 조직적인 시장 확대의 가속화를 추진해 나갈 수 있다. 그리고 제주 지역의 지역적 가치를 높이는 지역홍보 부문에서는 국제자유도시 선도프로젝트인 휴양형 주거단지 조성사업과 관련하여, 웰빙족과 다운시프트족의 일시적인 휴양지나 체류지로서 최적지임을 부각시킬 수 있을 것이다.

궁극적으로 21세기에 제주도가 더욱 높게 비상하려면, 항상 국내외의 새로운 문화현상에 대한 재빠른 파악과 함께 그에 적극 대응하려는 자세가 무엇보다도 필요하다는 것이다.

- 2004년 1월 29일 〈제주시론〉

인구의 집중,
막을 수는 없는가?

　　　　　　　　제주도 안에서도 제주시 지역으로 인구
가 현저하게 집중하는 현상이 나타나고 있다. 어쩌면 이런 현상은
당연한 결과인지도 모른다. 여러 가지 여건으로 볼 때, 제주시가
상대적으로 다른 시·군에 비해 생활 문화적 기반시설들이 잘 갖추
어져 있기 때문이다. 따라서 생활 여건이 좋은 곳으로 이동하는 사
람들의 흐름을 인위적으로 막을 수는 없다.

　최근 매스컴에서 수도권 남부 지역의 판교 신시가지 건설 문제
를 놓고 열렬한 논쟁이 있었던 사실을 우리는 익히 알고 있다. 여
기서 반대론자들의 중요한 논점은 신시가지 건설에 따른 인구의
집중 문제에 있었다. 특정 지역에의 인구 집중은 또 다른 사회문제
를 야기시키며 악순환의 씨앗을 물고 다닌다. 이러한 사실은 이미
보편화된 상식이다.

　제주도에는 육지부의 신시가지와 같은 새로운 도시 건설 사업
은 없다고 하더라도, 최근 제주시권 내 대단위 아파트 단지의 건설

은 인구 이동의 실질적인 원인을 제공하고 있는 것이 사실이다. 말하자면, 제주시 쪽에서는 주변 농촌지역에 대해 인위적으로 인구 유입을 부추기고 있는 셈이다. 최근 몇 년 사이에 행해진 화북지구, 연동지구 및 외도지구의 대규모 택지 조성 사업은 좋은 본보기이다.

그런데 과연 이러한 대규모 택지개발사업이 어느 한쪽의 일방적인 계획으로만 추진되고 실현될 수 있을까? 제주도나 제주시가 지역의 현안 문제를 해결하려는 태도와 수요·공급의 논리로서 이익을 보려는 사업자 측의 이해가 서로 맞물리지 않으면 그러한 개발사업은 쉽게 일어날 수 없다. 1980년대에 접어들면서 대도시 주변부의 신도시 개발과 대단위 아파트 단지의 건설은 새로운 인구 이동의 사회적 배경이 되고 있다. 즉 특정 지역의 인구 집중은 도시 내의 아파트(주택) 확보라는 문제와 밀접한 관계가 성립하고 있는 것이다. 제주도에도 그런 현상이 서서히 나타나고 있는 것은 아닐까?

여기서 제기하고자 하는 것은 농촌에 거주하는 많은 사람들의 아파트 구입이나 혹은 제주시 내의 아파트 단지 건설사업 자체를 비난하려는 것이 아니다. 결과론이기는 하지만, 앞으로 장기간에 걸쳐 인구 이동이 일어날 수 있고, 그에 따라 도시와 농촌지역에 초래될 수 있는 여러 가지 지역사회의 현안문제를 우려하고 있는 것이다.

최근의 일을 예로 보더라도, 학생 수의 부족으로 폐교 위기에 놓

노형동과 연동 주변 아파트와 고층건물 밀집지구.

여 있던 농촌지역의 학교는 분명히 존재하고 있었다. 그 후 이들 학교는 존속 기준이 완화됨과 동시에 지역 주민들의 자체적인 노력으로 위기를 모면했지만, 우리에게 많은 교훈을 심어 준 사례였다. 상대적으로 인구의 유입 현상이 두드러진 제주시 지역에서는 새롭게 학교를 지어야만 하는 상대적인 결과도 가져왔다. 이러한 상황이 우리 지역사회에 지속적으로 나타난다면, 경제적인 손실은 물론 언젠가는 우리가 생각지 못한 심각한 사회문제에 부딪칠 수도 있다는 것이다. 사람들의 이주 자체를 막을 수는 없으나, 일정 지역의 인구가 과대로 집중하는 현상은 정책적으로 최소화할 수 있다.

최근의 상황을 토대로 하면, 제주시로의 인구 집중은 한동안 지속될 가능성이 높다. 따라서 앞으로 제주도 차원에서 지역별로 일정 수준의 인구를 유지할 수 있는 정책과 더불어 도시-농촌지역 간 사회복지의 균형을 이룰 수 있는 중·장기적인 플랜을 수립해야 할 때가 도래한 것이라 생각된다.

- 2001년 3월 22일 〈제주시론〉

이주민의 증가와
제주사회의 변화

하루가 멀다 하고 제주 섬으로 이주해오
는 사람들이 늘어나고 있다. 말하자면 제주 이주민이다. 제주도의
입장에서는 매우 고무적인 일이라 여기며 크게 박수치고 있을지도
모른다. 그러나 해를 거듭할수록 제주 이주민이 증가하면서 이와
연관된 사회 변화의 다양성은 긍정적이든 부정적이든 고무풍선처
럼 부풀어 오르고 있다.

제주 이주민은 제주 이외의 다른 지역(외국 또는 육지부)으로부터
제주로 거주지를 옮기고 정착한 사람들을 가리킨다. 최근 몇 년
사이에 제주로 건너오는 이주민은 2010년 437명에서 2013년
7,823명으로, 그리고 2015년 11월 현재 13,026명으로 엄청난 증
가세를 보이고 있다. 이로 인해 제주도의 상주인구는 이미 63만
명을 넘어서게 되었고, 농어촌 지역의 인구 증가에도 큰 변수로 작
용하고 있다.

최근 제주로 유입되는 이주민의 속성은 크게 두 가지 유형으로

축제 시에 모인 다양한 먹거리 장터.

나눌 수 있다. 하나는 중앙정부나 지방정부의 정책에 따른 것이다. 다른 하나는 개인의 의사결정에 따른 제주 이주민이다. 2010년 이후 부동산 투자 이민제로 건너오는 중국인이나 IT 및 BT 관련 기업의 이전과 함께 들어오는 기업인과 회사원은 전자의 사례에 해당되고, 소위 '문화이주민'이라 칭하는 개별 세대의 소시민은 후자에 속한다.

특히 귀농·귀촌에 뜻을 품고 제주 섬으로 들어오는 문화이주민들은 이도향촌(離都向村)하는 사람들이 주를 이룬다는 점에서, 또 최근 한국사회의 세태를 잘 반영하고 있다는 점에서 매우 주목할 만하다. 문화이주민들은 대도시를 떠나 자연이 탁월한 제주에서,

그리고 높이 솟은 빌딩 속 사무실이 아닌 한적하고 전원 분위기가 물씬 감도는 농촌에서 농사를 짓고 더불어 마을주민들과 같이 호흡하면서 새로운 삶을 열어가려는 사람들이기 때문이다.

현시점에서 볼 때 제주로의 이주는 하나의 사회적 트렌드로 자리 잡아가고 있다. 그런데 이 사회적 트렌드는 역으로 따져보면 웃지 못할 사연과 맞물려 있음을 알게 된다. 제주에서 태어나고 자란 토박이들 중 일부는 여전히 육지부의 도시를 향해 이촌향도(離村向都)를 지향하고 있다는 사실 때문이다. 좋은 직장을 얻기 위하여, 유명 대학이나 대학원에 진학하기 위하여, 아이들의 더 나은 교육환경을 마련하기 위하여 제주 토박이들은 떠난다. 물론 이러한 일

밭담축제에 모인 아트마켓.

들이 어제오늘 시작된 것은 아니다. 적어도 1970년대로 들어서면서부터 청장년층 사이에서는 비일비재하게 이루어지던 일련의 사회적 흐름이다.

외국이나 육지부로부터 들어오는 제주 이주민의 증가가 과연 제주 토박이에게는 어떠한 의미를 안겨주고 있을까. 한 가지 분명한 사실은 그들과 같이 더불어 살 수 있는 거주환경 내지 지역환경의 조성은 우리 모두가 풀어야 할 과제라는 점이다.

제주사회에서도 이주민은 모두가 소중한 이웃사촌이다. 더불어 제주 이주민은 앞으로도 계속 늘어날 것으로 믿어 의심치 않는다. 그렇다면 앞으로 제주 토박이와 이미 오래전에 정착한 이주민들은 새로 들어오는 이주민들과 어떠한 사회적 관계망을 유지하며 더불어 살아가야 할 것인지를 고민해야만 한다.

일부 마을이나 지역에서 원주민과 이주민 사이에서의 마찰이 종종 핫뉴스로 보도되기도 한다. 그렇다고 해서 이를 해결할 만한 원칙적인 정답은 존재하지 않는다. 구태여 교과서적인 답을 내놓는다면, 제주에 거주하는 모든 사람들이 인권, 생명 존중, 평화 등 인류 보편적 가치를 발판 삼아 한국의 전통사상인 공경과 사랑, 양보와 배려를 실천하는 삶을 추구하는 것이다.

- 2015년 12월 29일 〈제주시론〉

우리들에게
재일제주인의 존재란

　　　　　　　　새봄이 열리는 3월 초, 제주시의 한 호
텔에서는 '재일제주인의 삶과 제주도'란 주제로 학술 세미나가 열
렸다. 이틀에 걸쳐 진행된 이번 세미나에서는 상당히 의미 있는
발표와 토론이 있었다. 나아가 모든 연구자들이 한결같이 동감하
는 사안 중 하나는 앞으로 재일제주인의 존재를 다시 한번 깊이
생각하고, 이전보다도 더욱 교류를 활성화하는 동시에 그에 따른
총체적인 연구를 실행할 수 있도록 분위기를 조성해 가자는 것이
었다.

　여러 연구자들이 발표한 내용 중에서도 중요하게 거론된 사안
은 앞으로 제주도와 재일제주인 사회와의 폭넓은 교류를 위해 재
일제주인에 대한 시각이 분명히 달라져야 한다는 것이었다. 다시
말해, 현시점에서는 재일제주인들이 예전과 같이 자신들이 태어난
마을과 지역사회인 제주도에 항상 맛있는 '과자'만을 가져다주는
사람들이 아니라, 어쩔 수 없이 고향을 등지게 되었지만 항상 뜨거

재일동포 및 재일제주인 관련 서적
-제주대학교 재일제주인센터 제공.

운 가슴으로 고향을 사랑하며 고향을 못 잊는 우리의 소
중한 이웃으로 인식해야 한다는 것이다.

사실 그랬다. 지금까지 우리는 재일제주인들은 무조
건 돈 많은 부자로 단정하고, 고향을 찾을 때마다 여러
가지 선물 보따리만을 요구하며 기다려왔다. 재일제주
인들은 그러한 기대를 차마 저버리지 못하고, 매번 어김
없이 크고 작은 선물 보따리를 풀어놓기에 바빴다. 그렇
다고 선물 보따리를 풀어놓는 재일제주인들 모두가 부
자는 아니었다. 또한 여러 선물 보따리 자체도 많은 재
일제주인들이 그때마다 조금씩 힘을 모아 만든 것이었
음을 우리는 안다.

재일제주인들은 언젠가 조상들이 잠들어 있는 고향 땅을 편안
한 마음으로 다시 찾아오기 위해, 오랫동안 허리띠를 졸라매며 헌
신적으로 선물 보따리를 마련하곤 했던 것이다. 제주도가 오늘날
눈부신 발전을 이룩하게 된 배경과 관련해서는, 결코 재일제주인
들의 역할을 빼놓을 수 없을 것이다. 지금까지 그들이 가져온 선물
보따리는 예상보다도 훨씬 소중하고 값진 것이었으며, 제주 발전
의 자양분(滋養分)이 되었음은 분명한 사실이기 때문이다.

21세기를 맞이한 이 시점에서, 재일제주인에 대한 사고와 마음

가짐을 새롭게 가다듬을 필요가 있다. 그리고 앞으로는 그들에게 뜨거운 박수와 함께 존경과 배려의 눈길을 보내야 할 것이다. 한 걸음 더 나아가, 현재 일본 내에서 외로운 삶을 보내고 있는 재일 제주인들의 실태를 정확히 파악하여 실질적인 도움을 줄 수 있어야만 한다.

우리가 생각하는 것보다도 훨씬 많은 재일제주인들이 부자(富者)가 아닌 빈자(貧者)로 외로운 나날을 보내는 사람들이 많다는 사실을 깨달아야 한다. 특히 70세 이상의 할아버지나 할머니들은 특별한 생계 수단도 없이 하루하루를 힘겹게 살아가고 있다는 소문도 들려온다.

그렇기에 행정기관인 제주도는 물론이고 제주도민 모두가 함께 나서야 할 때다. 일단 도쿄나 오사카와 같이 재일제주인들이 집단 거주지를 형성하고 있는 지역의 실태를 파악하여, 우선 급하면 급한 대로 어려운 사람들에게 생활비의 보조나 친지 방문 및 조상 묘소의 참배를 위한 고향 방문의 길을 열어주어야 한다.

이제 제주도는 세계평화의 섬으로서, 국제자유도시로서 제2의 도약을 꿈꾸고 있다. 말하자면, 제주도는 다시 한번 재일제주인을 끌어안아야 할 시점에 다다른 것이다. 그러기 위해서는 부분적으로나마 그들에 대한 보은(報恩) 사업이 선행되어야 한다. 더불어, 유수 같은 세월은 언제까지나 모두를 기다려주지 않는다는 사실도 명심할 필요가 있다.

- 2005년 3월 14일 〈제주시론〉

이어도^{Ieo Do}를 향한
우리의 열망

이어도는 제주의 조상들이 그리워하는 이상향이자 이승에서 목메도록 갈구하는 구원의 섬이다. 그리고 다시는 돌아오지 못할 저승의 섬이기도 하다. 그래서 우리 조상들은 이어도를 생각하면 왠지 모르게 가슴이 뭉클해지면서 또 한편으로는 너무도 서글픈 생각이 뇌리를 스친다고 한다.

이러한 이어도가 최근 중국 정부의 배타적 경제수역과 관련된 이의 제기로, 대한민국 내에서 큰 화젯거리가 되고 있다. 그렇지 않아도 최근 중국은 서북공정(西北工程)에 이어 동북공정(東北工程)을 연차적으로 감행함으로써, 유구한 고구려의 역사를 왜곡하고 있다는 대한민국 국민들의 질타와 노여움을 사고 있는 터이다. 급기야 이어도 및 그 주변 수역과 관련해서는 '이어도 공정'이라는 용어로 회자되기에 이르렀다.

요즘 중국이 행하는 일련의 행태를 보고 있노라면, 정말 어이가 없어 말문이 절로 막힌다. 과연 중국이 대한민국과 정식으로 외교 관계를 맺고 있는 이웃 국가인지도 의문스럽기 짝이 없다. 또한 주권국인 상대국에 대한 비상식적이고 몰상식한 행위가 언제까지 지속될 것인지도 참으로 궁금하다.

비록 이어도가 섬이 아닌 수중 암초이지만, 대륙붕(大陸棚)에 속하는 해저지형이라면 그것은 두말할 것도 없이 대한민국의 영해임은 기본적인 상식이다. 대륙붕은 특정 대륙의 주변부에 분포하는 해저지형으로서, 경사변환점(傾斜變換點)을 외연으로 하는 비교적 평탄한 지형을 말한다. 더 쉽게 말하면, 대륙부에 속하는 해안의

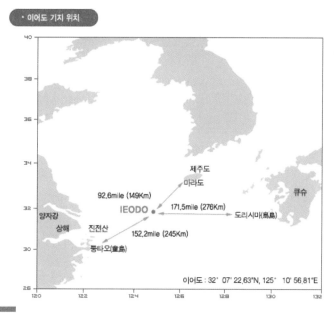

이어도 기지 위치, 출처: 중앙일보(2008. 1. 3.)

이어도 해양과학기지, 출처: 국립해양조사원(원 자료: 한국해양과학기술원)

육지가 바다 밑으로 연장된 지형을 말하는데, 깊이에서는 대략 130m 내외를 보인다.

물론 대륙붕의 개념 정의에서 '평탄한 지형'이라는 표현은 주변 지형과의 상대적인 비교에서 나오는 것이기 때문에, 대륙붕 내에 높고 낮은 지형이 존재하지 않는다는 뜻은 아니다. 이어도는 해저 화산지형으로, 제주도의 형성과정과 맥락을 같이한다. 이 점이 매우 중요한 사실이다.

이어도가 중국과의 배타적 경제수역을 획정하는 과정에서 논란의 소지가 될 수 없는 조건은 대륙붕의 개념 외에도 여러 가지를 제시할 수 있다. 예를 들면, 양국 대륙으로부터의 등거리 원칙을 비롯하여 실효 지배의 원칙, 선점의 원칙, 형평(성)의 원칙 등의 관점에서 전망해 볼 때도, 이어도와 그 주변 수역은 분명하게 대한민국 영해임을 입증할 수 있는 것이다.

머칠 전 도내의 학술 세미나에서는 그동안 이어도에 관심을 갖고 연구해오던 학자들의 발표와 토론이 있었다. 당시 발표자와 토론자들은 한결같이, 그동안 중국 측이 행해온 간섭적 발언에 대해 정부 차원에서의 시의적절한 대응은 물론, 앞으로 다양한 자료수집과 보완 등 학술적인 고증작업도 가일층 진전돼야 한다는 분위기였다.

더불어 중국의 '이어도 공정'은 한마디로 어불성설이며 양국의 배타적 경제수역에 있어 이어도 해양과학기지의 건설과 운영에 대해 "한국 정부의 일방적인 행동은 아무런 법률적 효력을 갖지 못한다."라는 중국 측 발언은, 한마디로 수교 관계의 대국(大國)으로서 치졸하기 짝이 없는 행태임을 규탄하는 상황으로 이어졌다.

이어도가 어떤 곳인가. 제주의 선조들이 삶을 마감하여 가고싶어 하는 곳이다. 오늘날의 현실 세계에서는 대한민국 국민들의 인명과 재산을 지켜내기 위해 과학기지로 등장한 최남단 보루가 아니던가. 비록 이어도가 물속의 섬으로서 영토는 아니지만, 대한민국의 영해에 존재한다는 사실은 영원히 불변한 것이다.

- 2007년 2월 12일 〈제주시론〉

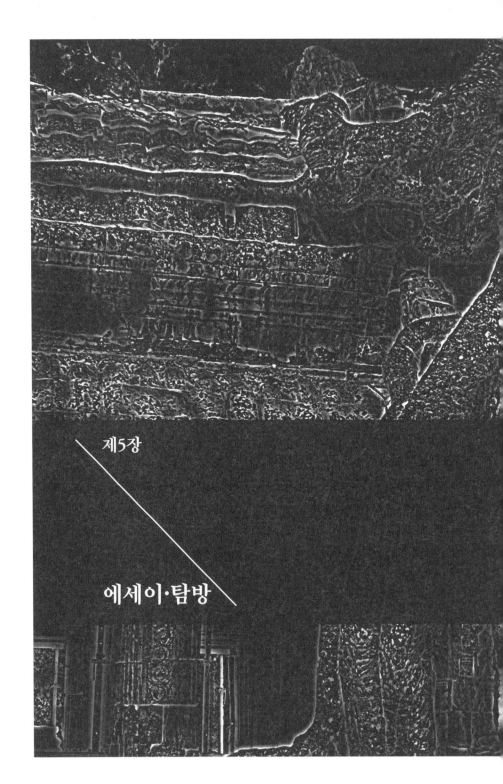

제5장

에세이·탐방

한라산 백록담을 보고 나서 백록담 천지에 서게 되면, 그러한 소망은 그 어느 때보다도 더 간절하게 끓어오른다. 그 이유는 아주 간단하다. 이 넓은 지구상에서도 우리는 한반도라고 하는 작은 땅덩어리, 즉 우리의 국토에 몸담고 있기 때문이며 한 조상의 뿌리에서 시작되었다고 믿기 때문이다.
- 백두산 천지에서의 감회

4월이 가기
전에

올해도 4월 3일은 어김없이 돌아왔다. 제주도민들이 두 번 다시는 겪고 싶지 않은 날이며, 분하고 원통해 잊으려야 잊을 수 없는 날이다. 학살의 광란이 시작되던 그때 그 날, 제주도민들은 기나긴 죽음의 늪으로 빠져들 수밖에 없었다. 어디서 무슨 일이 벌어졌는지조차 모르고 지내던 선량한 도민들은 모두가 숨소리를 죽인 채 아무 말도 못 하고 그저 공포 속에 떨며, 피할 길 없는 험난한 가시밭길로 떠나야만 했다. 도대체 누구의 잘못으로 그토록 처참한 비극을 맞아야만 했을까?

4·3을 실제로 경험하지 못한 세대가 벌써 장년기에 접어들 만큼 긴 세월이 흘렀다. 한창 자라나고 있는 청소년은 제주4·3의 역사를 어떻게 받아들이고 이해해야 할 것인가. 정말 중요한 시점에 와 있는 듯싶다. '그때 말하지 못한 우리네 어른들의 심경을 얼마나 이해할 수 있을 것인가?', '왜 그러한 불행한 일이 벌어져야만 했는가?', 그리고 '누구를 위한 만행이었는가?' 앞으로 학교 교육에서는

어떤 시각과 관점을 토대로 후세들을 교육해 나갈 것인지 크게 고민하지 않을 수 없다. 이러한 고민을 하루속히 해결할 수 있는 길은 무엇보다도 정부 차원에서의 해결을 기대하지 않을 수 없다.

지난 4월 3일에 열린 기념 학술대회의 주제는 '폭력의 역사는 청산될 수 있는가'였는데, 이 대회에서 한 발표자는 '왜 과거 청산인가?'라는 주제로 열변을 토했다. 그리고 이 물음에 대해 발표자는 '피해자들에게 그들의 몫을 돌려주는 정의의 실현을 위해, 정체성의 혼란으로 기울어진 나라를 바로 세우기 위해, 나아가 인류 보편적 가치인 인권의 확산과 심화를 위해'서 과거의 청산은 반드시 필요하다고 역설하였다. 바로 그렇다. 지나간 역사를 제대로 정리하고 반성하지 못하면, 후세들에게는 치욕스러운 과거의 유산을 남기는 격이 된다. 그리고 과거의 역사를 분명하게 정리하고 반성하는 일은 결국 다가올 미래를 예견하며, 보다 현명하게 대처하기 위한 자기 성찰의 기회인 것이다.

돌이켜 생각하건대, 제주도민들의 입장에서는 4·3사건의 발생으로부터 50여 년 동안이나 묵묵부답으로 일관해 온 정부에 대해 분노의 감정을 삭일 수 없었다. 뒤늦게나마 4·3특별법이 제정되고 동시에 4·3사건 진상규명 및 희생자 명예회복위원회가 결성되어 해결의 실마리가 보이기 시작한 시점에서, 제주도민들은 끝내 참았던 한고비 숨을 내쉴 수가 있었다. 그러나 제주도민들의 응어리진 가슴을 얼마만큼 풀어 줄 수 있을지는 끝까지 두고 지켜봐야 할 것이다.

제주의 역사를 재조명하는 출발점에서, 이제 과거를 진솔하게 이야기하고 냉철하게 반성하며 모든 과오를 씻어내 서로를 이해해야 할 때가 왔다. 그리고 이유 없이 죽어 간 원혼들의 넋을 달래고 피해자 가족들을 위로하고 격려하는 일에 전념해야 할 것이다. 이것이 지금을 살아가는 우리 모두의 책무이자 역할인 것이다. 끝으로 제주4·3사건에 대한 진상규명과 명예 회복이 조속히 이루어지고 새로운 역사가 정립되어, 다시는 이 땅의 후손들이 뼈아픈 과거를 추억으로 되풀이하지 않게 되기를 기대해 본다.

- 2001년 4월 29일 〈제주시론〉

────

제주4·3평화공원 내 위령탑 앞에서.

추억의
산실産室

어린 시절 어른들이 늘 입버릇처럼 쓰던 말 가운데 '세월이 유수(流水) 같다.'라는 말이 문득 떠오른다. 사람은 누구든지 자신이 걸어온 과거를 회상하며 웃기도 하고, 울기도 하며, 때로는 아쉬워하기도 한다. 어쩌면 당연한 일인지 모른다. 모름지기 우리 인간은 시간을 거슬러 올라갈 수 있는 과거사(過去事)가 있기에, 오늘이 즐겁고 또한 내일을 기대할 수 있는 것이 아니겠는가?.

불혹(不惑)의 나이를 지나 중년이 된 지금, 어렸을 적 어른들로부터 들었던 '세월이 유수 같다.'라는 말을 실감해야 하는 입장이 되었다. 여기서 잠시 타임머신을 타고 초등학교를 다니던 시절로 과거 여행을 떠나 보려고 한다.

초등학교 시절의 기억은 그다지 많이 되살아나지는 않지만, 아직도 몇 가지는 또렷하게 각인돼 남아 있다. 그중 가장 먼저 떠오르는 기억은 밀가루 즈배기(수제비)와 옥수수빵을 먹던 일이다. 지금은 흔적도 없이 철거돼 버렸지만, 당시 초등학교 안의 한쪽 구석에는 자그마한 기와지붕의 집 한 채가 있었다. 지금으로 말하자면 급식용 취사장이라 할 수 있지만, 오늘날의 그것과는 비할 바가 못 되는 초라한 건물이었다.

건물 안을 들여다보면, 한쪽에는 큰 가마솥을 얹힐 수 있는 부뚜막이 있고, 그 옆에는 4~6학년 고학년들이 1년에 한 번씩 주워온 솔방울과 급사로 일하시던 아저씨가 마련한 장작을 쌓아 두는 헛간이 있을 뿐이다. 이 급식용 취사장에서는 즈배기와 옥수수빵을 만들어, 일주일에 한두 번씩 학년별로 급식을 지원했던 것 같다. 그런데 그나마 그 급식도 얼마 안 가 중지됐다가, 다시 빵으로 대체되기에 이르렀다. 이 빵은 지금 시중에서 판매하는 식빵이나 다름없지만, 얇게 자르지 않은 상태의 식빵이었다.

그 어린 시절에 먹던 밀가루 즈배기, 옥수수빵 그리고 식빵 모두는 지금의 식사 한 끼에 해당하는 것이었으나, 그렇다고 먹고 싶을 만큼 마음대로 먹을 수 있었던 것은 아니었다. 나 자신도 그랬지만, 자신의 몫을 다 먹어 치운 후에 씁쓸하게 입 맛을 다시던 친구들이 하나둘이 아니었다. 어른이 된 지금도 그때 느꼈던 입맛은 정말 잊어버릴 수가 없다.

이렇듯 초등학교 시절의 기억은 별로 내세울 만한 것도 아니지만, 어른이 돼서 뒤돌아보면 하나하나가 아름다운 추억으로 남아 있음을 느끼게 된다. 사람들은 많은 추억들 속에서도 유달리 초등학교 시절의 추억만큼은 소중하게 간직하고 있는 경우가 많다. 그

온평초등학교 전경.

것은 그만큼 흘러 버린 시간도 오래되었음을 반증하는 것이다. 그런 의미에서 보면, 우리의 초등학교는 모든 사람들의 영원한 마음속 고향이자, 타임머신의 기착지라 할 수 있을 것이다. 다시 말해, 초등학교는 우리 모두에게 소중하고 달콤한 추억의 산실인 셈이다.

요즘 제주지역의 신문을 읽다 보면, 초등학교 동창회나 체육대회 행사를 알리는 광고가 눈에 많이 띈다. 가끔 바쁜 일손에서 벗어나, 초등학교 시절의 옛 친구들을 만나고는 신나게 웃으며 이야기꽃을 피워 보는 것도 좋을 듯하다. 어찌 보면 우리 주위에서 사사롭게 생각하는 일들이 사회를 더욱 풍요롭고 인간미 넘치게 하고 있는지도 모른다.

- 2001년 5월 29일 〈제주시론〉

제주의 봄,
그래서 나는 좋다!

요즘 제주의 봄이 활짝 펼쳐지고 있다. 며칠 전까지만 해도 새봄을 시샘하던 꽃샘추위가 연일 이어지는가 싶었는데, 그 추위도 새봄이 오는 길목을 오랫동안 가로막지는 못했다. 올 것은 오고 갈 것은 가야만 하는 게 자연 순환의 법칙이 아니던가.

제주의 봄기운은 여기저기서 피어오르며 사람들의 마음속을 흔들어놓는다. 제주를 찾는 관광객이건, 제주에 거주하는 도민이건 무조건 집 밖으로 또는 멀리 야외로 봄기운을 쫓아가도록 유혹에 유혹을 거듭한다.

아파트 단지 안에는 하얀 목련과 붉은 목련이 서로 경쟁하듯 꽃봉오리를 밀어내고 있고, 강의실 앞에는 금잔옥대(金盞玉臺) 수선화와 빨간 동백이 아직도 향기를 간직한 채, 자신의 존재를 유지하려 애쓰는 모습이 역력하다. 한 가지 아쉬운 것은 동백 한 그루에서 거의 절반쯤 떨어져 버린 꽃잎들이 봄 햇살을 이기지 못하고,

매화.

마지막으로 가는 자신의 모습을 두 손으로 가린 채 움츠려 있는 모습이다.

아직 연두색 봉오리를 조금 내민 개나리는 마치 때를 기다리고 있는 듯하다. 아마도 며칠 후에는 당당하게 노란 꽃망울을 터뜨리고 쳐다보는 사람들의 마을을 한층 더 들뜨게 할 태세이다.

며칠 전, 모 지역신문 1면에는 오름 능선과 들녘에 올망졸망 피어난 봄꽃들을 소개하고 있었다. 복수초, 제비꽃, 변산바람꽃, 노루귀, 개불알꽃, 광대나물 등이다. 그냥 사진으로 보는 봄꽃들의 얼굴이지만, 조그만 것들이 왜 그리도 예쁘고 앙증맞은지 턱을 괴고 한참 동안 감상하지 않을 수 없었다. 더 이상 머뭇거릴 것도 없이, 야외로 뛰쳐나가 오름에 오른다면 더 큰 기쁨과 즐거움을 얻을 것이란 확신이 들지만, 밀린 일 때문에 며칠은 꾹 참아야 하는 내 모습이 처량해지기까지 한다.

형형색색의 봄꽃들이 전국에서도 가장 빨리 피어나며 인사를 하는 제주의 봄이 나는 좋다. 이제 나이를 조금 먹어서일까. 길가나 교정에 심어놓은 수선화든, 집 안에서 피어난 난초든, 저마다 피어난 꽃잎을 보면 왠지 가슴이 여려지고 센티멘털해지는 느낌이 들곤 한다.

제주의 봄은 집 안에서 느끼는 따스한 봄 햇살보다 집 밖에서 시원스러운 봄바람과 함께 꽃 냄새로 느끼는 게 제격이다. 한라산 중턱에서 무한히 펼쳐진 나무숲과 골짜기마다 자리다툼하며 피어나는 이름 모를 꽃들의 향연을 가슴으로 느껴보는 것은 어떨까. 집에

왕벚꽃.

서 가까운 오름이라도 좋다. 아직 덜 피어오른 꽃대가 기어코 몸을 비비며 일어서려는 모습을 지켜보고 있으면, 자연의 이치가 참으로 신기하게만 느껴진다.

한라산이나 오름에 오르는 게 귀찮다면, 바다는 어떨까. 싱싱한 해초류의 체취가 바닷바람에 몸을 싣고 코끝으로 스며든다. 그냥 제자리에 서 있으면서 바닷바람이 불어오는 대로 코끝으로 봄기운을 느끼면 된다. 아직 해녀들이 물질을 하기엔 춥다고 느껴지는 시기이지만, 금방이라도 물결을 가로지르며 '호이', '호이' 할 것 같은 예감을 갖게 한다. 여기저기 널브러진 바위 위에서 낚시하는 사람들의 모습에서는, 봄이라는 계절과는 관계없이 늘 정해진 그 자리에서 그 옛날 강태공의 후손으로 살아갈 것 같은 이상한 생각까지들게 한다.

제주의 봄은 다른 지역 사람들보다도 우리들에게 먼저, 새로운 몽상(夢想)과 이상(理想)을 갖게 한다. 그래서 나는 제주의 봄이 좋다.

- 2008년 3월 17일 〈제주도정뉴스〉

정情이 그리워지는
시기

　　　　　　찬 바람이 불고 눈이라도 내리는 날이면 왠지 모르게 따스한 정(情)이 그리워진다. 필경 그런 느낌은 한 해의 마지막 달인 12월의 문턱이라면 더욱더 커질 것이다.

　정을 이야깃거리로 내놓으면, 으레 남녀 간의 정을 먼저 생각하기 쉬운 것이 요즈음의 세태이지만, 그래도 연말연시에는 가족 간의 정이나 이웃 간의 정을 먼저 생각하는 것이 인간의 도리일 것이다.

　주변에 어쩔 수 없이 가족들과 떨어져 생활해야만 하는 사람도 있을 것이고, 이웃사촌으로 아주 가깝게 지내던 사람이 멀리 떠나가 버려, 이제는 쉽게 만날 수 없는 사람도 있을 것이다.

　모처럼 연말에는 한동안 따스한 정을 주고받으며 지내던 소중한 사람들을 생각해 보고, 그래도 그리움이 가시지 않으면 마음의 여유를 가지고 그들에게 전화를 하거나 엽서를 띄워 보는 것도 좋을 것이다.

이미 다 아는 바와 같이, 우리 사회는 가족과 이웃에게 서로 정을 나누지 않는 비정한 세상으로 전락해 버린 지 오래다. 이 점은 서울이나 부산과 같은 대도시뿐만 아니라, 이 조그만 제주도도 마찬가지다.

가령, 같은 아파트 단지 내에서 생활하는 가까운 친구나 친척 사이에도 만나기가 힘들고, 1년이 다 지나도록 얼굴 한번 보기 어려운 경우가 허다하다. 서로 일부러 피해 다니지도 않건만 현실은 늘 그렇게 돼 버린다.

한 해가 저무는 이 연말에, 어렸을 적 농촌에서의 생활이 한층 그리워지는 것은 무엇 때문일까? 그것은 아마 갓 쪄낸 고구마에서 김이 모락모락 피어오르는 듯한 이웃 간의 넉넉한 정 때문이 아닐까 생각해 본다.

그러고 보면 겨울철에 통고구마나 절간고구마를 삶아 이웃집으로 한 사발씩 돌리던 우리 어머니들의 모습에서는 너무도 당연한 온정을 느낄 수 있다. 그와 함께 우리 주위의 모두가 가까운 친척일 수밖에 없었던 시절을 떠올리게 된다.

제주의 마을은 초가집이 옹기종기 붙어 있던 덕택으로, 이웃집과는 돌담 하나를 사이에 두고 있다. 어른들은 곧잘 그 돌담을 사이에 두고 세상 돌아가는 얘기를 주거니 받거니 하며 박장대소하곤 하였다.

생각만 해도 정이 넘치는 광경이 아닌가? 지금도 그런 풍경을 간직한 농촌 마을이 없는 것은 아니지만, 인간관계만큼은 결코 과

하가리 초가.

거의 그 모습이 아니다.

아파트 주거문화는 섬 지역인 제주도에서조차 아무런 부작용 없이 완벽하게 뿌리를 내렸다. 그런데 아파트는 그 벽체의 두께만큼이나 이웃 간의 왕래를 막고 정의 흐름을 막는 부정적인 역할을 한다는 사실이 지적되어 왔다. 그러한 사실을 알면서도, 아파트 생활에 익숙해진 사실을 잊어버릴 때면 정말 비애를 느끼지 않을 수 없다.

어떻든, 세상이 변하다 보니 마음도 변하고 인심도 예전 같지 않은 게 오늘날의 현실이다. 그런 가운데 우리 스스로는 갈수록 정이 메말라 가는 사회 속으로 빠져들며, 자기중심적 사고의 굴레에서 만족해하고 있다.

한 해가 끝나 가는 이 순간, 정신적으로 풍요로움을 만끽할 수 있는 과거로 되돌아가고픈 욕심이 절로 생긴다. 먹을 것이 풍족하지 못하고, 입을 것이 화려하지 않아도 이웃을 생각하고 배려하는 마음과 정성은 요즘과 비할 바가 못 되기 때문이다.

우리 지역사회에 따스한 온정이 풍만해지는 그날이 다시 오기를 기대해 본다.

- 2001년 12월 25일 〈제주시론〉

설 연휴에
생긴 일

        설 연휴에 가족과 함께 대학 시절의 은 사님 댁을 방문했다. 선생님은 필자의 재학 시절 네 분의 은사님 중 유일하게 여성이었는데, 학술 활동이나 학문연구에서는 결코 누구에게도 뒤떨어지지 않는 맹렬 여성이었다.

    그러한 정열이 너무 오래 지속돼서인지는 모르나, 50년이란 세월을 보내면서도 결혼에는 별 관심이 없으신 듯 독신을 고집하시며 1년 중 두세 차례는 자료수집이나 현지조사를 위해 반드시 해외로 떠나시는 그야말로 학구파 선생님이시다.

    한 가지 흥미로운 것은 은사님이 조선시대 고종 때에 찰리사(察里使) 겸 제주 목사(牧使, 1891년 9월~1894년 9월)로 제주에 부임했던 이규원(李奎遠) 목사의 증손녀라는 사실이다.

    은사님 자택에서의 식사는 거의 5년 만이었다. 오랜만의 일이기도 하지만, 이번에는 아내와 두 아이를 대동한지라 우리를 위해 식사를 준비하셨던 선생님의 가족이나 미리 와 있던 선생님의 또 다른 제자에게는 미안할 따름이었다.

식사를 마치고 나자, 한참 동안 서로 세상 사는 이야기를 하다가 화제는 그 옛날 제주로 부임해 오셨던 은사님의 증조부 이규원 목사의 이야기로 옮겨가게 되었다. 그러나 필자는 이미 대학 시절부터 증조부에 대한 이야기를 듣고 있었고 더불어 최근에 선생님이 제주로 오실 때면 으레 증조부의 비석이 있는 화북마을로 안내를 도맡던 터인지라, 그저 대수롭지 않게 다른 제자와 얘기를 하며 어깨너머로 듣고 있었다.

아내는 상당히 놀랍고 신기한 듯, 선생님과 얼굴을 맞대고서는 이야기 도중에 박수를 치고 감탄사를 연발하며 열심히 듣고 있었다. 선생님께서는 한참 이야기하던 도중에 방 안으로 들어가 허름하면서도 큼직한 가죽 가방 하나를 들고 나오시는 것이었다.

그 가방 안에는 증조부인 이규원 목사가 사용하던 모자와 관대, 고종으로부터 받은 교지(敎旨) 등 중요한 고문서들이 들어 있었다. 그리고 이미 타계하신 분이지만, 은사님의 부친께서 살아생전에 조부(祖父)의 행적을 수집하고자 여러 지방을 찾아다니며 탁본한 자료들도 꽤 많이 들어 있었다.

화북비석거리 이규원 목사 비석.

화북비석거리.

지금까지도 은사님의 증조부께서 제주 목사로 오셨다는 얘기는
수차례 들어 왔으나, 막상 그 후손의 자택에서 귀중한 고문서와 유
품을 보게 되니 정말 놀랍고 반갑지 않을 수 없었다. 마음속으로
이번 은사님 댁 방문은 아주 큰 행운이라는 생각이 들었다.

여러 고문서의 내용은 완벽하게 이해할 수 없었으나, 이규원 목
사가 당시 관직을 임명받아 고종 임금으로부터 받은 교지라는 정
도는 알 수 있었다. 그리고 유품 중에는 '탐라수륙제군사(耽羅水陸
諸軍司)'라 적혀 있는 휘장도 함께 있었는데, 아마도 제주로 올 때

사용했던 깃발(旗)인 것 같아 보였다.

다소 아쉬웠던 점은 보관돼 있는 대부분의 문서가 습기로 인해 접힌 한쪽 부분이 떨어져 나가, 일부 글자를 해독할 수 없다는 것이었다.

어떻든 한 차례 전부 보고 난 후, 선생님께 제주도로 기증하실 의향은 없으신지 어렵게 여쭤봤다. 그런데 선생님은 그리 오래 생각도 하지 않고, 흔쾌히 승낙하시는 게 아닌가. 또 한 번 놀라지 않을 수 없었다. 너무나 고마워서 제주도민을 대신해서 감사드리고 싶은 심정이었다. 선생님의 재빠른 대답에 옆에 있던 아내도 감동하며 고마워했다.

머지않아 이규원 목사가 남긴 유품과 자료를 제주도에서 다시 접할 수 있다는 즐거움에, 올해의 설 연휴는 아주 뜻깊게 보낼 수 있었다.

- 2002년 2월 17일 〈제주시론〉

《포구기행》을
읽고

　　　　　　　　　곽재구 시인의 《포구기행》을 읽었다.
책을 읽는 도중, 마음 한구석에서는 제주의 작은 포구들의 모습이
자주 떠오르는 것을 느꼈다. 그것은 아마도 며칠 전에 본 대평리
포구나 신양리 포구의 탓도 있었으리라 생각된다. 곽 시인은 전국
의 작은 포구들을 마음껏 떠돌아다니면서 포구에서 풍겨 나오는
냄새는 물론 포구에 얽힌 사연이나 서로 다른 포구의 이미지를 마
치 일기처럼 그리고 시처럼 써내려 갔다.

　책을 읽으면서 수없이 작은 포구 안으로 흘러드는 물결처럼 잔
잔한 감동을 느꼈다. 더불어 시인이 현실 세계를 문장으로 표현하
는 데는 귀재(鬼才)라는 사실이 한없이 부러웠다.

　시인은 제주의 포구도 다녀갔다. 사계 포구와 조천 포구 그리고
우도의 포구였다. 포구의 선택도 마치 물이 흐르듯이 자연스레 발
닿는 곳이면 족했던 모양이다. 시인의 발길 닿는 포구마다 정겨운
이야기가 실타래 풀리듯 이어져 나왔다. 그리고 그 정겨운 이야기

는 포구를 의지하여 살아가는 사람들의 역정만큼
이나 소금기가 배어 있는 듯하면서도 한편으론 바
닷바람처럼 신선했다. 포구에 얽힌 여러 가지 사연
에서는 항상 현재에서 과거로 혹은 과거에서 현재
로 교차하는 시간의 역동성도 맛볼 수 있었다.

제주 포구 이야기에서는 조선 선조 때의 백호 임
제와 영조 때의 석북 신광수가 등장하기도 하고, 이어서 화가 이중
섭과 추사 김정희가 차례로 등장했다가 다시 제주해녀가 중요한
관찰 대상이 되어 등장하곤 했다. 또한 제주를 다녀간 조선시대의
여러 목민관과 기원전 3세기 중국 진시황의 충복이었던 서불(서복)
도 등장한다.

이렇듯 시인은 자신의 발길이 닿는 포구에서 현재와 과거를 동
시에 넘나들며 줄기차게 독자들의 마음을 설레게 한다. 그러면서
전국의 여러 곳에 터 잡아 살아가는 서민들의 생활 모습을 들추어
내고, 한동안 잊어버렸던 아니 지금 이 순간에도 잊어버리고 있는
애환의 추억을 되새기게 한다.

필자도 제주의 역사와 문화를 공부할 때면 종종 포구를 찾곤 한
다. 그때의 포구는 현지에서 갯내음을 맡으며 직접 관찰하는 포구
일 때도 있지만, 실내에서 보는 고지도(古地圖) 속의 포구이거나 혹

은 단순히 서적 속의 포구일 때도 있다. 한 가지 분명한 것은 제주의 포구가 정확한 위치를 추적하기 어려울 정도로 아주 작지만, 저마다 독특한 모습을 취하며 도내의 요소요소에 자리 잡고 있다는 사실이다.

이러한 사실은 조선 숙종 때 이형상 목사가 제작한 탐라순력도(耽羅巡歷圖)에도 잘 나타난다. 탐라순력도는 지금으로부터 300년 전에 그린 그림지도이지만 거기에는 당시의 제주 포구들이 아주 생생하게 묘사돼 있다. 특히 탐라순력도 중 한라장촉(漢拏壯矚)이라 이름 지어진 제주전도(濟州全圖)에는 모두 79개의 포구가 정확한 위치와 더불어 그 이름이 기록돼 있다. 이 포구들 중 일부는 이름이 바뀐 것도 있으나, 그보다 더욱 중요한 것은 그것들이 지금 이 순간에도 제주 주민들 삶의 애환을 담아가고 있다는 사실이다.

현지로 나가서 직접 보든 고지도 상에서 관찰하든, 포구에서는 제주 주민들의 역사와 문화의 한 단면을 접할 수 있다. 그래서인지는 모르나, 제주의 포구를 연구하는 사람들은 '포구의 역사가 곧 마을의 역사'라는 주장을 하기도 한다. 충분히 납득할 수 있는 이야기다. 예나 지금이나 제주도에서는 바다를 등지고 살아간다는 일을 상상조차 할 수 없기 때문이다.

곽 시인의 《포구기행》은 제주의 포구를 더욱 새로운 관점에서 바라볼 수 있는 좋은 계기를 만들어 주었다. 이제 시인의 생각을 좇아 보고 싶은 욕심까지 절로 생긴다.

- 2003년 6월 10일 〈제주시론〉

포구의
악동들

지금 내 손에는 책 한 권이 들려 있다. '포구의 악동들'이란 제목의 개인 자서전으로, 제주시 건입동에 거주하는 한 어르신이 쓴 책이다. 한 개인이 쓴 자서전을 공개적인 지면을 통해 찬양하거나 선전하고 싶은 마음은 추호도 없다.

단지 책의 내용을 음미하다 보면, 한편으론 우리의 아버지와 어머니 세대의 과거를 살짝 들여다보는 것 같은 묘한 마음이 들면서, 또 다른 한편으론 한 개인의 작은 경험을 통해서도 역사의 한순간과 함께 중요한 장소들을 의미 있게 되새겨 볼 수 있음을 느꼈기에 여러 독자들에게도 소개하고 싶어진 것이다.

책의 내용은 저자의 파란만장한 성장 과정을 얘기하거나 거창한 성공 비화를 소개하는 것이 아니다. 이 점은 저자 자신이 현재 높은 지위에 있지도 않거니와 과거에도 사회적으로 높은 요직에서 큰일을 했던 사람이 아니라는 점에서 쉽게 알 수 있다. 저자는 언제 어디서든 우리 주변에서 만날 수 있는 84세의 평범하고 자상한

《포구의 악동들》 표지.

할아버지다.

책에서 근간을 이루는 지역
적 배경은 산지 포구를 중심으
로 산지천과 탑동 일대이고, 구
태여 시대적 배경까지 말하자면
1930~1950년대라 할 수 있다.
산지 포구와 그 주변 지역은 저
자가 태어나고 자란 고장이며, 시대는 저자의 소년기와 청년기를
아우른다.

책의 내용은 몇몇 주제를 살펴보면, 금세 피부에 와 닿을 듯한
내용으로 구성돼 있다. 이를테면 '우리 동네 유일한 놀이터', '유랑
극단', '첫 월급', '우리 동네 글청들(書堂)', '원하던 일본 구경', '지옥
같은 감방 생활', '춤바람에 가정파탄', '떠나고 싶지 않은 내 고향'
등이다. 총 148개의 작은 주제를 토대로 다정다감하게 이야기를
엮어가고 있다.

필자가 이 책을 주목하는 궁극적인 이유는 1930~1950년대 건입
동의 중심부인 산지천과 산지 포구, 해짓골과 탑동은 물론 사라봉
주변 지역의 원풍경(原風景)을 아스라이 그려볼 수 있다는 점 때문

이다. 산지천이나 산지 포구 및 탑동 일대는 일제강점기인 1920년대 후반부터 매립과 함께 포구에서 항구로 탈바꿈하기 위한 대대적인 공사가 이루어진 곳이다. 이처럼 자신의 고장이 큰 변화를 맞이하는 시기에, 저자는 동네 친구들과 유소년기를 보내면서 유쾌하고 통쾌한 사건들(?)을 만들어내며 변해 가는 고향의 모습을 그려내고 있다.

최근 건입동은 '박물관 마을 건입동'이란 슬로건 아래, 여러 곳에 널려 있는 유적을 활용하여 살기 좋은 마을 만들기 사업에 주력

산지다리와 빨래터

산지다리는 건입동 넷동과 출동을 연결하는 옛날로부터 중요한 다리다. 해방 후 1960년경에 대대적 확장공사로 개축한 바 있다. 2차 서부두 방파제 연장공사 때도 그 많은 암석을 이 다리를 통하여 운반되었다. 또 건입동 용진회도 아침운동 조기회 장소로 이 곳에서 나팔을 불면 전부 모이곤 하였다. 산지물 운반도 제주시 절반은 이 다리로 운반되었다. 1975년 용진교가 설치될 때까지 서부두 앞돈지 공사장 사람들, 어부들, 모든 이 다리를 왕래하였다. 다리 아래로 하천 위쪽에 아래쪽에는 제주시민 전체의 빨래터로 빨래 방망이 소리가 요란하였다. 위쪽 가락분물까지 합류되어 흐르기 때문에 산지물은 그렇게 풍부하여 빨래하기로는 최고의 장소다. 그래서 속담에도 "제수가 없으면 산지물 빨래터에 가도 바위돌 궁글린다." 아주 제수가 없다는 뜻이다. 그래서 멀리서 온 사람들 중에는 다리를 건너다가도 다리 난간에 걸터앉아 한참 구경하기도 한다. 이 다리에서 또 재미있는 일이 있었다. 어느 날 제주도로 발령되어 새로 부임하고 얼마 안된 일본사람 나가다 도사(水田 島司) 부인이 처음으로 날씨가 좋아 양산을 들고 시내구경을 돌아다니다 산지로 난간에 앉아 많은 아녀네가 빨래하는 광경이 너무 재미있어 여기서기서 몰려드는 빨래방망이 소리를 들으며 앉아 있는데 현병이라는 별명을 가진 "고자윤"(고전의 부친)은 키도 크고 인물도 좋아 자기 마음에 거슬리면 부쉈든 것 없이 함견하여 반격하곤 하였다. 그 분이 한 참하고 다리를 건너는데 왠 일본여자가 양

산을 쓰고 다리 밑에서 열심히 빨래하는 아녀네들을 구경하고 있는 것이 조선 사람들을 멸시하는 꼴로 비쳐 비위에 거슬렸는지 그냥 달려들어 양산을 뺏고 하는 말이 "비도 안 오는데 무슨 우산이야" 하면서 분질러서 다리 밑으로 던져버렸다. 물론 잘못된 행동이다. 그러나 그 현병이라는 분은 자기의 비위에 맞지 않으면 욕설과 행동으로 표현한다. 아마 속으로는 왜놈들이 조선을 식민지화하여 중요한 관직에는 최다 일본인들이 차지하고 우월감으로 조선인들을 멸시하는 것으로 그 당시 그 연령의 사람들은 다 그렇게 생각했다. 그래서 한잔 한 기분에 다리 밑에서 열심히 방을려 빨래하는 아녀네들 구경거리로 보는 태도에 마음이 상했던 것이다. 그래서 도지사 부인은 겁에 질려 부근 일본사람 집에 가서 경찰에 연락하여 현병아저씨는 체포되어 그날로 구속되었다. 그러나 동네 고향섬씨 등 여러 사람의

86 · 浦口의 民俗들   浦口의 民俗들 · 87

《포구의 악동들》-내용 일부.

하고 있다. 이 과정에서 건입동은 과거의 중심지로서 기능하던 역사 유적지를 비롯하여 서민들의 생활을 떠받치던 문화 유적지, 그리고 산지 포구가 제주도의 중심항구로 변화하는 과정에서 사라진 장소 유적지 등에 대한 표석 세우기 작업을 완료했다.

이와 같은 마을 만들기 사업을 진행하는 과정에서도 《포구의 악동들》을 저술한 어르신의 의견과 원고 내용은 소중하게 활용되었고, 아울러 표석 세우기가 끝나자마자 원고는 책으로 출간되었다. 우연한 기회에 출판된 책이지만, 저자인 어르신에게는 잊지 못할 일생 최대의 선물이며 지역사회의 변화에 특별한 관심을 가지고 연구하는 필자에게는 매우 소중한 연구자료임에 분명하다.

다시 책의 내용으로 돌아가면, 저자는 여러 가지 작은 주제를 통해 개구쟁이 시절의 슬기로움과 용맹성을, 청년기의 서러움과 괴로움 등을 곳곳에서 토로하고 있다. 그러나 글을 계속 읽어나가는 과정에서 느낄 수 있는 것은 그 옛날 저자와 친구들이 뛰놀았던 제주도의 한 중심지가 오늘날 어떻게 변화했는지, 그리고 그때의 장소가 지금 어떤 모습으로 우리 곁에 남아 있는지를 알려주는 변화의 지수(指數)라 할 수 있다.

- 2008년 8월 10일 〈제주시론〉

한여름 밤의
절부암 음악회

　　　　　　　　지난주 목요일, 한경면 용수리의 절부
암(節婦岩) 앞 잔디광장에서 애틋한 사랑을 주제로 한 음악회가 열
렸다. 필자도 몇몇 지인들과 함께 서둘러 음악회에 참석했다. 비록
짧은 시간이었지만, 한여름 밤의 아름다운 멜로디에 젖었던 기억
이 아직도 생생하다. 음악회가 열린 이날은, 뜨거웠던 여름철 무더
위가 한풀 꺾이고 가을의 문턱으로 들어선다는 입추(立秋)이자, 못
다 한 사랑 때문에 견우(牽牛)와 직녀(織女)가 1년에 한 번씩 만나는
칠석 날이었다.

　이번 음악회는 용수리 주민들은 물론이고 일부 관광객들도 참
석하여 상당히 고조된 분위기 속에서 진행되었다. 생각하건대, 용
수리 주민들에게도 자신들의 삶터의 일부인 절부암 앞 광장에서
열리는 음악회는 난생처음이 아니었을까 생각된다.

　한여름 밤에 울려 퍼진 절부암 음악회는 나름대로 소중한 의미
와 상징성을 띠고 있었다. 절부암이 제주특별자치도가 지정한 지

음악회 전경, 2008. 8.

방문화재라는 사실을 알고 있었기에, 어느 정도 이해가 갈 만했다. 절부암에는 그 옛날 젊은 부부의 가련하고 애틋한 사랑 이야기가 전해지고 있기 때문이다. 말하자면, 이번 음악회는 역사적 사실 속에 등장하는 비련의 두 주인공을 배경으로 기획된 것이다.

음악회에서 첫째 마당을 장식한 노래는 제주챔버코랄이 합창하는 '바위고개', '님이 오시는지', '못 잊어' 등 세 곡이었다. 연속적으로 이어지는 노랫가락은 145년 전 용수리에 거주하던 두 남녀의 혼을 다시 불러들이는 듯한 음색과 멜로디처럼 들려왔다.

바로 이어지는 이중창(현선경, 현행복) '그리워 그리워'(현제명 곡)에서는 예전에 못다 이룬 사랑을 후세 사람들에게도 알리고 싶어하는 젊은 부부의 애달픈 심정이 전해지는 듯했다. 평소에 들어오던 노랫가락도 절부암이라는 두 남녀의 사랑 터에서는 더욱더 진한 감동으로 밀려왔다.

내레이터가 두 남녀의 사랑 이야기에 대한 과거의 실타래를 풀어 가는 과정은 모든 사람들에게 절부암이 위치하는 마을 숲이 대단한 곳이라는 기대감을 갖게 하기에 충분했다. 이윽고 엄숙한 멜로디와 함께 '님의 침묵'이라는 한용운의 시(고훈식 시인 낭송)가 이어졌다. 이 시점에 이르면, 이제 모든 관객들이 과거 두 남녀의 사랑이 너무나 애틋하고도 가련한 상황을 맞이했다는 역사적인 사실을 깨닫기에 충분했다.

가냘픈 소프라노(현선경)의 목소리가 이어지는 중간 마당은 저세상으로 먼저 가버린 사랑하는 낭군에 대한 사무치는 그리움과 살아남은 한 여성의 애절한 몸부림이 극에 달하는 순간이었다. 그리고 이러한 무드를 지속시키려 함인지, 한 여성의 그리움과 처절한 애원을 모든 사람들의 가슴속에 고이 간직하길 바라는, 한라챔버 오케스트라의 '한밤의 세레나데'(이동호 지휘)가 낮은음으로 울려 퍼졌다. 멜로디는 마치 자신들의 사랑은 다 못 이루었지만, 이승에 있는 모든 사람들에게 살아생전에 열심히 사랑하라는 엄숙한 메시지처럼 들려왔다.

김소월의 시 '초혼'에 이어 '환상'(김준수 독무)이라는 살풀이춤이 관객들의 마음을 사로잡을 즈음, 두 남녀의 사랑 이야기도 서서히 클라이맥스를 향해 치달았다. 모든 관객들은 다 같이 숨죽이고 두 남녀의 한(恨)이 맺힌, 아니 한을 푸는 춤 속으로 빠져들었다.

마지막 마당은 젊은 부부의 사랑이 승화되는 분위기로 이어지는 '어디로 갈거나'와 '한오백년'(현행복 독창)으로 마무리되었다. 이렇게 오래전 용수리에 살았던 젊은 부부의 짧지만 애틋한 사랑 이야기도 조용히 끝을 맺은 것이다.

2008년 어느 여름날 밤의 절부암 음악회는 그리 소란스럽지 않은 차분한 분위기 속에서 대단원의 막을 내렸다. 그 옛날 젊은 부부의 애절했던 사랑 이야기가 후세 사람들의 사랑 노래를 통해 다시 한번 뜻깊은 전설로 남겨지게 된 것이다.

절부암 음악회는 2008년도의 무더웠던 여름 날씨를 잊게 하는 청량제로, 그리하여 더욱 잊지 못할 추억으로 오래오래 남을 듯하다. 끝으로, 절부암 음악회를 기획·주최하고 후원한 모든 분들에게 격려와 감사의 박수를 보낸다.

- 2008년 8월 11일 〈제주도정뉴스〉

어느 여성 사진작가와
제주해녀와의 만남

한 여성 사진작가가 있었다. 그녀는 1999년부터 2006년에 걸쳐 틈만 나면 우도로 여행을 왔다. 애초부터 달콤한 여행길이 아니었음을 그녀는 너무나 잘 알고 있었다.

그녀의 욕심은 오로지 제주해녀를 만나는 데 있었다. 제주해녀를 만나 많은 이야기를 나누고, 여러 종류의 사진을 찍으며, 제주해녀들의 삶을 피부로 느끼고 싶어했던 것이다. 그렇지만 그녀가 우도를 찾았을 때, 그녀를 바라보는 해녀들의 시선은 그저 시큰둥하기만 했다. 해녀들의 입장에서는 어쩌면 당연한 처사였는지도 모른다. 우도의 해녀들도 늘 시간에 쫓기듯 바쁜 삶을 살아야 했기 때문이었다.

결국 해녀들에게 한 외지인의 사진작가는 그저 불필요한 존재일 수밖에 없었다. 그도 그럴 것이, 그녀가 하는 일은 주로 바다나 집 근처에서 일하는 자신들의 모습을 카메라로 열심히 찍어대거나 집 안으로 들어와서는 이상한 옛날 이야기를 들려달라고 졸라대는 것이었으니 우도의 해녀들은 짜증이 날 수밖에 없었을 것이다.

그런데도 그녀는 돈이 마련되면 계속해서 우도를 찾았다. 자주 보고 웃으며 인사하는 외지인 처녀(?)가 안쓰러웠던 탓일까, 우도의 해녀들은 마음을 열기 시작했고 끝내는 자신들의 귀한 딸처럼, 며느리처럼 받아들였다. 우도의 해녀들이 그녀에게 손을 든 것이다. 아니, 흘러간 시간을 되돌아보니 저절로 친해질 때가 되었다고 느꼈기 때문이다.

우도의 해녀들과 친해지고 난 후부터 그녀의 작업은 한 계단씩 앞으로 나아갈 수 있었다. 그녀가 보는 제주해녀의 시각은 조금 독

우도 해녀1-이성은 사진집.

특했다. 간혹 사진 속 주인공은 해녀 그 자체가 아니라 해녀들이 사용하는 물질 도구이거나 집 안의 부엌 한구석이거나 아니면 해녀들이 자주 복용하는 약인 경우도 있었다.

물론 바다에서 싸우는 우도 해녀들의 전사(戰士) 같은 모습은 빼놓을 수 없이 소중한 기록과 촬영의 대상이었다. 그런 가운데서도 젊은 여성 사진작가의 시선은 오묘한 데로 가서 상(像)이 맺히곤 했다. 숨비소리에 지쳐 보이는 주름진 할머니 해녀의 얼굴, 오랫동안 고생고생해온 증표로 내세운 어느 해녀의 발, 또 이런저런 치료를 다 받았던 흔적이 역력한 어느 해녀의 무릎도 찍었다. 또 언제 어떻게 해녀들에게 시험(?)을 치르게 했는지, 몇몇 해녀들에게는 '자신들이 걸어 온 길'에 대한 자필 답안지를 통해 그동안의 삶의 고통과 고뇌를 스스로 토해내게 했다.

그리고 제주해녀들의 일상생활과 관련하여 남성들의 역할은 별로 눈에 띄지 않았을 것이지만, 인간은 더불어 살 수밖에 없다는 진리를 강조하고 싶어서였는지 순간순간을 놓치지 않고, 있어야 할 자리에 우도의 남성들을 등장시키고 있다.

이 정도라면 여성 사진작가의 시각으로 제주해녀의 색다른 모습을 담아보려고 애쓴 흔적을 충분히 확인할 수 있다. 더불어 이전에 접했던 제주해녀의 사진과는 조금 다른 색상과 질감의 차이를 느끼며 제주해녀를 이해할 수 있다는 생각이 들었다.

5월이 무르익는 어느 날 오후, 민속자연사박물관 특별전시실에서 오랫동안 그녀가 만나왔던 우도의 해녀들을 접할 수 있었다. 지

우도 해녀2-이성은 사진집.

난해에도 같은 사진 작품의 전시회가 해녀박물관에서 열렸지만, 이 핑계 저 핑계로 가질 못했다. 전시회를 관람하고 나니, 그 옛날 해녀복을 입고 있던 어머니 생각이 문득 떠올랐다.

　가정의 달 5월이다. 독자 여러분도 박물관에서 우도의 해녀를 한번 만나보고, 그 어려웠던 시절 우리의 어머니들을 상기해보는 계기가 되었으면 한다. 끝으로, 사진작가와 우도의 해녀들에게 경의를 표한다.

- 2008년 5월 17일 〈제주시론〉

찰리사 이규원李奎遠 특별전에
즈음하여

국립제주박물관에서는 9월 17일부터 찰리사(察里使) 겸 제주 목사(牧使)로 도임했던 이규원 특별전이 열리고 있다. 필자에게는 이번에 열리는 특별전이 남다른 감회를 느끼게 하는 행사이다. 다름 아니라, 이번 특별전은 2년 반 전에 다짐했던 필자와 대학 시절 은사와의 약속이 실현되는 접점이기 때문이다.

필자는 이미 고종 때의 찰리사 겸 제주 목사였던 이규원에 대한 존재와 그 유족인 필자의 대학 시절 은사(증손녀)의 이야기를 소개한 바 있다. 2년 6개월 전에 선생님은 증조부께서 큰 흔적을 남긴 제주도와의 인연을 생각하여, 집안에서 대대로 보존해오던 귀중한 유물들을 제주도에 기증하겠다는 의사 표시를 필자에게 전한 적이 있다. 이를 계기로 하여, 필자는 당시 조만간 제주도에서 이규원 찰리사 겸 제주 목사의 유물들을 접할 수 있다는 소식을 분명히 전한 바 있다.

모처럼 마련된 이규원 특별전은 필자와 선생님과의 약속, 그리고 필자와 제주도민들과의 약속이 동시에 이루어진 결과이다. 다시 한번 이규원 찰리사의 증손녀이신 선생님께 고마운 마음을 전하고 싶다. 나아가 기증한 유물을 직접 인수하고 여러 단계의 보존처리 과정을 밟으며 특별전을 준비한 국립제주박물관 측에도 감사의 뜻을 전하고자 한다.

이제 기증한 유물들을 마음껏 감상하며 역사의 향기를 음미하는 일은 제주도민들의 몫이다. 아직 이규원 특별전에 발을 들여놓지 못한 분들을 위하여 특별전에 대한 내용을 간략히 소개하고자 한다.

이번 특별전에서는 크게 네 가지 테마로 기증유물들을 전시하고 있다. 첫 번째 코너에는 '만은(晚隱) 이규원의 생애'를 주제로 한 유물들을 전시하고 있는데, 특히 이규원 찰리사가 생전에 사용했던 정자관, 탕건, 각대 및 호패를 포함하여 이규원이 직접 쓴 애마설 8폭 병풍이 돋보이는 유물이라 할 수 있다.

두 번째 코너에는 '목민관 이규원'이라는 주제로 관련 유물을 전시하고 있다. 여기에는 이규원 찰리사가 입었던 옷은 아니지만, 구군복(具軍服)과 무관복, 등채(藤策: 지휘봉), 사인검(四寅劍), 만은공 비문집, 여러 지역에 세워져 있는 이규원 관련 비석의 탁본(拓本)과 국가제일일람(國家祭日一覽) 등 25점이 전시돼 있다.

세 번째 코너에는 '영토수호와 치적'이란 주제와 관련된 유물들을 전시하고 있는데, 특히 이 전시 코너에서는 많은 교지(敎旨), 칙지(勅旨), 칙명(勅命)을 비롯하여 교서(敎書)와 유서(諭書), 사명기(司命旗), 울릉도검찰일기(원본)와 울릉도일기 등을 감상할 수 있다.

마지막인 네 번째 코너는 '가계전승 유물'을 주제로 한 전시이다. 여기서는 이규원 찰리사의 집안에 전해오며 사용하던 생활 용구와 함께 상당수의 서적류와 회화

이규원 목사가 소지했던 '탐라수륙제군사명'기,
국립제주박물관 제공.

찰리사 겸
제주목사 교지,
국립제주박물관 제공.

류도 감상할 수 있다. 관련 유물들을 좀 더 구분해서 나열해 보면, 서책류로서는 조선사략(朝鮮史略), 강도지(江都誌), 정선산학(精選算 學), 노랄수사(老辣謏辭), 원교공서첩(圓嶠公書帖) 등이 있고, 회화류 로서는 남지기로회도(南池耆老會圖), 묵란도, 묵포도도, 산수도 및 각종 서예 작품이 있으며, 생활용구로는 이층농(二層籠), 청화백자, 찬합 및 제기(祭器) 등이 있다.

이상에서 정리한 것처럼, 지금 국립제주박물관 특별전시실에는 다양한 유물들이 제주도민들의 따스한 눈길을 기다리고 있다. 점 점 가을다워지는 요즈음, 19세기 말 제주의 계엄사령관이었던 찰 리사 이규원을 만나러 국립제주박물관으로 가보자.

- 2004년 9월 30일 〈제주시론〉

강 화백의
전시회

- '서귀포 칠십리: 성읍에서 서귀포까지'를 감상하고 나서

필자는 그림에 대해선 문외한이다. 그렇지만 가끔은 전시실을 찾는다. 결코 그림 공부를 하고 싶어서가 아니다. 혹시라도 여러 그림들 중에서 내가 좋아하는 마을이나 추억의 장소가 그려져 있지나 않을까 하는 그저 단순한 생각에서다. 어느 화가라도 그런 나의 속마음을 안다면, 별로 반가워할 사람은 없을 것이라 생각된다. 그래서 그런지 전시실을 찾더라도 주변 사람들로부터 일차적으로 전시 소문을 접하고 나서 찾는 경우가 더 많은 것 같다.

10월 중순, 강부언 화백의 전시회를 찾았다. 강 화백의 전시는 처음이었다. 그러나 최근에 강 화백이 '삼무일기(三無日記)'라는 주제로 어떤 소재나 대상(장소)을 그리고 있는지 대략이나마 몇몇 지면(紙面)과 서적 등을 통해 알고 있다. 비록 그림에는 문외한이지만, 강 화백의 그림은 제주의 풍경을 서민들의 생활과 연관지으며, 그것도 한정된 특정 지역의 여러 대상이나 장소를 오랫동안 화폭

강 화백의 전시전-정의현(위), 쇠소깍(아래).

에 담아내고 있다는 정보가 필자의 뇌리에는 각인돼 있다.

　이번에 강 화백의 전시회를 찾게 된 건 또 다른 이유가 있었다. 전시와 함께 작은 세미나 자리가 마련돼 있었기 때문이다. 세미나도 전시회의 부제와 조화를 이루어 '성읍마을 살리기를 위한 세미나'였다. 생각한 것보다는 그림 전시와 성읍마을을 주제로 한 세미나가 잘 어울려 많은 사람들이 참석했다. 이번 전시회에 출품한 작품들은 과거 정의현 지역(성읍-서귀포)의 풍경을 주로 담고 있었고,

특히 성읍마을의 모습을 그린 그림도 꽤 많았다.

강 화백이 그린 여러 점의 그림 중에서도 필자에게는 특히 특정 지점에서 검은 색깔을 입힌 돌담을 비롯하여 성읍마을의 초가와 올레, 서귀포의 초가와 섬섬 앞바다, 어느 마을의 밤 풍경, 바다로 이어지는 돌담 풍경-여기에 열거한 것은 작품명이 아니라 필자가 느낀 대로 풀어쓴 것에 불과하다-등이 마음을 끌어당겼다.

시선을 고정하여 그림을 보고 있으면, 마치 내 자신이 옛날 어린 시절로 돌아가 그림 속에서 사는 주인공이 된 기분마저 들었다. 어린 꼬마의 모습으로 발가벗은 채 그림 속의 초가집에서, 올렛길에서, 바닷가에서, 돌담 위에서 장난치며 뛰어 노는 듯한 환상을 느끼곤 했다. 강 화백의 여러 그림에서 필자의 고향과 같은 마을을, 마을의 올렛길과 돌담을, 그리고 동네 앞바다를 아주 쉽게 연상할 수 있었던 것이다. 한마디로 강 화백의 그림을 통해 잠시나마 과거의 시간으로 여행할 수 있었다.

지금도 성읍마을에 가면 초가와 올렛길은 얼마든지 남아 있다. 그리고 제주도내 여기저기에 돌담도 많이 남아 있고, 마을 앞바다도 여전히 그대로 남아 있기는 하다. 그러나 그림에서 느껴지는 정감은 피부에 와 닿지 않고, 더욱이 과거의 추억 속으로 빠지기에는 너무나 차갑고 주변 정황은 다르게 다가온다.

그 이유를 열심히 고민해 보았다. 그것은 한마디로 현실감이 높은 실제의 모습을 바라보는 것보다도 그림 속의 풍경을 감상하는 것이 오히려 더 마음이 편안하기 때문이었다. 다시 말해 그림 속에서는 초가집, 바다, 돌담, 올렛길과 직접 연관되는 소중한 요소들만을 표현하고, 그 외에 잡념에 빠지게 하는 요소들은 배제했기 때문이 아닌가 여겨진다.

필자는 1996년 8월에 18년간 떠났던 고향 제주도로 다시 돌아왔다. 그 이후에도 10여 년이란 시간이 흐르면서, 제주 섬은 끊임없이 변화에 변화를 거듭했다. 지금도 고향 마을을 가끔 찾지만, 어렸을 적 다정다감한 마을의 모습은 쉽게 머릿속에 연상되지 않는다. 그것은 이미 어렸을 적에 각인된 마을 구성 요소들이 너무나 많이 파괴되었거나 변해버렸다는 생각이 앞서기 때문이다.

강 화백의 그림을 감상하면서 어린 시절의 마을과 올렛길과 바닷가의 모습이 머릿속을 스치는 것은, 시간의 흐름 속에서 탈색돼버린 마을 구성 요소들이 더 이상은 변하지 말았으면 하는 소박한 소망이 담겨 있기 때문이 아닐까.

끝으로, 거듭 얘기하지만 필자는 그림을 제대로 볼 능력도 없고 미술 평론가적 자질은 더더욱 없다. 혹시 작품에 대한 치졸한 감상문이 강 화백에게 누가 되지 않기를 바랄 뿐이다.

- 2008년 11월 3일 〈제주도정뉴스〉

송악산에
올라서서

        신년을 맞이하여 오랜만에 송악산을 찾았다. 거의 1년 만에 다시 찾은 셈이었다. 정상에 올라서니, 문득 지나간 일들이 머리를 스쳐 지나간다. 그래서 그런지, 이번 송악산 산행은 내 자신에게도 여러 가지 의미를 되씹게 하는 계기가 되었다.

    송악산은 언제나 말이 없는데, 사람들은 개발이냐 아니냐를 놓고 마음대로 자기편으로 끌어들이며 대립해 오지 않았던가. 지금도 송악산으로 진입하는 모퉁이에는 개발 청사진이 담긴 대형 철제 간판이 녹물을 흘리며 우두커니 서 있고, 그 뒤편으로는 새로 우회도로를 내는 작업이 한창이다.

    송악산에 올라서면, 남쪽으로는 바다 건너 가파도와 마라도가 보이고, 동남쪽으로는 산방산과 용머리해안이 손에 잡힐 듯 시야에 들어온다. 그리고 몸을 왼쪽으로 더 돌리면 백색의 자태를 뽐내는 한라산도 우러러볼 수 있다.

잠시 전망이 좋다는 생각을 하다 보니, 송악산을 조선시대 초기부터 '저리별이오름(貯里別伊岳)' 혹은 '솔오름(松岳)'이라 부르며 봉수대를 설치했던 연유가 쉽게 이해되는 듯했다. 외부로부터의 적의 침입을 마을 쪽으로 재빠르게 알리기 위해서는 통신시설의 입지가 무엇보다도 중요했을 것이다.

그런 의미에서 제주의 남서쪽 끝자락에 자리 잡은 송악산은 봉수대라는 통신시설이 위치하기엔 더할 나위 없이 좋은 장소였을

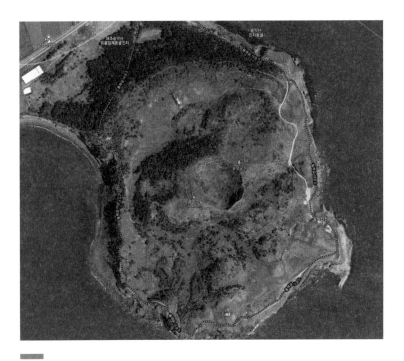

송악산 위성사진-Daum.

것이다. 있는 그대로의 자연을 잘 이용했던 선조들의 지혜에는 그 저 머리를 조아릴 수밖에 없다. 그 옛날 선조들은 주민들의 재산과 목숨을 지키기 위해 송악산을 절묘하게 활용했던 것이다.

그런데 현재를 살아가는 우리는 어떤가. 어떻게 해서든 송악산을 돈벌이를 위한 장소로만 활용하려는 생각에 너무 얽매여 있지는 않은가. 며칠 전, 지역 방송국의 TV 프로그램에 출연하여 신년 설계와 포부를 밝히던 해당 지역 군수의 언행이 못내 아쉬움을 남긴다.

신년 초부터 새삼스레 '송악산관광지구' 개발 문제를 터트려 지역사회에 다시 파장을 일으키고 싶은 마음은 추호도 없다. 그러나 앞으로 국제자유도시로서 성장하려는 제주도의 미래를 생각하면, 아직도 마음 한구석에는 돈벌이를 위한 인위적인 조작과 변형이 가해지기 전에 '다시 한번 생각하라.'라는 자살터 바위의 문구가 강렬하게 되살아난다.

송악산은 학생들의 학습장으로는 정말 그지없이 좋은 장소이다. 송악산에 올라서면, 자연의 오묘함과 위대함을 알게 되고 그저 인간은 자연의 한 귀속품에 지나지 않는다는 사실도 깨닫게 된다.

송악산은 2개의 분화구로 이루어진 이중화산체이다. 대한민국 내에서도 이중화산체가 형성돼 있는 지역은 울릉도와 제주도 외에는 없다. 이를 근거로 생각해 보면, 송악산은 단순히 화산지형을 연구하는 몇몇 학자들을 위해 남겨야 할 자연유산이 아니라, 제주도 아니 대한민국을 이끌어 가야 할 미래 세대를 위해 보전돼야 할

송악산 해안 일제 동굴진지.

자연유산이라는 것이다.

송악산에 올라서면 황량한 자연의 모습은 물론, 그래도 좋다고 거친 환경을 유용(有用)하려는 인간의 노력도 여과되지 않고 눈 속으로 빨려 들어온다.

제1분화구의 한쪽 편에는 좌우로 길게 조성된 초지(草地)에서 소와 말들이 풀을 뜯는 한가로운 모습이 펼쳐지고, 깊고 가파르게 형성된 제2분화구 안에는 작고 거친 송이 사이에서 듬성듬성 제대로 뿌리를 내리지 못한 잡초의 모습이 나타난다.

먼 훗날, 송악산은 제주를 살아가는 후손들에게 어떤 이야기를 들려줄 것인지 자못 궁금해진다.

- 2003년 1월 22일 〈제주시론〉

마라도
단상斷想

      최근 마라도에 대한 희비(喜悲) 기사들이 지역 매스컴에 오르내렸다. 먼저 기쁜 기사로는 '친환경 도로명판 등장'을 비롯하여 '아열대 조류 푸른날개팔색조 마라도서 첫 발견' 및 '마라도 주민갈등 일단락' 기사가 보이고, 슬픈 기사로는 '최남단 마라도가 얌체 상혼으로 몸살'이란 기사가 보인다.

    이처럼 마라도는 도로명판과 작은 조형물이 들어서거나 혹은 새 한 마리가 날아오는 일조차도, 그것도 아니면 평소 주민들의 생활모습이 뉴스거리가 될 정도로 소중한 의미와 가치를 부여받은 섬이다. 마라도는 대한민국의 보배와 같은 존재이기에, 모든 사람들이 한 번 정도는 마라도의 고운 잔디밭과 세찬 바람을 맞아보고 싶은 곳이기도 하다.

    여러 학자나 연구자들이 기회 있을 때마다 지적하는 것처럼, 마라도는 인문환경이나 자연환경의 관점에서 볼 때 대한민국의 영토 안에 위치한 특이한 섬 속의 섬으로 인식되고 있다. 이 점은 대한민국 영토로서의 존재 가치는 물론이고 영토 최남단에 아담한 마을이 들어서 있다는 정체성에서도 충분히 이해되지 않을까 생각한다. 더불어 마라도를 천연보호구역으로 지정한 배경도 마라도만이 지니는 자연환경적 특성이 빼어남을 증명하는 것으로 이해할 수 있다

이러한 마라도를 필자는 어느 한순간부터 다소 색안경을 끼고 바라보던 때가 있었다. 그것은 다름 아닌 앞서 나열한 기사 중 주민 갈등과 관련된 마을 이장 선거 때문이었다. 100여 명 정도의 순수한 마음을 가진 사람들만이 거주하며 모두가 한 식구와도 같을

마라도 방문객.

것이라는 생각을 갖고 있었기에, 또 마라도에서만큼은 그 어느 누구도 싸움 거리를 만들거나 남을 시기하고 비방하는 행위가 결코 없을 것이라는 막연한 생각이 늘 가슴속에 자리 잡고 있었기에 더욱더 그랬다.

필자의 특별한(?) 관심은 마라도가 이장 선거를 둘러싸고 갈등을 빚기 시작한 작년 8월 말쯤으로 거슬러 올라간다. 사람들이 한

마라도 마을.

곳에 모여 살다 보면, 큰 마을이건 작은 마을이건 서로의 의견이
충돌하는 경우를 보게 되는 것은 어쩔 수 없는 우리들의 자화상이
다. 동시에, 어느 한 시점에 이르면 슬기롭게 서로의 의견을 조율
하고 또한 대승적인 차원에서 어느 한쪽이 양보하여 물러나는 것
도 우리 사회의 좋은 모습이 아닌가 생각해본다.

마라도의 이장 선거도 일련의 과정 속에서 두 후보가 조금씩 서
로 이해하지 못하고 양보하지 못한 부분이 있지 않았나 생각된다.

그리고 두 후보 모두가 마음의 상처를 입고 서로가 서로를 탓하며 분개하는 극한 상황이 있었을 것이라 짐작된다. 아울러 10개월이란 시간 속에서 두 후보도 많은 고뇌와 번민 속에 지냈을 것이 분명하다.

오랫동안 대립하던 갈등이 풀린다는 희소식으로, 필자의 관심은 다시 과거의 원점으로 돌아가는 듯한 기분을 느끼게 되었다. 결과적으로, 두 후보는 마을의 발전과 주민들의 편익을 위해 양보하고 화해하는 참다운 모습을 보여준 것이다. 희소식을 듣고 나자 왠지 모르게 마라도를 빨리 방문하고 싶은 충동을 느끼면서, 또 한편으론 사람들이 사는 모습은 어디든지 똑같다는 나름대로의 위안이 들기도 했다.

필자는 마라도나 가파도, 우도 등과 같이 지리적으로 특별한 의미를 띠는 섬에 대해서는 지나칠 정도로 큰 관심을 갖는 습관이 있다. 비록 내 고향은 아니지만, 반드시 내가 돌아가야 할 고향과 같은 느낌을 자주 받기 때문이다. 작은 섬들을 향한 나의 특별한 애정이 무엇에서 비롯됐는지는 나 자신도 명쾌하게 답변할 수 없다.

그 해답은 조만간 화해의 무드가 번지는 마라도를 직접 방문해서 고민해 볼까 한다.

- 2009년 6월 22일 〈제주시론〉

여름에 찾은
우도는

　　　　　　　　　여름이 무르익는 7월의 두 번째 주말, 여러 지인들과 우도를 찾았다. 개인적으로는 5년 만의 방문이었다. 이번 우도 방문의 목적은 평소에 자주 만나는 지인들과 친선도모를 겸한 단합대회였기에, 모처럼 홀가분한 마음으로 우도의 이곳저곳을 돌아볼 수 있었다. 5년 전의 기억을 되새기면서.

　그러나 5년 전 기억 속의 우도와 지금 우도의 모습은 많이 달라 보였다. 발길 닿는 곳마다 길을 넓히고 건물을 짓는 모습이 한눈에 가득 들어왔다. 그동안 잘 닦아놓은(?) 도로와 해안가에 잘 정돈해 놓은 편의시설 등은 우도를 찾는 귀한 손님들을 맞이하기 위한 배려인 듯했다. 구태여 통계수치를 확인하지 않더라도, 최근에 우도를 찾는 손님들이 많아졌다는 배경을 쉽게 이해할 수 있었다.

　실제로도 그랬다. 가는 곳마다 렌터카가 도로를 누비고 있었고, 바닷가 가까운 곳에서는 남녀노소 할 것 없이 서로 무리를 지어 우도의 빼어난 절경을 감상하기에 바쁜 모습들이었다. 홍조단괴 해

우도 홍조단괴 앞 주차장.

수욕장을 시작으로 하여 소머리오름 정상의 등대와 산책길, 돌칸
이와 검멀래와 같은 해안 절경지, 비양동 망대나 답다니탑(우도의
정북 지점)과 같이 전망이 뛰어난 지점에서는 어김없이 많은 사람들
이 우도로 건너온 것을 기뻐하며 환희에 찬 모습으로 사진촬영에
열을 올리고 있었다.

　우도는 역시 섬 속의 섬으로 제주 본섬은 물론 육지부나 외국으
로부터도 많은 사람들이 찾아올 만한 곳임에 분명하다. 모든 사람
들이 한번쯤 탐방할 만한 가치가 있음은 물론이고, 특히 무더운 여
름철에는 시원한 바닷바람을 맞으며 해수욕을 즐길 만한 곳이다.

제주도 출신인 필자도 언제라도 틈만 나면 건너가 보고 싶은 충동
감을 느낀다. 그만큼 우도는 제주 본섬에서는 만끽할 수 없는, 또
다른 자연경관과 독특한 생활문화가 살아 숨 쉬고 있는 곳이다.

그런데 최근 몇 년 사이에 우도에서는 손님들을 더 많이 끌어들
이기 위해 부지런히 섬 전역에다 온갖 색상을 입히며 치장해온 듯
했다. 5년 전 필자의 뇌리 속에 간직돼 있는 우도의 모습과는 너무
나 큰 차이를 보였다. 홍조단괴 해수욕장이 있는 주변지구는 눈을
의심해야 할 정도로 유난히 색상의 강도가 강하게 다가왔다. 마치
제주 본섬에서 신제주의 어느 일각을 바라보는 듯한 착각마저 들

홍조단괴와 관광객.

었다.

이쯤 되니, 마음 한구석에선 우도는 일신우일신(日新又日新)이란 생각까지 들었다. 그렇다고 해서 우도가 날로 새로워지기에 더 많은 손님들이 찾아온다고는 생각지 않는다. 물론 한꺼번에 밀려오는 손님들을 적절히 수용할 만한 시설이나 공간이 필요한 것도 부정할 수는 없다. 그렇다고 상행위에만 열을 올린 나머지, 지나친 과열경쟁으로 손님들의 눈살을 찌푸리게 해서는 더더욱 안 될 일이다.

이제 우도에 더 이상의 큰 환경변화가 오기 전에, 관민(官民) 모두가 지나온 과거를 돌아보며 자아성찰의 기회를 가질 만한 시점에 이르지 않았나 생각해본다. 우도 안에서 오랫동안 기거하는 사람들은 우도의 내부가 무엇으로 인해 얼마만큼 변하고 있는지 가늠하기가 어려울 수 있다. 그래서 가끔은 외부인의 입장에서 보는 시각도 필요하다.

최근 모든 세계인들이 주장하는 생활문화의 가치와 목표는 '과거로의 회귀'이다. 요즘에 자주 회자되는 슬로우 푸드(slow food), 슬로우 라이프(slow life), 슬로우 시티(slow city) 등은 지나간 과거의 시간 속 삶의 방식과 연결돼 있다.

앞으로 우도에서만큼은 모든 사람들이 과거의 시간 속에서 삶의 방식을 느끼고 오묘한 자연의 섭리를 느낄 수 있는, 슬로우 투어(slow tour)가 돼도 좋지 않을까 자문해본다.

- 2009년 7월 21일 〈제주시론〉

추자도
연정戀情

        모처럼 초가을에 추자도 땅을 밟았다. 지금까지 몇 번인가 방문할 기회가 있었으나, 언제나 연속되는 일과에서 벗어날 수 없었던 나로서는 늘 동경하기만 했던 이방의 섬이었다.

    하추자도의 신양항에 도착할 즈음, 제일 먼저 마을을 감싸고 지키는 듯한 커다란 돈대산이 시야에 들어왔다. 돈대산은 마치 하추자도의 수호신처럼 특이한 자태를 뽐내고 있었다.

    신양항은 최근에 큰 공사를 마친 듯 대형 선박이 접안할 수 있는 선착장과 함께 방파제가 길게 바다 쪽을 향해 뻗어 있었고, 항구 주변에서는 채 공사가 끝나지 않은 듯 시멘트 냄새를 풍기고 있었다.

    추자도에 대한 나의 첫인상은 역시 추자도는 바다 한가운데 섬인 해중도(海中島)이고, 그러기에 청정지역이며 해상낙원이라는 사실이었다.

상추자도 전경.

호흡을 할 때마다 상큼하고 신선한 공기가 꽉 막힌 가슴을 열어주는 듯했고, 동시에 거의 쪽빛에 가까운 주위의 연안 바다가 한동안 가라앉았던 마음을 들뜨게 했다.

주어진 과제를 해결하기 위해 이 마을 저 마을을 둘러보게 되었다. 그런데 길가에서 만난 사람이나 마을 안에서 만난 사람들은 모두 장년이 훨씬 지나 지긋하게 나이를 먹은 어르신들이 대부분이었다.

추자도도 어느 섬 지역과 마찬가지로 지리적인 특성으로 인한 고령화의 현실을 현실을 그대로 반영하고 있는 것 같아 그저 씁쓸하기만 했다. 젊은 사람들은 나름대로 희망하는 직장을 얻기 위해 고향인 추자도를 등져야 하고, 결혼해서 가정을 꾸린 사람도 생계가 힘들어지면 언제든지 거주환경을 바꿀 수 있다는 이치는 깨닫고 있으면서도 왠지 허전함을 감출 수 없었다.

그 이유는 추자도가 앞으로 더욱 생기가 돌고 활력이 넘치는 지역으로 활성화하여, 이전보다도 더 생활하기에 좋은 곳으로 가꾸고자 할 때에는 젊은 사람들의 힘이 절실히 필요하리라는 생각이 들었기 때문이다.

추자도 사람들의 심성(心性)은 참으로 고왔다. 추자도가 아니면 느낄 수 없는 소박하고 상냥하고 꾸밈없는 언행으로 우리를 반겨주곤 하였다. 그럴 때마다 제주도(濟州島) 사람들과 비교하고 싶어지는 이유는 무엇 때문이었을까?

가만히 생각해 보면, 제주도에서도 경제개발이 본격적인 궤도에 오르기 이전에는 추자도에서의 정서(情緖)를 충분히 느낄 수 있었다. 이제 제주도의 경제개발은 과거에 비하면 상전벽해(桑田碧海)라 할 수 있을 만큼 높은 수준에 도달해 있다.

그러나 상대적으로 물질만능주의와 개인주의에 심취한 나머지, 우리는 이미 이웃이나 타인에게 쏟는 애정과 관심은 등한시하는 버릇이 몸에 배어 버렸다. 결국 남을 더 배려하며 더불어 사는 고운 심성은 서서히 사라지고 있는 것이다. 이 어찌 한두 사람의 책임이겠는가?

최근에는 추자도에도 많은 변화의 소용돌이가 일어나고 있는 것 같다. 외부로부터 밀려오는 낚시객과 관광객으로 인해 음식점, 유흥업소 및 숙박업소 등은 해마다 증가하고 있다. 그와 동시에 연안 바다로 흘러 들어가는 오폐수나 쓰레기의 양도 많아져 오염을 한층 가속화시키는 배경이 되고 있다는 지적이다.

추자도와 같은 청정지역이 오염돼 간다는 사실은 정말로 안타까운 일이다. 그렇기 때문에, 현재를 살아가는 우리가 반드시 해결해야만 한다는 사실도 뼈저리게 느끼지 않을 수 없다.

- 2001년 10월 26일 〈제주시론〉

양동良洞 민속마을의
매력

　　　　　　더위가 쏟아지던 7월 초순, 경주시 강동
면에 자리 잡은 양동민속마을을 찾았다. 2007년 낙안민속마을과
2010년 하회민속마을에 이어 세 번째로 민속마을을 찾은 셈이다.
이왕에 세 곳의 민속마을을 방문한 만큼, 앞으로 외암민속마을(아
산시)과 왕곡민속마을(강원도 고성군)을 차례로 방문하여 제주의 성
읍민속마을과 어떠한 유사점과 차이점이 있는지를 밝히고 싶은 충
동을 느낀다.

　양동민속마을은 잘 알려진 바와 같이, 경주 손씨와 여주 이씨를
중심으로 형성된 씨족마을로 500여 년의 설촌 역사를 가지고 있
다. 이 두 가계에서는 손중돈과 이언적 등 걸출한 인물들을 배출하
기도 했다. 이처럼 양동민속마을은 설창산(해발 163m)에서 뻗어 내
린 네 줄기의 능선과 골짜기를 따라 150여 채의 초가와 와가들이
들어선 전형적인 반촌(班村) 마을이다.

　양동민속마을에 들어서자, 경사진 지형을 따라 아담하게 자리

잡은 초가와 와가들이 작은 마을길을 사이에 두고 한 폭의 풍경화처럼 어우러져 있었다. 물론 와가는 양반들의 주거지였고, 초가는 서민들의 주거지이거나 양반가에 예속된 노비들의 주거지였다. 이들 초가와 와가는 한 택지 내에 서로 어울려 있기도 하고 일정 지구 내에 몇 채씩 서로 배치되어, 마치 여러 줄기에 꽃봉오리들이 곱게 피어난 듯한 느낌마저 들었다.

평소 학생들과 성읍민속마을을 자주 방문했던 경험에 의존하자면, 반촌의 성격이 뚜렷한 양동민속마을의 풍경은 그야말로 양반들의 위용과 당당함을 느끼게 했다. 지역문화의 차이란 사람들이

양동민속마을의 경관.

양반가옥 '향단'-이언적의 아우 이언괄의 종가.

사는 살림집에서도 쉽게 구분할 수 있다는 단순한 지식이 새삼 머
릿속에 떠올랐다.

성읍민속마을에는 양반들의 주거지가 고작 한양에서 들어온 몇
몇 관리들의 주거지에 지나지 않았다. 따라서 와가는 그들의 살림
집이거나 업무를 관장하는 동헌 혹은 위패를 모셔두는 객사 정도
의 몇몇 건물에 불과했다. 모든 서민들의 살림집은 초가였고, 그러
기에 대개 살림집 자체에 할애되는 면적이나 크기도 아주 작은 편
이었다. 결국, 기와로 덮인 관리들의 살림집이나 관아건물 등은 서

민들의 살림집 사이에 겨우 끼어있는 듯한 이질적인 요소로 부각
될 수밖에 없었다.

양동민속마을에서는 성읍민속마을에서 느낄 수 없는 특이한 분
위기가 조성되어 있었다. 산줄기를 따라 들어선 양반가옥과 서민
가옥들이 서로 조화롭게 어울려 있는 가운데 나름대로 위계질서를
갖추고 있었기 때문이다. 그리고 살림집의 구조는 서로의 살림공
간을 인정하면서도 서로에게 필요한 공간은 같이 공유하며 배려하
는 듯한 포용적인 구조를 취하고 있었다. 그 결과 초가와 와가는
조화로운 상황을 연출하면서, 찾아오는 사람들에게는 길게 늘어진
산세와 함께 아늑한 마을 분위기를 선물하고 있었다.

양동민속마을에서 절실히 느낀 또 한 가지는 초등학교의 교사
(校舍)도 기와지붕으로 덮어 한옥의 멋을 살리면서 마을 전체의 분
위기와 보조를 맞추고 있었다는 점이다. 팔작지붕의 모양을 취하
며 한일자(一)로 길게 늘어선 학교 건물에서도 반촌의 위용을 충분
히 느낄 수 있었다.

이번 양동민속마을 방문에서는 결코 위세 드높은 반촌의 분위
기만을 느낀 것은 아니었다. 과거에 신분적 계층은 분명히 존재하
고 있었지만, 살림집의 조화로운 구성에서는 사람들이 더불어 살
수 있다는 나름대로의 철학을 터득할 수 있었다.

양동민속마을의 매력은 바로 거기에 있었다.

- 2011년 7월 29일 〈제주시론〉

황산黃山과
한라산

　　황산(黃山)은 중국인들이 전 세계에 자랑하는 중국 제일의 명산이다. 그러나 높이로 볼 때는 고작 1,860m(연화봉)로 한라산보다도 90여m나 낮은 산이다. 중국 안휘성(安徽省)의 남부지방에 위치하고 있는 황산은 1990년 12월에 세계자연유산으로 등재되었는데, 그 이후 내국인은 물론이고 많은 외국인들이 즐겨 찾는 관광명소가 되고 있다. 필자 일행이 찾은 8월 중순에도 무더운 날씨였지만, 많은 내외국인들이 황산의 아름다운 자태를 감상하게 위해 길게 줄지어 있었다.

　　황산의 모습은 동양의 이미지를 감싸안은 한 폭의 산수화였다. 그리고 마치 태초의 중국을 고스란히 간직하고 있는 진경산수화(眞景山水畵)와도 같았다. 지금까지 필자는 이처럼 황홀경에 빠지게 하는 산을 단 한 번도 접한 적이 없다. 산이 이렇게까지 아름다울 수가 있을까. 황산을 오르내리면서 몇 번이나 자문하지 않을 수 없었다.

향산1.

황산은 화강암으로 이루어진 돌산이다. 화강암 산지를 이루는 주변 지역에서도 황산은 가장 신비롭고 신기한 풍화과정을 거쳐, 최고의 아름다움을 간직한 채 태어난 산이다. 황산은 신이 중국에게 선사한 최고의 선물이 아닐까 하는 생각이 들 정도였다.

오랜 세월 동안 이루어진 풍화로 인해 황산에는 발길 닿는 곳마다 병풍이나 탑 모양의 기암괴석이 차지하고 있었다. 병풍과 탑 모양도 변화무쌍했다. 등반이 끝나는 순간까지, 자연의 위대함을 뼈저리게 느꼈다.

병풍과 탑 모양의 기암괴석에는 어김없이 우산 모습을 한 소나무가 한두 그루, 또는 무리를 지어 한쪽 구석을 차지하고 있었다. 황산의 소나무는 정말 특이해서 보는 이로 하여금 미적 감각에 사로잡히게 하는 마력(魔力)을 지니고 있었다. 아주 외롭고 애처로이 보이는가 하면, 고고하고 우아해 보이기도 했다. 또한 매일 찾아오는 수많은 사람들에게 잘 보이려는 듯, 예쁘게 치장한 모습으로 보이기도 했다.

황산은 분명히 아름답고 황홀한 자태였다. 그러나 한편으로는 너무나도 기교에 넘치고 정교해서일까, 왠지 인위적이고 인공적인 멋이 풍기는 듯한 감흥마저 들었다.

우리의 한라산은 어떠한가. 황산이 화강암으로 형성되고 주요 식물이 소나무인 데 반해, 한라산은 조면암과 현무암 등 비교적 다양한 암석으로 형성된 데다가 식물도 여러 종에 의해 군락을 이루는 형국이다. 그래서인지는 모르나, 평소 한라산이 신비스럽고 아

름답다고 말하지만, 어디가 아름답고 얼마나 신비스러운지 구체적
으로 꼬집어 얘기하기가 다소 모호하다. 그렇다고 해서 한라산의
자연경관이 황산에 뒤떨어진다고 말할 수는 없다. 황산과 한라산
은 서로 특이성과 상대성이 존재하기 때문이다.

황산이 단일구조의 색채를 띤 매력을 지니고 있다면, 한라산은
복합구조의 색채를 띤 매력을 지니고 있다. 이런 점에서 황산이 날

황산2.

씬하고 날렵한 여인에 비유할 수 있다면, 한라산은 중후하고 지혜로운 여인에 비유할 수 있다.

황산과 한라산은 엄연히 자연환경의 차가 존재하기 때문에, 쉽게 경관의 우열을 가려낼 수는 없다. 우열을 가려내는 일 자체가 어리석은 일일 수 있다. 산은 저마다 나름대로의 신비함을 간직하고 있다. 그렇기에 많은 사람들이 세계 여러 지역의 산들을 찾아다니고 있는 것이 아니겠는가.

며칠 전 도내에서는 제주를 세계자연유산으로 등재시키기 위한 캠페인 출정식이 행해졌다. 머지않아 한라산을 포함한 거문오름 동굴계와 성산일출봉 지구도 유네스코가 지정하는 세계자연유산으로 등재될 수 있다. 드디어 한라산도 중국의 황산과 같이 많은 세계인들이 즐겨 찾는 명소의 기회를 포착하게 된 것이다. 가슴 가득히 차오르는 감동을 하루빨리 느끼고 싶다.

- 2006년 9월 11일 〈제주시론〉

태산泰山
등정기

　　　　　그림으로만 보고 문장으로만 접하던 태
산(泰山)에 올랐다. 태산은 그리 멀지 않은, 중국의 산둥성(山東省)
태안(泰安), 제남(濟南), 역성(歷城), 장청(長淸) 등 4개 시에 걸쳐 자리
잡고 있었다. 양사언이 지은 시조의 이미지를 생각하면 태산은 평
범한 사람이 접근할 수 없는, 말 그대로 엄청난 첩첩산중에 있을
것 같았다. 그러나 태산으로의 접근은 의외로 쉬웠다.

　소문대로 태산의 명성은 대단했다. 태산 등산로에는 중국인은
물론이고 외국인까지 합세하여 많은 사람들로 북적거리고 있었
다. 예로부터 태산은 중국인들이 가장 신성시하며 평생에 꼭 한번
올라보고 싶어한다는 명산이라 하니, 가히 짐작하고도 남음이 있
었다.

　태산은 중국의 5대 명산(5악) 중에서도 으뜸으로 친다. 더불어
기원전 진나라 시황제를 시작으로 역대의 황제들이 봉선 의식을
치르던 곳이기에, 신성한 숭배의 장소로도 널리 알려져 있다. 아울

기태산명 석각 앞 모습.

러 발길 닿는 곳마다 시대를 뛰어넘으며 새겨놓은 역사의 흔적들
은 태산만이 간직한 상징성을 더욱더 빛나게 하는지도 모른다. 등
산로 곳곳에 진시황제, 한무제, 청건륭제, 당현종, 공자, 두보 등 기
원전과 역사시대의 큰 인물들이 남긴 자국은, 그곳에 드리워진 신
화와 전설, 그리고 역사적 사실만큼이나 방문객들에게 깊은 인상
과 감명을 주기에 충분했다.

　태산의 정상인 옥황정(玉皇頂)을 보려면, 셀 수도 없는 돌계단을
몽롱한 정신을 붙잡고 계속 올라가야만 한다. 그렇다. 태산 하면,

태산 정상부.

세상에 알려진 명성만큼이나 무시무시한 돌계단이 사람들의 발길을 잡아끈다. 잘 다듬어진 돌계단이 무려 7,412개라 한다. 태산 정복은 돌계단을 오르면서 돌계단에서 쉬고, 다시 돌계단을 오르는 순간의 연속이어야 한다.

우리 일행은 태산의 중간 허리에서 등반하기 시작하여, 거의 4,000여 개의 돌계단을 3시간 동안 줄기차게 걸어 올라가야만 했다. 정상으로 향하는 중간중간에는 서로 다른 의미를 지닌 석문(石門)과 누각들이 서 있었다. 방문자들은 그것들을 통과할 때마다 환청에 가까운 소리를 듣게 된다. 정상까지 얼마 안 남았으니, 포기하지 말고 계속 올라가라는 메시지이다. 그렇지만 대부분의 사람들은 숨이 가쁘고 지친 나머지, 그 앞에 주저앉기에 바빴다. 그렇게 해서라도 중간 휴식을 취하지 않으면, 두 다리가 휘청거려 나머지 구간의 돌계단을 오를 수가 없기 때문이다. 더욱이 태산 등정에서 가장 경사가 가파르고 험하다는 십팔반(十八盤) 구간을 앞두고서는 더더욱 그렇다.

태산 정상을 눈앞에 두고 마지막 관문인 남천문(南天門)을 지났더니, 천가(天街)라 부르는 하늘의 거리가 갑자기 시야에 나타났다. 하늘의 거리는 마치 태산 정상부 가까이에 펼쳐지는 무릉도원과 다름없었다. 해발 1,400m가 넘는 산 정상부 가까이에 이처럼 황홀하게 만드는 환상의 공간이 존재한다는 사실 자체가 의심스러울 정도였다.

하늘의 거리를 여유 있게 통과했더니, 태산 정상인 옥황정(해발

1,545m)이 기다리고 있었다. 옥황정에는 옥황상제를 모셨다는 작은 사당이 있는데, 바로 이곳에서 중국의 역대 황제들은 봉선 의식을 거행했다. 옥황정은 등정한 모든 사람들을 차별 없이 반겨주었다. 우리 일행도 짧은 시간이었지만, 옥황정에서 태산 정복을 만끽할 수 있었다.

필자에게 태산 등정은 중국인들의 평생 소원처럼, 마음속에 간직해온 수미산(須彌山)을 찾는 일과 같았다. 그래서 그런지, 태산을 오르고 나니 오랫동안 이루지 못한 큰일을 끝낸 듯한 기분마저 들었다. 필자가 찾은 태산(泰山)은 분명히 대산(大山)이었다. 그리고 태산 역시 하늘 아래 뫼(山)인 것만큼은 분명했다. 이제 한동안 태산은 내 마음속에서 떠날 것 같지 않다.

- 2008년 9월 22일 〈제주시론〉

백두산 천지에서의
감회

　　　　　많은 사람들이 둘러보고 침이 마르도록 자랑하던 백두산 천지를 필자는 2006년 여름이 돼서야 방문할 수 있었다. 텔레비전의 화면과 신문지상 등의 화보를 통해서만 바라보던 백두산 천지는 한마디로 베일 속에 가려진 커다란 보석상자처럼 다가왔다. 깎아지른 사면 아래로 고여 있는 파란 천지 물과 그 위로 피어오르는 물안개는 사람들의 마음을 흥분시키고 황홀감에 젖어들게 하는 보석임에 틀림없었다.

　제주도에서 생활하는 사람이라면 누구나 한 번쯤은 한라산 백록담을 감상했을 것이다. 그때의 감흥은 보는 이에 따라 다 다르겠지만, 그런대로 웅장하고 자연의 오묘함을 느낄 수 있는 피사체로 다가오지 않았을까 여겨진다. 그러나 한라산 백록담을 감상하고 나서, 백두산 천지를 감상하는 기분은 다소 색다르다고 할 수 있다. 말하자면, 서로가 비교의 대상으로 다가온다. 백록담이 소박하다면, 천지는 화려하다. 백록담이 아담하다면, 천지는 웅장하다.

백록담이 목가적이라면, 천지는 도회적이다. 그리고 백록담이 서민적이라면, 천지는 귀족적이다. 나아가 크기에서는 백두산 천지가 형이라면 한라산 백록담은 아우라 할 수 있을 것이다.

이처럼 백록담과 천지에서 느끼고 맛볼 수 있는 정취는 다소 상반되는 것일 수 있다. 그런데 그러한 감흥을 자아내게 하는 배경을 곰곰이 생각해 보면, 한라산 백록담이 한반도의 최남단인 제주도에 위치해 있고, 백두산의 천지가 한반도의 최북단에 위치해 있기 때문이지 않은가 생각하게 된다.

최근에 남북한 교류가 깊어지고 또 스포츠를 통한 협력과 화합의 분위기가 고조될 때마다 '한라에서 백두까지'라는 캐치프레이즈를 서슴없이 전면에 내걸곤 한다. 그리고 한라산과 백두산을 남북한의 상징적인 대상으로 내세워, 한반도에 거주하는 모든 사람들이 한마음 한뜻으로 서로 교류하며 한 가족, 한 형제처럼 지낼 수 있기를 갈망한다.

한라산 백록담을 보고 나서 백록담 천지에 서게 되면, 그러한 소망은 그 어느 때보다도 더 간절하게 끓어오른다. 그 이유는 아주 간단하다. 이 넓은 지구상에서도 우리는 한반도라고 하는 작은 땅덩어리, 즉 우리의 국토에 몸담고 있기 때문이며 한 조상의 뿌리에서 시작되었다고 믿기 때문이다.

필자는 운이 좋아 제주도에서 태어났고, 그 덕으로 한라산 백록담을 몇 번 보았다. 그리고 어른이 되어 우연찮은 기회에 꿈속에서만 그리던 백두산 천지를 감상하게 되었다. 두 곳을 다 오르고 나

백두산 천지.

니, 예전에는 느낄 수 없었던 우리의 국토와 민족에 대한 상념이 마음 한구석에 새롭게 자리 잡는다. 우리의 국토 위에 한라산 백록담과 백두산 천지가 놓여 있는데, 왜 땅덩어리가 양쪽으로 나뉘어 있어야 하는지, 형제나 다름없는 사람들이 왜 떨어져 살아야만 하는지, 어제오늘의 일이 아니건만 필자에게는 고통과 아픔을 느낄 정도의 관심사가 아니었던 듯싶다.

백두산 천지에서 느끼는 우리의 국토, 우리의 민족에 대한 자긍심이나 염려는 애국자라고 자부하는 사람에게만, 위정자라고 자처하는 사람에게만 통하는 전유물이 아니다. 가장 평범한 사람들의 마음속에서 느끼고 가슴속에 와 닿아야만 한다. 그렇기에 많은 사람들에게 한라산 백록담과 백두산 천지를 찾을 수 있는 길이 열려야 한다.

앞으로 한반도에서 살아가는 모든 사람들이 한라산 백록담과 백두산 천지에서 우리의 국토에 대해 자긍심을 느끼고, 우리 민족의 앞날에 대해서도 진지하게 생각해 볼 수 있는 기회가 주어지기를 진심으로 기대해 마지않는다.

- 2006년 7월 27일 〈제주시론〉

퀘벡Quebec에서의
사색

캐나다로의 여행은 정말 오랜만에 느껴 보는 큰 즐거움이었다. 캐나다의 다문화교육 및 다문화정책과 관련된 자료를 수집하기 위한 일차적인 목적이 있었지만, 학교나 행정기관들이 문을 닫는 휴일에는 모든 근심을 털어버리고 심신을 즐기는 것만큼 좋은 일이 없었다. 퀘벡시는 정말 아름다운 역사도시이면서 좋은 추억을 간직할 만한 의미 있는 장소들로 가득 차 있었다.

퀘벡시는 캐나다의 동부 세인트로렌스 강 하구에 자리 잡고 있는 프랑스 냄새가 짙은 도시이며, 캐나다에서는 가장 오랜 역사를 지닌 성곽도시(城郭都市)이기도 하다. 그야말로 퀘벡시는 과거와 현재가 공존하는 장소들로 구성되어 있어, 찾아온 모든 방문객들에게 꿈을 선사하는 도시처럼 보였다.

퀘벡시의 다양한 모습은 국제자유도시로 성장·발전해가는 제주도에 많은 시사점을 던져줄 만한 조건을 갖추고 있었다. 필자의 머릿속에 가장 먼저 각인된 것은 퀘벡시의 도시경관이었다. 프랑스령 시대에 지어진 교회와 상가, 주택 등이 모두 나지막한 스카이라인을 형성하면서도 오밀조밀하게 들어서 있는 모습이 너무도 환상적이었다.

특히 18~19C 건물들로 가득 차 있는 로어타운(lower town) 지구는 세인트로렌스 강변을 따라 펼쳐지는 동화 속의 나라를 방불케 했다. 여러 건물을 사이에 두고 이어지는 작은 골목길과 몇 개의 골목길이 교차하는 손바닥만 한 광장은 수많은 방문객들에게 오히려 감동과 찬사를 불러일으키는 효과 만점의 자극제가 되고 있었

퀘벡역사지구 내 루아얄 광장 주변.

다. 250~300년이란 세월이 지났지만, 당시 유럽에서 유행하던 건축기술을 활용한 집과 길과 성당과 광장, 그것들이 어우러져 온전히 간직된 작은 도시의 이미지는 너무도 강렬했다.

쾌벡시는 18C 초에 프랑스인에 의해 개척된 이후 영불전쟁을 통해 영국의 식민지가 되었고, 그 후 다시 미국과의 전쟁에 대비하면서 세인트로렌스 강 언덕을 배경으로 쾌벡성을 축성하게 되었다. 쾌벡성을 껴안은 쾌벡시는 오늘날 북미대륙에서 유일한 성곽도시의 형태로 남게 된 것이다.

이러한 쾌벡시가 행하는 성곽의 발굴과 보전 그리고 활용방법은 이곳을 찾는 많은 사람들의 눈길을 사로잡고 있었다. 허물어진 성곽을 원형에 가깝게 복원하는 것은 물론이고, 지하에 숨어있던 일부 구간은 허물어진 터이지만 그대로 지표면에 드러나게 하여 성곽 전체의 동선(動線)을 이해할 수 있도록 했으며, 성곽이 잘 남아 있는 구간은 성담 위를 활보하며 산책할 수 있도록 배려하고 있었다. 또한 길고 구불구불하게 이어지는 성곽을 따라 주차 공간을 효율적으로 이용하는 토지이용의 극치도 보여주고 있었다. 쾌벡성을 보전하며 활용하는 측면이 우리와는 사뭇 다르다는 느낌에 필자는 또다시 깊은 감명을 받았다.

마지막으로 또 한 가지는 중세 유럽풍 건물들의 상가 앞을 연결한 카페테라스의 운영에서 느낄 수 있었다. 역사적 고도(古都)답게 관광시즌에는 찾는 사람들이 많았고, 수백 명이 한꺼번에 카페테라스에 모여 앉아 차를 마시거나 저녁만찬을 즐기는 모습은 야간

퀘벡역사지구 내 샤토 프롱트낙 호텔과 주변 경관.

관광이 부족하다는 제주도와 대비되어 너무도 부럽게 다가왔다. 카페테라스에는 특별한 시설이 있는 것도 아니었다. 단순히 식당 건물 앞 공터에 목제나 플라스틱 테이블과 의자를 내놓는 수준이었지만, 카페테라스가 끝도 없이 연결되어 일대 장관을 연출하고 있었다. 유럽인들의 의식이랄지 문화수준이 달라서일까. 제주도에서는 야간에 왜 산지천 변을 따라서, 아니면 신제주의 상가가 즐비한 곳에서 사람들이 망중한을 즐길 수 없을까. 심각한 고민에 빠지지 않을 수 없었다.

　캐나다에서도 퀘벡의 땅은 왠지 모르게 우리 제주도가 본받았으면 하는 것들로 가득 차 있어서 좋은 추억만을 안고 돌아올 수 있었다.

- 2009년 8월 25일 〈제주시론〉

앙코르^{Angkor}의
눈물

앙코르(Angkor)의 눈물을 보았다. 그곳은 앙코르 시대의 찬란한 문명이 살아 숨 쉬며 세계의 만인들을 기다리고 있었으나, 동시에 수많은 방문객들을 슬프게 하는 장면이 연출되고 있었다. 폐허로 변한 앙코르의 유적지를 탐방하며 가슴을 쓸어내리는 사람이 한둘이 아니었다.

여가를 이용해 방문한 많은 사람들은 신비에 찬 앙코르 문명을 화제 삼아 온갖 이야기를 다 들춰내고 있었다. 어떻게 이처럼 거대하고 섬세한 작품들을 만들어 놓고 오랜 세월 동안 묻혀 있었을까. 과연 이 모든 것을 누가 만들었으며, 얼마나 오랜 시간을 두고 깎고 또 다듬었을까. 거대한 조각품을 눈앞에 두고 서로에게 의아스러운 눈초리를 던지고 있었다.

앙코르 왕국은 9C 초부터 18C 말까지 장장 1천 년에 걸쳐 캄보디아에 번성했던 왕조국가다. 그런데 주변국가인 태국과 베트남 등의 견제와 침공 등에 의해 국가의 기반이 무너지기 시작하면서

앙코르 와트 사원.

19C 중엽에는 마침내 프랑스 보호국으로 전락하고 만다. 동시에 앙코르 왕국도 오랜 세월의 무게를 감당하지 못하고 기어코 막을 내리게 된다.

오랜 세월을 두고 켜켜이 쌓아올린 국가의 운명도 어느 한 시점에 이르면 예상치 못한 나락으로 빠질 수밖에 없고 찬란했던 문명도 한순간에 매몰될 수 있다는 역사적 교훈을 가슴에 담으며 앙코르 왕국이 남긴 유적의 의미와 가치를 음미하기 시작했다. 앙코르의 유적지를 탐방하는 내내, 무언가 한 가지를 배우고 가야 한다는

앙코르 톰 사원의 파괴 모습.

나름대로의 강박관념에 사로잡히기 시작한 것은 자야바르만 7세(Jayavarman Ⅶ: 1181~1218년) 때에 완성되었다는 앙코르 톰 (Angkor Thom) 지구를 방문하면서부터이다.

앙코르 톰은 이전 왕조 시기부터 지속적으로 조성돼 오다 가 자야바르만 7세 때에 이르러 현재와 같은 모습으로 완성됨 으로써 궁극적으로 요새화된 성곽도시의 형태를 띠게 되었 다. 앙코르 톰은 그 자체가 '거대한 도시'라는 의미를 가지고 있다. 따라서 이 성곽도시의 건설은 적어도 수십 년간에 걸쳐 점진적으로 이루어진 것이다.

앙코르 톰 지구에는 왕궁 터와 해자를 비롯하여 도로, 사 원, 기념문, 광장 그리고 수많은 석상 등이 조성되거나 건립되 어, 도시 자체가 마치 잉카유적의 잃어버린 도시 마추픽추와 같이 밀림 속에 조용히 남아 있었다. 앙코르 톰은 열대지방의 밀림 한가운데에 조성된 이후, 세계인들의 뇌리 속에서 한동 안 사라져 있었다. 궁전과 사원을 비롯한 앙코르 톰의 수많은 건축물들은 1860년 프랑스인 앙리 무오(Henri Mouhot)에 의해 세상에 알려지고, 또 당시 캄보디아의 보호국인 프랑스에 의 해 발굴복원이 이루어지기 시작하지만, 불과 20여 년 전까지 만 해도 수많은 세계인들의 눈과 귀를 사로잡는 일은 없었다.

세계인들의 눈과 귀로부터 외면당한 앙코르 톰 내의 많은 건축물들은 단 한 개도 온전한 것이 없을 정도로 폐허로 변한 채, 열대지방에서 득세하는 스펑나무의 뿌리에 휘감겨 몹시도 가쁜 숨을 내쉬고 있었다. 거대하게 자란 스펑나무는 마치 돌보지 않은 인간의 창조물은 자연으로 돌릴 수밖에 없다는 메시지를 보내는 듯했다. 그리고 라테라이트성 암석과 사암으로 구성된 많은 건축물들은 사방으로 뻗어나간 스펑나무의 뿌리에 의해 짓눌리며 허물어져, 현장을 방문한 모든 사람들에게 통한의 울부짖음을 들려주고 있었다.

찬란했던 앙코르 문명의 꽃이 이렇게 무참히도 내동댕이쳐질 수 있을까. 요새화된 도시국가를 꿈꾸며 주변 국가의 침공을 막으려 했던 자야바르만 7세는 작금의 현실을 어떻게 생각하고 있을까. 믿기지 않는 현실과 납득하기 어려운 의문을 품은 채 앙코르 톰 탐방을 끝낼 수밖에 없었다. 2010년 연초, 필자는 앙코르 유적지에서 뜻하지 않은 자야바르만 7세의 눈물을 보았다.

- 2010년 5월 24일 〈제주시론〉

스리랑카 고대 왕궁 터와
탐라국의 왕궁 터

             2016년 1월 하순, 스리랑카의 대표적인 세계문화유산인 시기리야의 고대 왕궁 터를 탐방했다. 370m의 높이를 자랑하는 화강암 암괴 정상부에 자리 잡은 이 왕궁 터는 5C 후반경 당시 주변 지역을 지배하던 카샤파 1세에 의해 건설되었다. 왕궁 터의 위치를 직접 눈으로 확인하고 왕궁을 건설하게 된 역사적 사실을 알게 된다면, 그 위대함과 위엄은 엄청난 충격으로 다가온다.

    열대지역의 독특한 경관인 정글이 끝없이 펼쳐지는 숲 지역에 거대한 화강암 암괴가 우뚝 솟아있는 모습은 한국이나 제주의 경관에서는 전혀 느낄 수 없는 이질적인 존재감으로 다가오기도 한다.

    대한민국의 역사 속에서는 쉽게 찾아볼 수 없는 이 거대한 암괴 위의 왕궁 터를 한번 상상해 보라. 기원전 고구려의 초기 수도로 추정되는 오녀산성에 견주어야 할지, 아니면 잉카문명의 상징인 마추픽추에 견주어야 할지 감히 상상은 되지 않지만, 하나의 암반

시기리야 고대 왕궁 터 입구.

위에 건설한 왕궁 터라는 특징 하나만으로도 세계 그 어느 유적과
도 비교할 수 없는 위대한 유적지로서의 가치를 느끼게 된다.

시기리야의 왕궁은 암괴의 물리적 특성을 잘 활용하여 건설한
보기 드문 사례가 아닌가 생각된다. 왕궁 터를 방문한 이후부터 지
금까지도 풀리지 않는 수수께끼는 과연 5C 후반경의 건축기술과
토목기술로 이 거대한 왕궁을 어떻게 건설할 수 있었을까 하는 것
이다.

시기리야의 왕궁 터는 임의 상 세 구역으로 나누어 접근할 수 있다. 첫째 구역은 암괴 위의 왕궁을 방어하기 위한 해자와 향락을 위한 정원, 여름철 궁전 등으로 꾸며져 있다. 방어용 해자나 아름다운 꽃으로 채워졌던 수십 개의 정원은 매우 정교하면서도 규격화된 형태로 조성되어 있으며, 암괴 위의 본궁에서도 쉽게 감상할 수 있는 구조를 취하고 있다. 또한 여름철 궁전은 물이 귀한 본궁을 떠나 물놀이와 형형색색의 꽃을 감상할 수 있는 별궁이다.

둘째 구역은 왕궁으로 진입하기 위해 반드시 거쳐야만 하는 바위로 구성된 지구이다. 수백 개의 크고 작은 바위로 구성된 이곳에는 신에게 제를 올리는 제단과 근거리 방어를 위한 호위무사들의 은신처가 곳곳에 배치되어 있다. 암괴와 암괴 사이를 활용한 통로는 적들이 쉽게 왕궁으로 접근하지 못하도록 하는 토목기술이 적용되었고, 여러 제단은 바위를 정교하게 깎아 내고 주변을 붉은 벽돌로 치장하고 있다.

셋째 구역에는 암괴 위에 조성된 왕궁과 그에 필요한 부속시설들로 가득 차 있다. 여러 개의 건물로 구성된 궁전에는 왕이 기거하는 데 필요한 수십 개의 방은 물론 호위무사들이 기거할 수 있는 방도 배치되었을 것으로 생각된다. 그리고 가뭄이나 화재 시에 필요한 저수지와 목욕장 등도 한쪽 구석에 자리 잡고 있다. 특히 왕궁의 남쪽에 인위적으로 조성한 대형 저수지는 궁전으로 물을 끌어들이기 위한 수리시설로서, 당시 엄청난 규모의 토목공사가 진행되었음을 짐작하게 한다.

시기리야 고대 왕궁 터 암벽 탐방길.

이번 스리랑카 시기리야 왕궁 터의 탐방은, 우리 탐라국의 왕궁 터가 대체 어디에 자리 잡고 있었고, 또 어느 정도의 규모와 어떤 용도의 건물들이 존재하고 있었을지에 대한 의문을 불러일으키는 자극제가 되었다.

현시점에서 생각해보면, 속칭 '무근(묵은)성' 일대에 고대 탐라국의 왕궁이 자리 잡고 있었을 것으로 추정되지만, 앞으로 도시 재개발에 따른 발굴이 뒤따른다면 그 실체와 면모가 드러나게 될 것이다. 고대 탐라국 왕궁의 실체를 하루빨리 보고 싶은 욕망, 필자만의 생각은 아닐 것이다.

- 2016년 2월 22일 〈제주시론〉

찾아보기

찾아보기

정광중 鄭光中

동국대학교 지리교육과 학사
동경학예대학(東京學藝大學) 대학원 교육학 석사
일본대학(日本大學) 대학원 이학박사
현재, 제주대학교 교육대학 교수

제주대학교 부총장 겸 교육대학 학장(전)
제주일보 및 제주신보 논설위원(전)
제주특별자치도 문화재위원(전)
한국사진지리학회 회장(전)
(사)제주학회 회장(전)

《지리학을 빛낸 24인의 거장들》(한울아카데미, 2003, 공저)
《한라산의 인문지리》(도서출판 각, 2006, 공저)
《제주학과 만남》(제주학연구자모임, 2010, 공저)
《지역과 사회과교육》(제주대학교출판부, 2010, 공저)
《제주 돌문화경관 연구》(한그루, 2020, 공저) 등

jeongkj@jejunu.ac.kr

정광중 교수의 제주 콘서트
ⓒ 정광중, 2021

2021년 12월 20일 초판1쇄 발행
ISBN 979-11-90482-95-0(03380)

지은이	정광중
펴낸곳	한그루
출판등록	제6510000251002008000003호
펴낸이	김영훈
편집인	김지희
디자인	나무늘보, 부건영, 이지은
마케팅	강지인

주소	제주특별자치도 제주시 복지로1길 21
전화	064-723-7580
전송	064-753-7580
전자우편	onetreebook@daum.net
누리방	onetreebook.com
페이스북	www.facebook.com/1treebooks
인스타그램	www.instagram.com/onetree_books

값 25,000원